Gerald Groß

Wir kommunizieren uns zu Tode

Überleben im digitalen Dschungel

UEBERREUTER

ISBN 978-3-8000-7383-2

Covergestaltung: Walter Reiterer
Coverfoto (Porträt): Thomas Maria Laimgruber (www.laimgruber.com)
Coverfoto (Laptop): Emmanuel Bergère / Fotolia.de

Druck: Druckerei Theiss GmbH, A-9431 St. Stefan i. L.
Gedruckt auf Salzer Papier
7 6 5 4 3 2 1

Ueberreuter im Internet: www.ueberreuter.at

Inhalt

Water, water, everywhere

Zu diesem Buch

Nachrichtenredaktionen gehören nicht eben zu den Orten, an denen man Stecknadeln fallen hört. Die Redaktion der »Zeit im Bild«, in der ich seit vielen Jahren arbeite, ist da keine Ausnahme. Nur selten wird die geschäftige Betriebsamkeit unterbrochen durch vollkommene Stille. Leider sind daran fast immer hereinkommende Gräuelbilder schuld. Selbst für hartgesottene News-Profis gibt es Ausmaße des Schreckens, der Brutalität und des Blutvergießens, die nur schwer zu ertragen sind. Auch am 29. Mai 2008 wurde es plötzlich ganz still im Newsroom des ORF, aber diesmal waren es keine schockierenden Bilder, die uns innehalten ließen. Es waren nicht einmal Laufbilder, also kein zusammenhängendes Video, sondern bloß Fotos, und auch die waren technisch nicht vollkommen. Was sie zeigten, war dennoch atemberaubend: eine der letzten Indianergruppen in Brasilien, die ohne Kontakt zur westlichen Zivilisation lebt. Die Ureinwohner wurden von Flugzeugen aus in einem geschützten Gebiet im Westen des Amazonas-Dschungels an der Grenze zu Peru gesichtet. Auf den Bildern waren neben einfachen Hütten und bepflanzten Feldern rund 15 männliche Krieger zu sehen, die ihre Pfeile und Bögen drohend in den Himmel richteten. Die Männer waren nackt, nur die Genitalien hatten sie mit einer Art Baumwollgürtel verhüllt. »Wir haben gesehen, dass sie unter anderem Kartoffeln, Bananen, Maniok und Baumwolle anbauen«, kommentierte ein Experte der brasilianischen Regierung und machte klar, dass es bei diesem einmaligen Sichtkontakt bleiben sollte, denn: »Wenn sich diese Indios erst einmal hübsch freundlich benehmen, wie viele wollen, dann ist das der Anfang vom Ende für sie.«

Eine unbekannte Kultur, verborgen im brasilianischen Urwald! Natürlich gab es kaum eine Fernsehstation weltweit und so gut wie keine Tageszeitung, die die Bilder nicht noch am selben beziehungsweise am darauf folgenden Tag gebracht hätte. Man muss sich vorstellen: Menschen, die nie einen Hamburger von McDonald's gegessen, sich noch nie mit Seife gewaschen haben und deren Kinder nicht wissen, was H&M ist! Menschen, die Dieter Bohlen nie im TV gesehen, sich noch nie einen Klingelton heruntergeladen und keine E-Mails mit einschlägigen Angeboten aus der Internetapotheke erhalten haben! Kein Wunder, dass wir diese (Stein)Zeitgenossen mit »leuchtenden Augen« betrachteten, wie die »Zeit« (24/2008) schrieb, und insgeheim vielleicht sogar ein wenig beneideten: »Ja, was kann noch alles aus ihnen werden! Sie werden alle unsere Fehler vermeiden. Sie werden noch einmal von vorn anfangen mit der Geschichte der Menschheit. Sie werden glücklich sein. Aber warum nur wehren sie sich – mit Händen und Füßen, mit Pfeil und Bogen?«

Um die Frage »Wie können wir den Daten-Tsunami der Zukunft in den Griff bekommen?« ging es wenige Wochen davor in Hannover bei der CEBIT, der weltweit größten Messe für Informationstechnologie. Bis zum Jahr 2015, war in Hannover zu erfahren, wächst das Internet um den Faktor 100. Die europäischen Netzlieferanten Alcatel-Lucent, Nokia Siemens Networks und Ericsson schlugen in einem internen Positionspapier Alarm: »Die heute benötigte Netzkapazität beträgt nur ein Prozent (!) der Kapazität, die wir im Jahr 2015 brauchen werden.« Und auch die Deutsche Telekom stellte sich rechtzeitig zur digitalen Hochleistungsschau mit einem Datenübertragungsrekord ein: 1,2 Millionen Terrabyte im Jahr 2007. »Wenn wir alle Daten auf CDs brennen und wie im Bücherregal nebeneinanderstellen würden, ergäbe das eine Strecke von 3300 Kilometern«, zitierte die »WirtschaftsWoche« (10/2008) den Technikvorstand bei der Telekom-Festnetzsparte T-Home, Friedrich Fuß. »Das ist die Entfernung zwischen Kopenhagen und Neapel.«

Kein Wunder, denn das Nutzerverhalten hat sich innerhalb weniger Jahre nachhaltig verändert. War es anfangs beschränkt auf den Versand von E-Mails oder die gezielte und punktuelle Suche nach Informationen im Netz, geht es heute zunehmend um Download und Austausch von Musik und Videos bis hin zu ganzen Filmen, um Live-Fernsehen und die Speicherung von Software aller Art – das alles natürlich ohne zeitliche Beschränkung. Wo früher Güterwege und Landstraßen für den Datenverkehr völlig ausreichend waren, stoßen jetzt mehrspurige Autobahnen an ihre Kapazitätsgrenzen und bis 2015, prognostizieren Experten, übersiedelt der gesamte Telefonverkehr ins Internet. Nach Schätzungen der Stanford University verbrauchten bereits 2005 alle Rechenzentren weltweit 120 Millionen Megawattstunden, zweimal so viel wie im Jahr 2000. Und wenn dieser Trend anhält, warnt das Beratungsunternehmen Gartner, steigt der Stromverbrauch der Rechenzentren bis 2010 noch einmal um 50 Prozent. Dann wären 18 Großkraftwerke nötig, um die Energie dafür bereitzustellen. Schon jetzt gehen, wie die Umweltorganisation WWF errechnet hat, zwei Prozent des weltweiten Kohlendioxidausstoßes auf das Konto der Informations- und Kommunikationstechnik. Bei jeder einzelnen der mehrere hundert Millionen Suchabfragen täglich entweichen den Google-Servern übrigens geschätzte vier Gramm CO_2.

Nicht, dass uns das kalt lassen sollte, aber im Folgenden geht es weder um die Frage des Energieverbrauches noch um die Konsequenzen für den Klimahaushalt. Thema dieses Buches ist zwar auch der quantitative Aspekt moderner Kommunikation, aber immer vor dem Hintergrund der Auswirkungen auf die Qualität derselben und auf unser (Zusammen)Leben. Um Missverständnissen vorzubeugen: Hier schreibt kein rückwärts gewandter Modernitätsverweigerer, sondern ein typischer Vertreter jener Spezies, die man heute als »digitale Immigranten« bezeichnet. Groß geworden mit Radio, Antennenfernsehen, Wandtelefon und

Schreibmaschine, wurde ich – so wie vermutlich Sie auch – nach und nach angelernt auf die jeweils aktuellen Hervorbringungen einer zügig voranschreitenden digitalen Evolution.

Meinen Job als Radio- und Fernsehjournalist verdanke ich übrigens nicht zuletzt dem Umstand, dass ich im Frühjahr 1988 auf einer Wiener Ausfallstraße Auto stoppte und so den Personalchef des ORF kennenlernte. Die zweistündige Fahrt nach Graz wurde gleichsam zum Einstellungsgespräch. Das wäre heute nicht mehr denkbar, denn Autostoppen gilt als zu gefährlich (warum eigentlich?) und Personalchefs googeln ihre Bewerber lieber, als sie persönlich kennenzulernen. Das Angebot, die »Zeit im Bild«, immerhin die wichtigste Nachrichtensendung Österreichs, zu moderieren, habe ich 15 Jahre später via Handy bekommen. Beim Einkaufen im Supermarkt konnte ich mir zwischen dem Regal mit dem Katzenfutter und der Getränkeabteilung gerade noch jene Stunde Bedenkzeit ausbedingen, die ich brauchte, um ins Büro zu fahren. Aber auch die Mitteilung, dass das von mir präsentierte Wissenschaftsmagazin »Modern Times« eingestellt wird, erreichte mich fernmündlich im Gewühl der Mariahilferstraße, der mit Abstand belebtesten Wiener Einkaufsstraße. Ich war zwar froh, es nicht aus der Fernsehillustrierten erfahren zu müssen, dennoch hätte ich ein Vieraugengespräch in ruhigerer Umgebung vorgezogen. So viel Zeit hätte ich auch noch gehabt.

Der deutsche Soziologe Hartmut Rosa hat in seinen Arbeiten überzeugend nachgewiesen, dass die Geschichte der Moderne zwar gleichzeitig die Geschichte von Beschleunigung ist, dass aufgrund des Zeitgewinns durch den technischen Fortschritt aber paradoxerweise Zeitnot und nicht Zeitgewinn entsteht. Die Vielzahl der Möglichkeiten, die jeder Mensch hat, führe dazu, dass er sie im Laufe eines Lebens nicht mehr ausschöpfen kann. Die »Steigerungsrate übersteigt die Beschleunigungsrate«, sagt Rosa, mit der Konsequenz, dass sich der moderne Mensch nicht mehr ausruhen und zufrieden geben darf, weil er sonst einen Nachteil erleiden könnte. Mobil und flexibel wie nie zuvor und dennoch weit von jeglichem Ziel entfernt, wenn wir es denn überhaupt kennen. »Rasender Stillstand« hat Paul Virilio dieses Phänomen einmal genannt. Man könnte es auch die Tyrannei der Optionen nennen, aus der es scheinbar kein Entrinnen mehr gibt. Sie ist es, die uns zwingt, die Kamera mit acht Millionen Pixel durch eine mit zehn Millionen zu ersetzen, einen MP3-Player mit noch mehr Gigabyte zu kaufen, einen schnelleren Internetanschluss installieren zu lassen und endlich das ultimative Smartphone anzuschaffen, das so hochgerüstet ist, dass es ein Arsenal an Kommunikationsgeräten ersetzt, auf das man im Pentagon vermutlich noch vor ein paar Jahren mächtig stolz gewesen wäre. Dennoch sind wir unzufrieden, denn die Halbwertszeit und die Tiefe der Befriedigung, die wir daraus gewinnen, nehmen ständig ab. Anders gesagt: Wir wollen immer mehr in immer kürzeren Abständen. Wir wissen bloß nicht, wozu.

All das gilt natürlich auch für die Ware Information. Wenn man davon ausgeht, dass eine Information nur dann sinnvoll ist, wenn sie die Qualität des eigenen Lebens verbessert, kann man getrost sagen, dass der Wert der überwältigenden Mehrheit der Informationen, die permanent auf uns hereinprasseln, gegen Null geht. Kein Wunder, dass das meiste sofort dem Vergessen anheim fällt. Schon 1989 verwies Neil Postman in seinem Klassiker »Wir amüsieren uns zu Tode« auf eine Untersuchung, wonach sich 21 Prozent der Zuschauer schon eine Stunde nach einer Fernsehnachrichtensendung an keine Meldung mehr erinnern können. Kaum zu glauben, dass das von Alvin Toffler in seinem Buch »Future Shock« geprägte Schlagwort von der Informationsüberflutung (information overload) schon beinahe vierzig Jahre alt ist. Tofflers Kollege, der Zukunfts- und Trendforscher John Naisbitt, hat Jahre später das kommunikative Dilemma des modernen Menschen so beschrieben: »Drowning in information and starving for knowledge.« Und Rudolf Augstein, der legendäre Gründer des Nachrichtenmagazins »Der Spiegel«, meinte lapidar: »Die Zahl derer, die durch zu viele Informationen nicht mehr informiert sind, wächst.« Man könnte glauben, der englische Dichter Samuel Taylor Coleridge habe in seiner Ballade mit dem

Titel »The Rime of the Ancient Mariner« bereits am Ende des 18. Jahrhunderts den Informationsnotstand späterer Generationen vorweggenommen, als er die folgenden Zeilen zu Papier brachte:

Water, water, everywhere,
And all the boards did shrink;
Water, water, everywhere,
Nor any drop to drink.

Dabei ist nicht die schiere Menge der zur Verfügung stehenden Informationen das eigentliche Problem, sondern unsere Überforderung damit. Für den Coach und Autor Olaf Georg Klein (»Zeit als Lebenskunst«) hängt sie schlicht und einfach damit zusammen, »dass sich die Geschwindigkeit, mit der Informationen übermittelt werden können, um das Hunderttausendfache beschleunigt hat, während die Geschwindigkeit, mit der Menschen lesen (...), integrieren, bedenken und schreiben (...), in den letzten hundert Jahren annähernd gleich geblieben ist.« Dennoch dürfte das Gefühl der daraus resultierenden Frustration leichter zu ertragen sein als die Angst, etwas zu versäumen oder ausgeschlossen zu sein. Eine Angst, die offenbar keine sozialen Grenzen kennt und ganz unten scheinbar genau so groß ist wie ganz oben. Nicolas Sarkozy zum Beispiel ist bekannt dafür, dass er nie und nirgends auf sein Handy verzichtet. Man konnte ihn im Fernsehen bestaunen, wie er, zu Besuch beim saudischen König Abdullah, immer wieder auf das Display seines Handys blickte. Auch beim G8-Gipfel im deutschen Heiligendamm war Sarkozy der Einzige, der ein Handy hervorzog, und selbst während der Audienz beim Papst checkte der Katholik Sarkozy unentwegt seine SMS. Vielleicht ist der Grund für dieses Verhalten die Angst vor der Einsamkeit, die die Mächtigen ja oft mit besonderer Wucht trifft. Vielleicht ist es einfach leere Geschäftigkeit oder der unbändige Wunsch, permanent ein Signal für die eigene Wichtigkeit auszusenden.

In der letzten Nummer des Jahres kürt das »Time«-Magazine

traditionell eine »Person des Jahres«. 2006 fiel die Wahl auf »You«. Auf dem Cover des Heftes war ein Computermonitor abgebildet, der mit einer Spiegelfolie gestaltet war. Nahm man das Heft zur Hand, konnte sich jeder selbst darin sehen. In der pathetischen Begründung der Redaktion war zu lesen: »Wer setzt sich nach einem langen Arbeitstag noch hin und sagt: Heute schau ich mir ›Lost‹ nicht an, sondern schalte meinen Computer ein und mache einen Film mit meinem Leguan in der Hauptrolle? Oder ich mixe ein Lied von 50 Cent mit einer Instrumentalnummer von Queen? Oder ich schreibe einen Blog über meinen Seelenzustand oder den Zustand der Nation oder über Pommes frites zu den Steaks im neuen Bistro unten an der Straße? Wer hat die Zeit und die Energie und die Leidenschaft?« Eben du und ich und wir alle, die wir plötzlich damit konfrontiert waren, dass das Internet keine Einbahnstraße ist, sondern eine Art Kreisverkehr: das Web 2.0 als partizipative Plattform, an der sich alle beteiligen können und sollen. Und es auch tun: »The Me is the message« hat Lee Spiegel den neuen Drang zur Selbstdarstellung in Abwandlung des berühmtesten Satzes von Marshall McLuhan auf den Punkt gebracht. Die Web-2.0-Vision von den Konsumenten als Produzenten habe das Innenleben zur Ware gemacht, schreibt Siegel in seinem Buch »Against the Machine«. Die Menschen wollten zwar nicht, dass jemand in ihre Privatsphäre eindringt, aber »sie wollen, dass andere Menschen, und zwar so viele Menschen wie möglich, ihnen dabei zusehen, wie sie ihr Privates sorgsam in einer marktgerechten und öffentlichen Weise gestalten.« Das Publikum bestimmt Form und Inhalt des Mediums und es organisiert, kontrolliert und erzeugt das Produkt. User-generated, lautet das Zauberwort. Aber für Jon Pareles von der »New York Times« hat das alles wenig mit Magie zu tun. Er sieht vielmehr »einen stetig wachsenden Haufen (...) von Schnappschüssen, privatem Gefasel, Demoaufnahmen und Camcorder-Videoclips ... eine Flut unscharfer TV-Ausschnitte, hausgemachter Video-Tagebücher und Bilder von Leuten, die Karaoke singen.« Schon heute liefern in den USA 77 Millionen Menschen aktiv Beiträge für ihre

Lieblingsseiten. Bis zum Jahr 2012 wird ihre Zahl auf geschätzte 108 Millionen Amerikaner steigen.

Bei vielen ist die Euphorie aber bereits der Enttäuschung über das »Web 0.0« gewichen. Wer an die Weisheit der Vielen glaubt, muss früher oder später eben auch die Blödheit der Massen zur Kenntnis nehmen. Natürlich ist es für Bach-Spezialisten in aller Welt eine tolle Sache, dass nun sämtliche Handschriften des Barock-Genies digitalisiert werden und von jedem Ort der Welt aus mit ein paar Mausklicks einsehbar sind. Aber welchen Sinn soll etwa die Homicide Map (Mörderkarte) machen? Eine Straßenkarte, verknüpft mit der Kriminalitätsdatenbank der Polizei von Los Angeles, ermöglicht eine geografische Übersicht aller Mordfälle in der Stadt. Mashups sind der bislang letzte Schrei – Webseiten, die durch die Verknüpfung von bereits im Internet existierenden Daten und kostenlosen Programmen neuartige Services anbieten. »Flickr Spy« etwa ermöglicht es einem, in Echtzeit – wie bei einer Diashow – zu verfolgen, welche Bilder gerade auf den Server der größten Foto-Community der Welt geladen werden. Dankenswerterweise hat die Freie Universität Berlin das Tool zum »Flickr Wackr« verfeinert, sodass man nach Eingabe von Längen- und Breitengrad beispielsweise Fotos auslesen kann, die innerhalb eines bestimmten Radius gemacht wurden.

»Jeder kann eine Botschaft aufschreiben, den Zettel in eine Flasche stecken und diese ins Meer werfen. Die Frage ist nur, wer die Botschaft lesen wird«, hat der Computerpionier und Gesellschaftskritiker Joseph Weizenbaum zum Thema Web 2.0 gesagt. Das Internet hat er, der wesentliche Vorarbeiten dafür am MIT in Cambridge geleistet hat, am Ende seines Lebens als »großen Müllhaufen« bezeichnet – »zugegeben mit einigen Perlen darin, aber die muss man erst einmal finden.« Jedes Massenmedium produziere eben zu 95 Prozent Unsinn.

Die restlichen fünf Prozent herauszufiltern, die »Flaschenpost« aufzuspüren, isolierte Signale zu sinnvollen Informationen zu verknüpfen und die richtigen Schlüsse daraus zu ziehen – das wird in Zukunft die große Herausforderung für alle sein, denen die Vermittlung von Medienkompetenz am Herzen liegt. Der Kulturtheoretiker Klaus Theweleit sieht weniger in der mangelnden Bildung der »digitalen Eingeborenen«, sondern vielmehr in deren Defiziten in der Verarbeitung von Daten den entscheidenden Unterschied zu früheren Studentengenerationen. Er spricht vom »Untergang des Geschichtsbewusstseins in der Gleichzeitigkeit der Computerwelten«, in denen man anklicken kann, was man will: »Da hat man Alexander den Großen und Karl den Großen und meinetwegen Napoleon. Die stehen im Netz aber alle nebeneinander. Man kann sie einander zuordnen, etwa in der Frage ›Welcher Diktator hat die längsten Fußwege zurückgelegt?‹ oder ›Wer hat die meisten Leute umgebracht?‹ So kann man sie alle vernetzen. Damit sind sie im Hirn schon gleichzeitig da. Warum soll man wissen, was 1200 los war?«

Die Leitung der Gesamtschule im deutschen Neumünster hat kürzlich Nägel mit Köpfen gemacht und Computern den Krieg erklärt. Der Direktor, der noch vor einigen Jahren selbst LAN-Partys für seine Schüler veranstaltete, verbannte die Geräte nicht nur aus dem Unterricht, sondern warnte in einem Brief an die Eltern auch vor den Gefahren der Elektronik im Kinderzimmer. Man mag diese in ihrer Radikalität einzigartige Vorgangsweise als übertrieben ablehnen. Nach der Lektüre dieses Buches sollten Sie zumindest Verständnis dafür haben.

»24/7« – wie uns E-Mail & Co. zu Sklaven machen

Die Abkürzung 24/7 (24 Stunden/7 Tage) bezeichnet die ständige Bereitschaft bzw. Verfügbarkeit einer Dienstleistung oder seltener die Fähigkeit zum Dauerbetrieb eines Gerätes oder einer Maschine. ... Der Begriff 24/7 wird auch im Bereich des BDSM (Sadomasochimus) verwendet, wenn sich jemand ständig dem Partner unterwirft.
Wikipedia

E-Mails sind ein absolut unverkaufbares Produkt.
Ian Sharp, Chef eines kanadischen Beratungsunternehmens, 1979

Kann sich jemand die »Gesammelten E-Mails« von Seamus Heaney vorstellen?
Tom Hodgkinson

Im Zeichen des Klammeraffen

Man darf gespannt sein, wie spätere Generationen einmal über Ray Tomlinson urteilen werden. Ob sie ihm einen Platz im Olymp der Heroen des Informationszeitalters zuweisen werden oder doch eher im Fegefeuer. Ray Tomlinson gilt als der Erfinder des E-Mails – doch der Reihe nach. Wir schreiben das Jahr 1971, es ist Winter und Tomlinson forscht gerade bei Bolt, Beranek and Newman (BBN) in Cambridge bei Boston, einer schon damals renommierten Technologieschmiede, die soeben einen lukrativen und imageträchtigen Auftrag bekommen hat: Sie soll für das Verteidigungsministerium ein Computernetz aufbauen – das legendäre Arpanet, aus dem eines Tages das Internet werden wird. Noch ist die Community klein und überschaubar, gerade einmal 25 Rechner sind vernetzt. Keine Computer freilich, wie wir sie heute kennen, Tomlinson sitzt vielmehr an einer Maschine, die so groß ist wie ein Kleiderschrank. Gut möglich, dass es Tomlinson ein wenig fad war und er sich einsam fühlte, als er eines trüben Novembertages die Idee seines Lebens hatte. »Niemand fragte nach E-Mails, aber es schien mir eine prima Idee zu sein, mehr nicht«, spielt der heute 67-Jährige den Geistesblitz des damals 30-Jährigen herunter. Tomlinson war klar, wie eine E-Mail-Adresse auszusehen hat – der vordere Teil soll aus dem Namen des Empfängers bestehen, der hintere aus dem Namen des Computers, der die Post erhält. Das einzige Problem war, wie man die beiden Teile voneinander trennen sollte. Er brauchte ein Zeichen, das auf der Tastatur vorkommt, aber nicht in Personen- und Firmennamen! Tomlinson ließ seinen Blick über die Tasten seines Model 33 Teletype (das Standardgerät des frühen Internet) streifen und plötzlich entdeckte er in der zweiten Reihe links die perfekte Lösung: @.

Unbewusst hatte sich Tomlinson für ein Zeichen mit langer Geschichte entschieden. Was später zum Symbol des Informationszeitalters schlechthin werden sollte, benutzten im 16. Jahrhundert die Kaufleute am Mittelmeer als Gewichtsmaß: 1@, ein

»arroub«, waren etwa zehn Kilogramm. In der Renaissance bekam das @ noch eine zusätzliche Bedeutung als Abkürzung für »zu« oder »je«. Auf Märkten gab es »Hühner @10 Pence«, eine Schreibweise, die sich im angelsächsischen Raum bis heute erhalten hat. Nach der industriellen Revolution wurde das @ in der Buchhaltung populär – und daher fand es sich auch auf Ray Tomlinsons Tastatur: der »Klammeraffe«, den die Tschechen »Rollmops«, die Italiener »Schnecke« und die Israelis »Shtrudl« nennen.

Die erste E-Mail-Adresse der Welt lautete übrigens tomlinson@bbntenexa. Tomlinson verschickte die erste E-Mail der Geschichte mangels anderer Adressen an sich selbst. Was in der E-Mail stand, weiß Tomlinson heute nicht mehr. Das Ganze war ja irgendwie eine Spielerei. »Sag das niemandem, das ist nicht das, woran wir arbeiten sollen!«, warnte ihn ein Kollege, den Tomlinson in seine Aktivitäten einweihte. Da anfangs niemand die Bedeutung der Entwicklung erkannte – der Erfinder eingeschlossen –, ist die elektronische Post vermutlich heute portofrei. Ray Tomlinson, der an der weiteren Entwicklung der E-Mail nicht mehr beteiligt war, blieb bis zu seiner Pensionierung Angestellter von BBN Technologies.

Tomlinson mag ja von Anfang an davon geträumt haben, Nachrichten zwischen Computern auf verschiedenen Kontinenten auszutauschen, aber bis es wirklich so weit war, verging viel Zeit. In Deutschland (das vierte Land weltweit mit Anschluss an das Internet) wurde die erste transatlantische E-Mail am 2. August 1984 empfangen. Der Empfänger war Werner Zorn (zorn@germany) von der Universität Karlsruhe und es handelte sich um eine Grußbotschaft der amerikanischen Plattform CSNET. In der Betreffzeile stand damals – orthografisch falsch – »Wilkommen in CSNET!«.

»Don't call me ...«

Am Beginn meiner Karriere als vollwertiges Mitglied der Informationsgesellschaft stand Stan Paskoff. Sie müssen Stan Paskoff nicht kennen. Er ist Systemadministrator am Terry Sanford Institute of Public Policy an der Duke University in North Carolina. Ich hatte die Ehre und das Vergnügen, das Frühjahr 1997 als Stipendiat des Departments für Journalismus an dieser wunderbaren Bildungseinrichtung zu verbringen – gemeinsam mit einer Gruppe europäischer, russischer und ukrainischer Journalisten. Stan Paskoff wurde uns gleich zu Beginn vorgestellt, ein schmächtiger, blasser junger Mann mit Schnauzbart und Brille, der uns in das Computersystem des Institutes einführte. Sein Vortrag geriet wenig überraschend trocken und nüchtern, hin und wieder blitzte sein Stolz auf die Leistungsfähigkeit des Netzes am Campus durch. Nur mit einem einzigen Satz hat sich Stan Paskoff tief in mein Gedächtnis eingegraben. Es war eine Bitte oder besser ein Appell, den er gebetsmühlenartig immer dann vortrug, wenn er auf allfällig auftauchende Probleme mit dem System zu sprechen kam: »Don't call me, just send me an E-Mail!« Aus dem Mund dieses Computer-Nerds klangen die Worte sanft und doch bestimmt. Es war ein Befehl, an dem nicht zu rütteln war und dem ab diesem Zeitpunkt keiner von uns zuwiderhandelte. Der Satz »Don't call me, just send me an E-Mail! « elektrisierte mich. Noch konnte ich sein Potenzial nur erahnen, aber irgendwie fühlte ich, den Slogan einer neuen Ära, ja den kategorischen Imperativ des digitalen Zeitalters selbst kennengelernt zu haben.

Stan Paskoffs Worte gaben mir irgendwie das Gefühl, einer Elite innerhalb der eben erst im Entstehen befindlichen Informationsgesellschaft anzugehören. Vor meiner Abreise in die USA hatte ich zuhause noch eine PC-Umrüstung – von 386 auf 486 Pentium! – und einen Internetanschluss durchgesetzt, mit dem Argument, statt teure Telefongespräche zu führen, einfach kostenlose Textnachrichten von einer Seite des Atlantiks auf die andere zu schicken. Nun fühlte ich mich bestätigt und genoss anfangs sogar mehrmals täglich das Gefühl, in einem abgedunkelten Computerraum zu sitzen, gemeinsam mit Studenten aus allen Teilen der Welt, die konzentriert im damals noch vergleichsweise bescheidenen Internet surften, und selber in einer Art digitalem Taumel Neuigkeiten in einen Computer zu tippen, danach aufgeregt den »Send«-Knopf zu klicken und zu spüren, wie das Adrenalin ins Blut schießt beim bloßen Gedanken daran, dass das soeben an der amerikanischen Ostküste Geschriebene in der Sekunde auf einem an der österreichischen Ostgrenze stehenden Computer abrufbar ist. Natürlich folgten diesen Sessions anfangs fast immer ausgiebige Telefonate, die mit der Frage begannen: »Hast du meine E-Mail bekommen?« – so ganz sicher konnte man sich damals eben doch noch nicht sein.

Kaum aus den USA zurückgekehrt, stieg die Kurve meiner privaten Computernutzung steil an, und ich gebe zu, dass ich mir den Paskoff'schen Satz zu eigen gemacht habe. Damals gab mir die salopp hingeworfene Aufforderung »Bitte, schick mir doch einfach eine E-Mail!« ein Gefühl der Überlegenheit gegenüber scheinbaren oder tatsächlichen Modernitätsverweigerern, die glaubten, mich stundenlang volllabern zu können. Ich gestehe, von der Möglichkeit, mithilfe dieses einfachen Zaubersatzes jedes x-beliebige Gespräch auf einfache und noch dazu elegante Weise ab- oder zumindest zu unterbrechen, mehr als einmal Gebrauch gemacht zu haben. Und ich habe in den Jahren nach 1997 selber tausende E-Mails auf die Reise geschickt. Darunter waren gewiss einige sinnvolle, vielleicht ein paar wichtige, möglicherweise sogar die eine oder andere unverzichtbare. Leider waren darunter viel mehr, die ich heute noch gerne zurückrufen würde: Unbedacht hingeworfene Hate-Mails, die mir (wie ich fürchte) lebenslange Feindschaften eingetragen haben, sinnlose Organisations-Mails, die vor allem den Zweck hatten, Aktivität vorzuschützen, und langweilige und fragwürdige Ergüsse zu welchen Themen auch immer mit der einzigen Absicht, die eigene Wichtigkeit außer Frage zu stellen.

Andererseits bin ich natürlich auch Opfer geworden. Zugegeben, anfangs habe auch ich die Zahl täglich erhaltener E-Mails für eine Statusfrage gehalten (je mehr, desto wichtiger), habe wahllos Newsletter abonniert, mich auf den obskursten Websites registrieren lassen und verbissen darum gekämpft, auf alle nur erdenklichen Verteiler gesetzt zu werden. Aber seit von den täglich 60 Milliarden E-Mails, die weltweit versandt werden, 160 in meinem Postkasten landen, bin ich der Sache überdrüssig. Täglich hält mein Spamfilter zwar die Hälfte davon zurück, aber vom Rest versenke ich immer noch 80 Prozent ungelesen im digitalen Orkus.

PS: Stan Paskoff macht seinen Job als Systemadministrator an der Duke University übrigens noch immer. Demnächst werde ich ihm eine E-Mail schicken ...

Homo connectus ...

Man darf wohl mit Fug und Recht behaupten, dass Nordkorea zu den am meisten abgeschotteten Ländern der Welt gehört. Die Organisation »Reporter ohne Grenzen« veröffentlicht jährlich eine Liste der »Feinde des Internets«, Länder mit repressiven Internet-Bestimmungen, die das Recht auf freie Meinungsäußerung beschneiden und das Filtern von Webseiten erlauben. Unter den 13 größten Feinden des Internets findet sich demzufolge neben China, Iran und Weißrussland auch Nordkorea. Dennoch kennt sich der nordkoreanische Staatschef Kim Jong Il nach eigenen Angaben mit dem World Wide Web bestens aus. Während eines Gipfeltreffens mit seinem südkoreanischen Kollegen Roh Moo Hyun bezeichnete sich der bizarre Diktator aus dem Norden selbst sogar als »Internetexperte«. Kim hatte schon in früheren Jahren mit seinen Kenntnissen moderner Kommunikation geprahlt. So soll er die damalige US-Außenministerin Madeleine Albright bei einem Besuch in Pjöngjang im Jahr 2000 nach ihrer E-Mail-Adresse gefragt haben.

Wenn Kim Jong Il nicht geflunkert hat, gehört also auch er

zu jener neuen menschlichen Spezies, die das Informationszeitalter innerhalb nur weniger Jahre hervorgebracht hat. Die Rede ist vom Homo connectus. Gemeint sind Menschen, über die wir uns noch vor kurzem gewundert haben, weil sie zwar allein im Auto sitzen, aber dennoch unentwegt reden und dabei heftig gestikulieren. Gemeint sind all jene, die sich in Drei-Minuten-Abständen hektisch an die Brust fassen, weil sie einen Vibrationsalarm ihres Blackberrys verspüren, auch wenn sie ihn gar nicht eingesteckt haben (»phantom vibration« nennen die Amerikaner das oder »ringxiety«, weil dahinter wohl immer auch die Angst steckt, einen Anruf oder eine Nachricht zu versäumen). Dazu gehören Zeitgenossen, die permanent mit hinters Ohr geklemmtem Headset durch die Gegend laufen, obwohl sie nicht Angestellte eines Call-Centers sind. Und nicht zu vergessen all jene, die nicht nur in Besprechungen unter (und immer öfter auf) dem Tisch ihre SMS checken und beantworten, sondern auch in der Nacht aufstehen, um E-Mails aus Übersee zu lesen, auch wenn diese meist nur Brustvergrößerungen, Penisverlängerungen, billige Potenzpillen aus Internetapotheken und nigerianische Anlagepapiere offerieren.

Das Gefühl, ständig davon Gebrauch machen zu müssen, unterscheidet die neuesten Entwicklungen der Kommunikationstechnologie ganz maßgeblich von früheren und anderen Erfindungen. Anders gesagt: Nur weil es plötzlich Autos gab, wäre niemand auf die Idee gekommen, fortan 24 Stunden täglich auf vier Rädern zu verbringen. Mit den Segnungen der modernen Informationstechnologie ist das anders. Wir gehen nicht mehr außer Haus, ohne vorher den Batteriestand unseres Handys überprüft zu haben. Wir buchen nur noch in Hotels mit WLAN-Anschluss (manche von uns sind schon mit dem Wi-Fi Detector Shirt unterwegs, dem Onlinemeldehemd, das drahtlose Netzwerke sichtbar macht. Je nach Feldstärke leuchten die Balken der flexiblen Anzeige auf der Brust). Wir streunen auf dem Flughafen nicht mehr durch Duty-free-Shops auf der Suche nach preisgünstigen Parfums und Spirituosen, sondern klicken uns wie in

Trance durch das Outlook-Verzeichnis auf dem eigenen Laptop, ständig auf der Jagd nach neuen Dokumenten.

Es verwundert nicht, dass einer »Newsweek«-Umfrage zufolge inzwischen 70 Prozent der Befragten glauben, ohne E-Mail nicht mehr leben zu können. 60 Prozent sind überzeugt, ihre Arbeit werde dadurch effizienter. Aber gleichzeitig klagen 94 Prozent der Befragten darüber, dass sie täglich mindestens eine Stunde darauf verwendeten, zahllose Mails zu beantworten oder unnötige und nervende Post zu löschen. Viele haben offenbar immer öfter das Gefühl, ein lebender Spam-Filter zu sein. Der kürzlich verstorbene Computerpionier, langjährige Professor am MIT in Cambridge und bis ins hohe Alter kritische Beobachter und Begleiter der Entwicklungen in der IT, Joseph Weizenbaum, hat es (in dem Interviewbuch »Wo sind sie, die Inseln der Vernunft im Cyberstrom?«) auf den Punkt gebracht: »Wir sind heute auf dem besten Weg, zu Bedienern des Computers zu werden, und merken es nicht einmal. Langsam werden wir ein Teil der Maschinen. Man kann das mit einem Fließband vergleichen, das Tempo und Arbeitsweise vorgibt. Denken Sie an Chaplins ›Modern Times‹. Wir bedienen die Maschine, die doch eigentlich erfunden wurde, uns zu dienen.«

Genau das bestätigen auch Studien, die zunächst vor allem in den USA und Großbritannien gemacht wurden, weil es den Controllern in den Hochburgen des Kapitalismus als ersten dämmerte, dass die neuen Wunderwaffen der Kommunikation auch veritable Zeit- und damit Geldfresser sind. Eine Untersuchung im Auftrag der Firma Plantronics, für die 180 Manager in Deutschland, Großbritannien, Dänemark und Schweden befragt wurden, hat etwa ergeben, dass die Leistungsträger unserer Wirtschaft bis zu zwei Stunden täglich mit der E-Mail-Kommunikation »beschäftigt« sind. Das ist ein Viertel eines normalen Arbeitstages. Was aber noch mehr erschreckt: Rund ein Drittel aller gelesenen und gesendeten (!) E-Mails bezeichneten die Befragten selbst als »irrelevant und reine Zeitfresser«. E-Mails haben immer neue E-Mails zur Folge, zeigten sich die Wissensarbeiter erstaunlich überrascht über das Phänomen Feedbackschleife (oder beachtlich naiv).

Dass am Bürocomputer die Grenze zwischen Beruf und Privatleben verschwimmt, liegt auf der Hand. Salary.com hat eine Umfrage unter 2000 Angestellten in den USA durchgeführt und dabei herausgefunden, dass die Mehrheit etwa ein Fünftel der Arbeitszeit mit dem Schreiben persönlicher E-Mails und anderen Online-Aktivitäten verbringt. Das Vanson-Bourne-Institut wiederum kommt zum Ergebnis, dass immerhin 13 Prozent aller im Büro verschickten E-Mails privater Natur sind.

... labor interruptus

Die Stabsstelle Öffentlichkeitsarbeit des ORF versendet täglich einen Pressespiegel an all jene Mitarbeiter des Hauses, die diesen Service abonniert haben – alles in allem ein nicht sehr exklusiver Kreis von mehreren hundert Personen. Kürzlich blieb aufgrund eines technischen Problems die routinemäßige E-Mail mit den aktuellen Presseberichten über das eigene Unternehmen im Anhang zur gewohnten Zeit aus. Ein Kollege, dem das erstaunlicherweise sofort auffiel, ärgerte sich und griff umgehend in die Tasten: »Ich habe heute meinen Pressespiegel nicht bekommen. Können Sie mir sagen, was da los ist?«, formulierte er in forschem Ton und schickte seine Anfrage per Mausklick auf den Weg – nur leider nicht an das zuständige Büro, sondern irrtümlich an den gesamten Adressatenkreis. Die Folgen waren fatal und, was das lokale Netzwerk betrifft, in den Auswirkungen denen des legendären Loveletter-Virus vergleichbar. Im Laufe der folgenden Stunden entwickelte sich nämlich so etwas wie ein E-Mail-Happening der besonderen Art. Ich habe die gesammelten Nachrichten nicht gezählt und nicht gespeichert, aber ich schätze, es kamen bis Feierabend so an die siebzig bis achtzig E-Mails zusammen, die nur anfangs dem fehlenden Pressespiegel gewidmet waren. Manche wollten dem Beschwerdeführer ihrer Unterstützung versichern, andere wiederum beschwerten sich über die Beschwerde, und weil sie sich gestört fühlten, störten sie alle anderen auch. Immer öfter wurde vom Thema abgewichen, einzelne Schreiber begannen einen höchst lebendigen Dialog über Gott und die Welt, manche freuten sich über ein »Lebenszeichen« von diesem oder jener und ließen das alle wissen, und irgendwann mündete das Ganze in der glorreichen Idee, man sollte doch einmal zusammen auf einen Drink gehen!

Natürlich sind Exzesse wie dieser die Ausnahme. Vielleicht führen sie uns klar vor Augen, was wir ohnedies bereits seit langem spüren: dass E-Mail und Co. in unseren Büros eine »Unterbrechungskultur« etabliert haben, die sich nachhaltiger auf die Produktivität und die Arbeitszufriedenheit auswirkt, als derzeit noch vielen klar ist. Die US-amerikanische Forscherin Gloria Mark beschäftigt sich seit Jahren fast ausschließlich mit diesem Thema und ist inzwischen zur prominentesten Vertreterin eines gänzlich neuen Wissenschaftszweiges geworden, der »Interruption Science«. Mark ist nach vielen einschlägigen Untersuchungen überzeugt, dass sich die meisten von uns nicht einmal mehr zweieinhalb Minuten am Stück auf eine bestimmte Arbeit konzentrieren können. Dann werden wir mit Sicherheit unterbrochen von einem Anruf oder einer SMS oder einer neuen E-Mail, die in uns regelmäßig den unwiderstehlichen Impuls, sie zu öffnen oder anzuklicken und zu lesen, auslöst. Wir können nicht »Nein« sagen, weil wir konditioniert sind wie Pawlow'sche Hunde und weil wir einen »Flash« wittern, wie der Wissenschaftsjournalist Stefan Klein in seinem Buch »Zeit. Der Stoff, aus dem das Leben ist« schreibt. Das Handyklingeln könnte den Anruf eines Freundes ankündigen, das akustische E-Mail-Signal eine Nachricht der Geliebten. Der Effekt ist durchaus mit einer Droge vergleichbar: Nikotin und Kokain wirken tatsächlich auf ähnliche Nervenbahnen.

Das allein wäre noch gar nicht so schlimm, würde es im Durchschnitt nicht sage und schreibe 25 (!) Minuten dauern, bis wir die alte Arbeit wieder aufnehmen (können). Inzwischen sind neue Unterlagen auf dem Schreibtisch gelandet, jemand hat uns ein Post-it an den Monitorrand geklebt, auf dem Schirm selbst müssen die Fenster neu geordnet werden und der Geistesblitz von vorhin ist auch weg ... Bis wir wieder die volle Konzentration erreicht haben, vergehen laut Marks Analysen rund acht Minuten. Das heißt aber auch, dass nur noch wenige Minuten bleiben bis zur nächsten Unterbrechung!

Die Unternehmensberatung Basex hat für die USA errechnet, dass beinahe ein Drittel der täglichen Arbeitszeit auf Unterbrechungen entfällt. Das sind 28 Millionen verlorene Arbeitsstunden pro Jahr oder 588 Milliarden US-Dollar (in den USA noch immer das überzeugendste Argument), die der Volkswirtschaft verloren gehen. Folgerichtig – und wohl nicht ganz uneigennützig – hat Basex den »Information overload« zum »Problem des Jahres 2008« ausgerufen.

Multitasking – ein Mythos wird entzaubert

Es muss eine der lustigsten Versuchsreihen der vergangenen Jahre gewesen sein, zumindest für die eine Hälfte der Probanden. Forscher des Londoner King's College wollten den Auswirkungen des digitalen Dauerbeschusses auf die Konzentration nachgehen. Zu diesem Behuf ließen sie die eine Hälfte der Versuchspersonen Marihuana rauchen, die andere eingehende E-Mails bearbeiten. Das Ergebnis: Die Marihuana-Gruppe schnitt beim Lösen von Aufgaben bedeutend besser ab als die E-Mail-Gruppe (und hatte vermutlich mehr Spaß dabei).

Ich kann für mich ausschließen, jemals bekifft meiner Arbeit nachgegangen zu sein. (Wenn man nicht gerade in einem Coffee-Shop in Amsterdam beschäftigt ist, darf ein Arbeitgeber das wohl auch mit Fug und Recht von seinem Mitarbeiter erwarten.) Dafür hat sich »Multitasking« wie eine besonders heimtückische Droge nach und nach in mein Arbeitsleben geschlichen. Als ich in den späten achtziger Jahren begonnen habe, als Journalist in einer Radio-Nachrichtenredaktion zu arbeiten, hatten wir noch einen sogenannten Fernschreibraum. Darin stand ein einziges Gerät, das mit einer Rolle Endlospapier in DIN A4-Breite und einer Tastatur ausgestattet war – der Fernschreiber eben. Damit konnte man Nachrichten mithilfe einer umständlichen Prozedur verschicken, vor allem aber auf vergleichsweise recht unkomplizierte Weise empfangen. Der Grund, warum das Gerät in einem abgeschlossenen Raum stand, war der Lärm, den es erzeugte, weil die hereinkommenden Nachrichten der Austria Presse Agentur unmittelbar und automatisch mit erheblichem Geräuschaufwand (Nadelprinter!) gedruckt wurden. Als verantwortlicher Redakteur begab man sich etwa jede halbe Stunde zum Fernschreiber, schaute, was über den Ticker gekommen war, riss das Papier nach der letzten eingetroffenen Meldung ab, rollte die – je nach Nachrichtenlage – vier oder fünf Meter Papier wieder auf und setzte sich dann zum Lesen an seinen Schreibtisch. Je länger der Papierstreifen auf dem Boden wurde, desto mehr hatte man sich angeeignet, über die große Weltpolitik ebenso wie über die kleinen Streitereien in Gemeindestuben, über Wirtschaft und Wissenschaft, Kultur und Sport. Nicht alles wurde mit derselben Aufmerksamkeit gelesen, versteht sich, aber abends hatte man immer einen hervorragenden Überblick und konnte zuhause oder im Kaffeehaus noch etwas Neues erzählen, was nicht schon alle wussten.

Heute arbeite ich wie alle Journalisten an meinem eigenen Computer, mit dem ich auch durch die Redaktion laufen und trotzdem online bleiben kann. Ich habe auf nicht weniger als zwölf Agenturen samt Zusatzangeboten wie Bilder- und Grafikdienste Zugriff. Diese bieten sogenannte Alarmfilter an, die automatisch zwar nur jene Nachrichten anzeigen, die den definierten Kriterien entsprechen, dafür aber sofort nach dem Eintreffen aufgeregt in der rechten oberen Bildschirmecke blinken und mit den sich in der rechten unteren Ecke ankündigenden E-Mails um meine Aufmerksamkeit buhlen. Natürlich kommen dazu die wichtigsten Newsseiten im Internet, die ebenfalls am Monitorrand schlummern und mittels Mausklick zu neuem Leben erweckt werden wollen. Unterm Strich: Seit den noch gar nicht so weit zurückliegenden Zeiten der Papierrolle haben sich die Quellen in einem dramatischen Ausmaß vervielfacht, und dennoch ist der Blick enger geworden, weil das Mehr nur bewältigbar ist durch extreme Fokussierung. Die digitale Vielfalt, die wir so sehr preisen, bietet nicht immer mehr Information, sondern manchmal nur immer mehr *gleiche* Information. Im digitalen Kanon pfeifen wir alle nach der gleichen Melodie.

Das Problem mit dem Multitasking ist, dass es nicht funktioniert. Frauen gefielen sich ja schon immer darin, Männern die grundsätzliche Prädisposition dafür abzusprechen. Seit die angewandte Psychologie dem Phänomen ernsthaft nachgeht, wissen wir: Auch Frauen können nicht multitasken! Beim Bearbeiten verschiedener Aufgaben und dem Switchen zwischen denselben in kurzen Zeitabständen sinkt nämlich die Effizienz im Vergleich zur seriellen Bearbeitung messbar und unabhängig vom Geschlecht. Der Grund: Das Gehirn filtert Informationen automatisch auf eine vom Menschen wahrnehmbare Menge. Das bekannteste Beispiel: Beim Telefonieren im Auto wird der Sehsinn auf den berüchtigten »Tunnelblick« reduziert, der – das macht die Sache so tückisch – auch nach dem Telefonieren noch für einige Minuten bestehen bleibt. Wer sich also am Steuer seines Autos auf den Gesprächspartner und den Gegenverkehr konzentriert, hat kaum noch Kapazitäten frei für den Radfahrer am Straßenrand. Dabei ist es unerheblich, ob mit oder ohne Freisprechanlage telefoniert wird.

Aber Multitasking ist nicht gleich Multitasking. Wir alle wissen, dass es kein Problem ist, im Kaffeehaus zu sitzen, ein angeregtes Gespräch zu führen und ganz nebenbei eine Melange zu trinken. Aussichtslos ist es aber, selber ein Gespräch zu führen und gleichzeitig einem Gespräch am Nebentisch zu lauschen. Der Grund dafür liegt im Gehirn, wo sich Aufgaben gegenseitig torpedieren, wenn sie ähnliche oder gleiche Gehirnregionen, wie eben das Sprachzentrum, beanspruchen. Motorik und Sprache vertragen sich also einigermaßen, Sprache und (gesprochene oder geschriebene) Sprache nicht.

So viele Rätsel das Gehirn der Wissenschaft noch immer aufgibt, eines wissen die Forscher inzwischen ganz sicher: Unsere Schaltzentrale im Kopf verarbeitet Informationen und Reize eben nicht parallel, sondern seriell. Nehmen zu viele Aufgaben in kurzer Zeit das Gehirn in Beschlag, entsteht ein richtiger »Entscheidungsstau« im Oberstübchen. Der Neurowissenschaftler Ernst Pöppel, Professor für Medizinische Psychologie an der Universität München, bezeichnet das Gehirn als »unglaublich konservativ«, weil es seit 100 000 Jahren immer nach dem gleichen Muster arbeite, wonach eine Entscheidung auf neuronalen Verknüpfungen und abgespeicherten Erfahrungen beruht. Für seinen amerikanischen Kollegen René Marois sind am intellektuellen Nadelöhr im Kopf auch unsere Vorfahren schuld. »Der Selektionsdruck, mehrere Dinge auf einmal tun zu müssen, war wohl eher gering. Die Evolution des Gehirns fand ja nicht in der hektischen Welt von heute statt.« Wie wahr. Heute geht man von 20 000 Entscheidungen aus, die jeder von uns täglich zu treffen hat! Bei zunehmender Zahl wird die Entscheidungsfindung immer schwieriger. Beim berühmten Supermarkt-Test wurde das Kundenverhalten bei einem Angebot von 24 Brotaufstrichen und bei einer Auswahl von nur sechs Sorten verglichen. Bei der großen Auswahl blieben zwar 60 Prozent stehen, aber nur drei Prozent kauften, während beim Mini-Angebot nur vergleichsweise bescheidene 40 Prozent haltmachten, dafür aber 30 Prozent tatsächlich einen Aufstrich kauften.

Manager Marke Zappelphilipp

Miriam Meckel ist eine erfolgreiche Frau. Mit 31 Jahren war sie Deutschlands jüngste Professorin, mit 33 Staatssekretärin in Nordrhein-Westfalen. Jetzt lehrt sie Kommunikationsmanagement an der Universität St. Gallen und arbeitet als Kommunikationsberaterin. Das Wort »Schlampe« gehört nicht eben zum Wortschatz dieser deutschen Parade-Intellektuellen und dennoch hat sie es eines Tages einer völlig unschuldigen Verkäuferin in einem Kölner Lampenladen an den Kopf geworfen. Meckel wollte nur noch schnell eine Halogenleuchte kaufen, als sich auf dem Weg ins Geschäft ein Kollege am Handy mit der Bitte meldete, ein Skript durchzusprechen, eine Freundin via SMS nachfragte, warum sie nicht zum verabredeten Kaffee erschienen sei, und eine E-Mail am Blackberry sie an eine Telefonkonferenz erinnerte, an der sie schließlich pflichtbewusst teilnahm, obwohl sie im Kölner City-Trubel beinahe kein Wort verstand. Als ihr im Lampengeschäft die Verkäuferin, eine ältere Dame, eröffnete, die gewünschte Leuchte nicht im Sortiment zu haben, platzte es aus der coolen Karrierefrau heraus: »Schlampe!« Wir wissen nicht, wie die Dame im Kölner Lampengeschäft mit der Beleidigung fertig wurde, für Miriam Meckel war es jedenfalls ein einschneidendes Erlebnis, das sie nachträglich in ihrem Buch »Das Glück der Unerreichbarkeit« so reflektierte: »An jenem Tag habe ich festgestellt, dass ich etwas ändern musste. Etwas war mit mir während der vergangenen Jahre geschehen. Ich war zu jener Spezies Mensch mutiert, die angeblich alles gleichzeitig kann. Ich war geworden, was ich nie sein wollte: ein Simultant.« Das Wort klingt verdächtig nach Simulant (einer, der etwas vortäuscht), und das ist nicht nur gewollt, sondern auch etymologisch korrekt. In beiden steckt das lateinische Adverb »simul« (zur gleichen Zeit).

Aggressionsausbrüche wie der oben beschriebene, Wutanfälle an sich liebevoller Väter, die sich plötzlich an ihren Kindern abreagieren, verbale Auseinandersetzungen durch und durch tougher Manager, die in Meetings aus nichtigen Anlässen aneinandergeraten und dabei auf tiefstes Niveau herabsinken – Edward Hallowell kennt das alles zur Genüge. Der Psychiater gründete das »Hallowell Center for Cognitive and Emotional Health«, in dem er sich hyperaktiven Erwachsenen widmet. An diesen diagnostiziert er in zunehmendem Ausmaß eine Störung, die der Psychologe als ADT bezeichnet: Attention Deficit Trait, was man frei und etwas verharmlosend als »Zerstreutheit« übersetzen könnte. Sie ist nicht genetisch bedingt, sondern »ein Zustand, der eine direkte Folge der modernen Arbeitswelt ist«, wie Hallowell 2005 in einem Interview erläuterte. Mit seinem 2006 in den USA erschienenen Buch zum Thema prägte Hallowell den Begriff, der diesen Zustand am besten beschreibt: »CrazyBusy« (rasend beschäftigt). Betroffene beschreibt der Autor als »abgelenkt, reizbar, impulsiv, ruhelos«, die Früherkennungsmerkmale sind unspektakulär, aber untrüglich: »Wenn Menschen beginnen, oberflächlicher und gehetzter zu antworten, wenn ihr Reservoir an Ideen allmählich austrocknet, wenn sie länger arbeiten und kürzer schlafen, weniger Sport betreiben, sich aus Freundschaften zurückziehen und generell mehr arbeiten und weniger leisten.« Hallowell fand heraus, dass die Symptome dieses kommunikativen Burn-outs infolge des allgemeinen Information Overload im Urlaub vorübergehend verschwinden.

Überlastung im Job, das hat es immer gegeben, mag man einwenden, aber, so Hallowell, »neu ist, dass dabei niemals zuvor die Gehirnfunktionen so überstrapaziert wurden. Wir konnten manuelle Arbeit übertreiben, aber nie zuvor so routinemäßig unsere Gehirnleistung.« Hallowell schätzt, dass 30–40 Prozent aller Manager und Angestellten in Firmen von ADT betroffen sind. Und vielleicht ist das sogar eine optimistische Einschätzung. Andere Experten weisen nämlich auch auf die Spätfolgen exzessiven Multitaskens hin. Ernst Pöppel etwa prophezeit dauerhafte »Konzentrationsstörungen und den Verlust des Kurzzeitgedächtnisses«, woraus sich wiederum ein »unzusammenhängender, schizoider Denkstil« ergebe. »Wir können keinen Kontext mehr verinnerlichen. Alles wird sofort wieder gelöscht, nichts bleibt dauerhaft im Gedächtnis«, warnt der Münchener Gehirnspezialist.

Manche Firmen haben bereits reagiert und den »E-Mail-freien Freitag« eingeführt, eine Art Light-Version des Shutdown Days, an dem die Teilnehmer ja komplett offline gehen. Zu den ersten Unternehmen, die ihren Mitarbeitern Enthaltsamkeit in Sachen E-Mail auferlegten, gehörten Intel und Deloitte & Touche. Beim amerikanischen Logistikunternehmen PBD ging die Initiative vom Chef persönlich aus. Vorstandsvorsitzender Scott Dockter saß am Computer und wollte seiner Assistentin eine Mail schicken, als er sich der Absurdität der Situation bewusst wurde: »Moment mal. Du sitzt nur ein paar Meter von mir entfernt. Ich möchte lieber mit dir reden.« Die Mitarbeiter reagierten gespalten auf die Innovation, die manchen einen zunächst unvorstellbaren Verzicht abverlangte. Manche argumentierten mit Kundenanfragen, die es umgehend zu beantworten gelte. »Das ist lächerlich«, wischt Lisa Williams von der Personalabteilung bei PBD das Service-Argument vom Tisch. »Wenn ein Kunde eine E-Mail sendet, möchte ich, dass unser Mitarbeiter den Hörer in die Hand nimmt und wieder eine persönliche Beziehung herstellt.« Genau darum gehe es den Verantwortlichen, was die interne Kommunikation betrifft: Die Mitarbeiter zur Kommunikation von Angesicht zu Angesicht zu ermutigen. »Auch an Wochentagen«, sagt Lisa Williams, »denken wir jetzt jedes Mal darüber nach, wenn wir eine E-Mail senden. Wir kennen ja alle diese weitergeleiteten E-Mails, an denen zwanzig verschiedene Leute hängen und jeder stellt zusätzliche Fragen. ... Wenn du jemanden an seinem Tisch besuchst, dann schießt du nicht gleich los, sondern fragst zuerst: ›Wie geht's? Was machen die Kinder?‹ Dadurch entsteht eine herzlichere Beziehung.« Und so ganz nebenbei wurde bei PBD auch die Zahl der E-Mails halbiert.

Den umgekehrten Weg gingen hingegen die Abgeordneten im britischen Unterhaus, das bis Ende 2007 eine der letzten E-Mail-freien Bastionen der westlichen Welt war. Noch 2005 hatte Unterhaussprecher Michael Martin den Abgeordneten gedroht, sie würden des Saales verwiesen, wenn er sie beim Hantieren mit einem Handy erwische. Schließlich war es der ehemalige Außenminister und nunmehrige Unterhausführer Jack Straw, der den Stein ins Rollen und die Firewall zum Einsturz brachte. »Mit der Versendung von E-Mails können wir Abgeordnete etwas Nützliches tun, während wir auf unsere zehn Minuten Redezeit warten«, zitierte der »Guardian« einen Hinterbänkler. Und eine seiner Kolleginnen meinte im »Daily Telegraph«: »Sechs Stunden sind eine lange Zeit, um nur herumzusitzen und keine Arbeit zu erledigen, bei dem Zeitdruck, den wir haben.« Zu dumm nur, dass die Lockerung der Sitten im britischen Unterhaus für das ehrgeizige Projekt eines »Nationalen E-Mail-Archivs« (»E-Mail Britain«) der Nationalbibliothek in London zu spät kam. Die British Library hatte die Briten dazu aufgerufen, der Bibliothek während des gesamten Monats Mai ihre E-Mail-Ordner zu überlassen. Ziel des Unternehmens war es, eine Momentaufnahme vom Alltagsleben im Jahr 2007 zu erstellen. Spam wurde ebenfalls in die Sammlung aufgenommen, da auch die unerwünschten E-Mails Ausdruck ihrer Zeit sind, wie es in der Begründung hieß. Das Archiv soll später einmal Forschern zur Verfügung stehen, die dabei zum Beispiel die Entwicklung des Englischen verfolgen können. Bei der Sammlung wurden persönliche Informationen und E-Mail-Adressen entfernt.

Crackberry – die Droge der Digi-Sklaven

Der Pager, das auf deutsch etwas umständlich Funkrufempfänger genannte kleine, mobile Empfangsgerät, das einen eintreffenden Ruf durch akustische oder optische Signale auf einem Display anzeigte, war in den späten achtziger und frühen neunziger Jahren ein Statussymbol. Wer einen Pager an seinen Hosengurt geschnallt hatte und in der Betriebskantine, im Restaurant oder sonstwo in der Öffentlichkeit »angepaged« wurde, war entweder Feuerwehrmann, Rettungsfahrer oder ganz einfach wichtig.

Das kongeniale Werkzeug der statusangstgeplagten Angehörigen der Informationsgesellschaft von heute ist der Blackberry. Die Wunderwaffe der Informaniker wurde von der kanadischen Firma Research in Motion (RIM) entwickelt, ist mit exakt 50 x 106,7 x 14,5 Millimeter nicht viel größer als ein Pager (bei einem Gewicht von knapp 90 Gramm), passt somit in jede Hand und macht Empfang und Versand von E-Mails, alle gängigen Mobiltelefon-Funktionen, Kalender, Adressbuch und das firmeneigene Computernetzwerk jederzeit weltweit nutzbar. Im April 2008 gab RIM bekannt, dass die Zahl der Blackberry-Anwender die Grenze von 14 Millionen überschritten hat.

Zumindest indirekt hat an diesem Erfolg sicher auch der genial-einfache Name einen Anteil: Die Bezeichnung »Brombeere« haben sich die Kreativköpfe der Firma Lexicon Branding Inc. mit Sitz im kalifornischen Sausalito ausgedacht, die schon als begnadete Namensgeber für den Pentium-Mikroprozessor von Intel oder das Powerbook von Apple fungierten. Ursprünglich wollten sie das Gerät »Erdbeere« nennen, weil die kleinen Tasten in ihrer charakteristischen Anordnung an diese Frucht erinnerten, aber einer der Linguisten bei Lexicon Branding fand, »straw« klinge zu langsam ... Tatsächlich ist es die Geschwindigkeit, die den Blackberry auszeichnet. Die Pushmail-Technologie offeriert schriftliche Kommunikation in Echtzeit – immer und überall, und das ist es, was ihn zum scheinbar unverzichtbaren Begleiter der Business-Nomaden gemacht hat. So unverzichtbar, dass er für viele von ihnen überhaupt nicht mehr wegzudenken ist und ihm (diesmal nicht von Lexicon Branding, sondern einem Anonymus) die Bezeichnung »Crackberry« verpasst wurde – in Anlehnung an die Straßendroge Crack (mit Backpulver gestrecktes Kokain, das geraucht wird und in der Sekunde wirkt). Bereits 2006 war der Spitzname so populär, dass ihn Webster's New World College Dictionary zum »New Word of the Year« kürte.

Das Suchtpotenzial der kleinen Begleiter ist in der Tat beträchtlich. 37 Prozent der deutschen Manager, erhob die German Consulting Group, halten ihren Blackberry inzwischen für unverzichtbar. Man fragt sich, ob die Arbeit dieser Menschen vor wenigen Jahren noch so anspruchslos war, dass sie ohne Pushmail-Technologie über die Runden kamen, oder ob die Manager damals einfach selbständiger waren. Irgendwie muss es doch nachdenklich stimmen, wenn man sieht, wie hoch bezahlte Spitzenkräfte ganz offensichtlich am Tropf ihrer Zentralen hängen und ununterbrochen mit Informationen gefüttert werden müssen, anstatt sich auf sich selber zu verlassen. Was das Fußvolk betrifft, sieht es freilich nicht viel anders aus. Bereits 2005 schätzte der Psychologe Dave Greenfield vom Center for Internet Studies, dass von den damals 190 Millionen E-Mail-Usern weltweit sechs Prozent von dieser Art der Kommunikation abhängig waren – was elf Millionen E-Mail-Junkies entspricht.

Elektronische Fußfesseln

Mit dem Apparat verbunden sind wir alle – und über den Apparat mit dem Arbeitgeber. Rund um die Uhr. Blackberry, Communicator, Laptop – jeder für sich ist so etwas wie die perfekte Fußfessel, die uns das Gefühl gibt, frei zu sein, während wir nur auf Freigang sind. Man muss kein Klassenkämpfer sein, um in den technischen Möglichkeiten von heute auch die Tendenz zu einer perfiden Form der Versklavung zu erkennen. Manchmal habe ich das Gefühl, wir alle sind Teil eines groß angelegten Experimentes mit dem Ziel, den Kapitalismus in seiner reinsten und vollendetsten Form zu erschaffen. Und dieses Ziel scheint erreicht: Wir brauchen niemanden mehr, der uns ausbeutet, wir erledigen das gleich selbst. Der Journalist Jakob Schrenk hat das die »Kunst der Selbstausbeutung« genannt und in seinem gleichnamigen Buch den Typus des »Stand-by-Angestellten« beschrieben: »Dank Smartphone, WLAN und PC ist der moderne Arbeitnehmer immer erreichbar, der Job ist nicht zu Ende, wenn um fünf die Sirene schrillt, sondern erst dann, wenn das Projekt abgeschlossen ist. ... Die bezahlte Arbeit nimmt immer mehr Raum in seinem Leben ein, im Dienst der Firma rationalisiert sich der neue Angestellte selbst die Freizeit weg.«

Wenn es nach der kanadischen Gewerkschaft für den Öffentlichen Dienst geht, die vor kurzem als Erste auf die Barrikaden stieg, soll der Einsatz des Handcomputers in Zukunft über einen Tarifvertrag im Arbeitsrecht geregelt werden. In den »good old times«, vor fünf bis sechs Jahren, sei die Welt noch in Ordnung gewesen, klagt der für die Hauptstadtregion Ottawa zuständige Vizepräsident der Gewerkschaft, Ed Cashman, aber im Zeitalter des (in Kanada erfundenen) Blackberry sei die Grenze zwischen Arbeits- und Privatleben verwischt. »Die Erwartung ist, dass man 24 Stunden sieben Tage die Woche verfügbar ist. Wir sagen unseren Leuten, ihr müsst die E-Mails am Abend nicht beantworten. Aber wir hören immer wieder, dass diese kleinen Maschinen die Kontrolle über ihr Leben erlangt haben.« Mit der alten Rufbereitschaft hat das alles wenig zu tun, wenn man spätabends auf der Wohnzimmercouch noch schnell die Powerpoint-Präsentation für den Chef vorbereitet, die dieser frühmorgens am Laptop haben will. Natürlich hätte man die E-Mail mit der entsprechenden Bitte gar nicht lesen müssen, man hätte auch das Handy mit den Anrufen der Sekretärin ignorieren können, aber wie stünde man dann morgen da? Und wie stünde man erst in ein paar Monaten da, wenn es um den Job als Abteilungsleiter geht? Da tut sich ein Gewerkschafter wie Ed Cashman natürlich leicht mit seiner Kampfansage: »Wer eine höhere Verfügbarkeit seiner Mitarbeiter will, soll dafür zahlen.« Manche Arbeitsrechtler warnen vor einer Verankerung der modernen elektronischen Helfer in Tarifverträgen, weil das einen noch intensiveren Einsatz außerhalb der regulären Dienstzeiten nach sich ziehen könnte. Außerdem könnte dann auch das Thema des privaten Gebrauchs von Blackberry und Computer im Dienst auf den Tisch kommen. Die Ausdehnung der Grauzone, könnte man frei nach Michel Houellebecq sagen.

Cover your ass

In großen Unternehmen gab es im prädigitalen Zeitalter die Institution der »Internen Mitteilung«. Das war eine formal sehr streng geregelte und wohl auch etwas über-ritualisierte Form der schriftlichen Kommunikation innerhalb der jeweiligen Firma.

Sie war für relevante Informationen jeglicher Art vorgesehen und hatte über den reinen Neuigkeitswert hinaus natürlich auch die Funktion der schriftlichen Dokumentation. Die stets heikle Frage der Einhaltung hierarchischer Gesetzmäßigkeiten machte die Frage des korrekten »Verteilers« zu einer regelmäßigen Herausforderung und die Interne Mitteilung zu einem besonderen Schriftstück mit entsprechendem Gewicht. Das umständliche Prozedere hatte einen entscheidenden Vorteil: Man überlegte sich stets sehr gut, ob die Wichtigkeit des zu Sagenden den Aufwand überhaupt lohnte. Wenn man sich dennoch fürs Schreiben entschied, war ausgeschlossen, dass es sich beim verfertigten Text um die Ausflüsse eines spontanen Gefühlsausbruches handelte.

Heute ist das anders. Da uns die gängigen E-Mail-Programme bereits fixfertige Formulare anbieten, müssen wir uns um das Layout nicht mehr kümmern. Wir wählen grundsätzlich den größtmöglichen Verteiler, kümmern uns wenig um korrekte Anreden oder gar Orthografie und schreiben, wie uns der Schnabel nie gewachsen wäre. Anstatt ein sorgfältig beschriebenes Blatt Papier umständlich in ein Hauspost-Kuvert zu stecken und auf die Stunden, wenn nicht Tage dauernde Reise zum Adressaten zu schicken, drücken wir nur noch auf den Senden-Knopf und stellen uns die Gesichter der Empfänger vor, von denen wir natürlich umgehend Antwort erwarten.

Eines der erstaunlichsten Phänomene unter den vielen, die uns die modernen Kommunikationsformen beschert haben, ist das Sinken der Hemmschwelle auf jene wenigen Zehntelmillimeter, die die Maustaste überwinden muss, um eine Aktion auszuführen – auf einen »Klick« (die neue Maßeinheit der Informationsgesellschaft). Die Psychologie wird schön langsam die Lehrmeinung, dass ein Mensch erst nach besonders intensiver Motivation bereit sei, eine Aktion, die gegen erlernte oder ererbte Verhaltensweisen verstößt, durchzuführen, revidieren müssen. Die Schulmeinung, die durch Moral, Gesetz oder Tradition definierte Hemmschwelle werde in aller Regel nur in besonderen Situationen überwunden, nämlich nach starkem Alkoholgenuss, infolge psychischer

Störungen oder durch gezielte Indoktrination, muss zumindest um einen Punkt erweitert werden: auch beim E-Mailen sinkt sie gegen null.

Als der frühere ORF-Generalintendant Gerd Bacher einmal unzufrieden mit einem meiner Fernsehbeiträge war, ließ er mir das über den Chefredakteur in einem Vieraugengespräch ausrichten. Nie wäre er auf die Idee gekommen, mich als einfachen Redakteur deswegen anzurufen und mit mir persönlich darüber zu reden. Heute läuft auch das anders und Generaldirektoren verschicken E-Mails, in denen sie sich über Lappalien echauffieren und ihrer momentanen Wut selbst auf kleine Mitarbeiter freien Lauf lassen. Offenbar sind sie sich ihrer Wirkung nicht eine Sekunde bewusst. Würden sie nämlich nur einen Augenblick lang darüber nachdenken, in welchem kommunikativen Umfeld sie sich bewegen, würden sie anders handeln. E-Mails sind nämlich, zumindest was die formalen Rahmenbedingungen betrifft, zutiefst demokratisch. Ich will damit sagen, dass Mitteilungen der Geschäftsführung nicht anders daherkommen als Einladungen zum Kegelabend.

Um Missverständnissen vorzubeugen: Ich erwarte keine Pergamentrollen aus dem Chefbüro, aber solange statusbewusste Bosse bei der Wahl ihrer Dienstautos Wert auf Qualität legen, darf es hin und wieder auch bei der internen Kommunikation die Luxusvariante sein. Das gilt im Übrigen auch für Belobigungen. Ich jedenfalls lese schon lange keine E-Mails von Vorgesetzten mehr, die in der Betreffzeile die Wörter »Gratulation« und »Dank« führen und an mehr als einen Adressaten – nämlich mich selbst – gerichtet sind. Wie groß wäre hingegen die Freude über einen spontan im Besprechungszimmer auftauchenden Chef mit einer Flasche Champagner unterm Arm und einem motivierenden »Weiter so« auf den Lippen. Die meisten von uns würden sich dafür wohl auch die Kopfwäschen in Zukunft persönlich abholen.

Ich weiß, ich weiß: Auch Vorgesetzte haben zunehmend unter der kommunikativen Inkontinenz ihrer Mitarbeiter und dem schleichenden Verlust jeglicher Beißhemmung zu leiden. Nicht nur top-down, auch bottom-up gibt es weder Schranken noch Hemmungen. Vieles schreibt sich leichter als es sich sagt und oft genug geht es auch nur darum zu zeigen, wie fleißig man ist. Bob Geldof hat einmal gesagt, E-Mails sind gefährlich, weil sie uns »ein Gefühl von Aktion« geben – auch wenn nichts passiert. Wenn die Bush-Administration Anfang 2009 die Amtsgeschäfte an wen auch immer übergibt, werden von ihr 100 Millionen elektronische Nachrichten in den nationalen Archiven gesammelt sein! Die Clinton-Administration hatte es im Vergleich dazu noch auf »nur« 32 Millionen E-Mails gebracht. Damit will ich nicht sagen, dass die Bush-Administration nur »heiße Luft« produziert hat, aber Fakt ist, dass in großen Organisationen (und nicht nur in diesen) E-Mails immer öfter ausschließlich zur persönlichen Absicherung geschrieben werden – eine zunehmend gängige Strategie, die im angelsächsischen Sprachraum die schöne Bezeichnung »Cover your ass« (CYA) hat. Damit sind ganz allgemein Managementpraktiken wie Sitzungen, Memos oder eben E-Mails gemeint, die meist nur einen einzigen Zweck verfolgen: nämlich einen Nachweis oder Beweis zu liefern, mit dem man im Ernstfall den eigenen »Arsch retten« kann. Sie sind Ausdruck einer extrem risikoscheuen Kultur, die sich auch im weit verbreiteten »cc-Wahn« widerspiegelt. Je größer der Verteiler desto besser, denken viele, der simplen CYA-Logik folgend.

Was sie nicht bedenken, ist, dass die Größe des Verteilers indirekt proportional ist zur erzeugten Betroffenheit des Einzelnen. Das heißt, je mehr Menschen eine bestimmte Nachricht bekommen, desto weniger scheint sie den einzelnen Empfänger anzugehen. »Wenn ich eine E-Mail an eine Person schicke, besteht eine 95-Prozent-Chance, dass ich eine Antwort bekomme. Wenn ich sie zehn Personen schicke, sinkt die Antwortrate auf fünf Prozent«, sagt Management- und Oganisations-Guru Patrick Lencioni und gibt zu bedenken: »Sobald Sie jemanden hinzufügen, schmälern Sie die Exklusivität und geben den Leuten das Gefühl, sie müssen die E-Mail nicht lesen oder tun, worum Sie sie bitten.«

Umgekehrt unterschätzen viele den Verstärkereffekt von Verteilern. Der kann gewollt sein, wenn man beispielsweise jemanden für etwas loben will und mittels »cc« dafür sorgt, dass es auch der Chef dieser Person erfährt. Er kann aber auch zur Eskalation führen, wenn der Inhalt »andersrum« ist. Wie viele haben einen Konflikt in ihrer Firma begonnen, indem sie Kritik, Beschwerden und manchmal nur Verbesserungsvorschläge anstatt ausschließlich an die betroffene Person an einen ganzen Personen*kreis* geschickt haben?

Jedes Schriftl ein Giftl

In seinem Buch »Die TV-Falle« lässt sich der ehemalige Geschäftsführer des Privatsenders Sat.1, Roger Schawinski, lang und breit über sein Verhältnis zu einem der wichtigsten Quotenbringer des Senders, Otfried Fischer, aus. Vor allem geht es dabei um das Verhältnis zu Fischers Frau Renate, die als beinharte Managerin ihres Gatten die Verhandlungen mit den TV-Managern führte und diese einige Male an den Rand der Verzweiflung brachte. »In einer dieser Eskalationsphasen«, schreibt Schawinski in seinen Erinnerungen, »wollte mir der von Renate Fischer völlig entnervte Leiter unserer Serienredaktion … eine Mail schicken, die so begann: ›Die Tretmine hat wieder zugeschlagen.‹ Er klickte auf ›Absenden‹ und schickte die Mail an diejenige Person, mit der er kurz zuvor kommuniziert hatte: an Renate Fischer.« Als der Unglückliche seinen Irrtum bemerkte, war es natürlich schon zu spät. »Innerhalb von Minuten sandte Renate diese Mail als endgültigen und definitiven Beweis für die despektierliche, untolerierbare Art, mit der Sat.1 mit ihr und ihrem Otti umgehe, an eine Vielzahl von Personen.« Schawinski blieb nichts anderes übrig, als in den Flieger von Berlin nach München zu steigen und bei einem ausgedehnten Abendessen die Sache wieder ins Lot zu bringen.

In Österreich gibt es den schönen Satz »A Schriftl is a Giftl«.

Er meint, dass es Dinge gibt, die man besser nicht schriftlich dokumentiert, weil sie irgendwann einmal gegen einen verwendet werden könnten. Der spätere Innenminister Ernst Strasser hätte sich daran halten sollen. Strasser, der bis zu seinem Amtsantritt im Jahr 2000 mit jeder Faser den Typus des machtverliebten Provinzpolitikers alten Stils repräsentierte, gefiel sich als Innenminister in der Rolle des modernen und flexiblen Staatsdieners, der sich nicht hinter einem schweren hölzernen Schreibtisch verbarrikadierte, sondern sich gerne an einem fragilen Glastischchen, auf dem gerade einmal sein Laptop Platz hatte, fotografieren ließ. Eben jener Laptop, der dem Politiker auch als bewusst eingesetztes Symbol einer neuen Kommunikationskultur diente, war es, der ihm später zum Verhängnis wurde. Nach Strassers Ausscheiden aus dem Amt und Rückerstattung des Computers gelangte die Festplatte offenbar in die falschen Hände und der Inhalt derselben nach und nach an die Öffentlichkeit. Vor allem der Schriftverkehr des Ministers mit seinem Personalchef offenbarte ein Sittenbild. Da wurde in Personalangelegenheiten munter interveniert, Posten wurden ausschließlich an verlässliche Parteifreunde vergeben. In einem dieser I-mails (Interventions-Mails) ersucht etwa ein Freund des damaligen Pressesprechers des Ministers um Beförderung – allerdings vergeblich, denn, wie es im dazugehörigen Mailverkehr flapsig heißt, der »Kandidat ist nicht unserer!!! Du musst farbenblind sein«. Auf der ministeriellen Computerfestplatte fand sich sogar eine Intervention des Musical-Stars Uwe Kröger für einen Bekannten, die ebenfalls nicht von Erfolg gekrönt war, denn: »Er gilt als Schwarzer, ist aber ein Idiot.«

Strassers Nachfolgerin im Innenministerium, der zu Sylvester 2006 verstorbenen Liese Prokop, hätte das nicht passieren können. In der Ö3-Interviewsendung »Frühstück bei mir« bekannte die ehemalige erfolgreiche Leichtathletin freimütig, ihr erstes Handy nach ihrem Amtsantritt im Jahr 2004 erhalten zu haben. »Ich habe mich lange gewehrt, aber es geht nicht anders«, gestand sie und erklärte, in ihrer Zeit als Landespolitikerin stets mit dem

Autotelefon das Auslangen gefunden zu haben: »Jeder, der mich erreichen wollte, hat mich erreicht.« Prokop konnte zwar SMS lesen, wie sie sagte, aber nicht schreiben, und Laptops bezeichnete sie als »etwas Schönes, aber ich schau lieber jemanden anderen an und red' mit ihm«. Auch E-Mails schrieben folgerichtig ihre Mitarbeiter, während sie selbst das persönliche Gespräch mit Menschen für das »Allerwichtigste« hielt: »Das Face-to-Face ist etwas ganz anderes, man sieht die Reaktion und kann es dann ausreden.«

Roger Schawinski hätte den Ratgeber für den höflichen Briefverkehr im Internet lesen sollen, den die britische Tageszeitung »The Times« im Mai 2006 veröffentlichte. Dann hätte er sich ein teures Abendessen gespart. Darin wird nämlich empfohlen, fehlgeleitete E-Mails mit beleidigendem Inhalt einfach zu ignorieren – egal, ob man die Mail geschrieben hat oder von anderen beleidigt wird. Alle anderen Versuche, aus der Situation herauszukommen, seien zum Scheitern verurteilt. »Tun Sie einfach so, als ob nichts geschehen wäre – wie wenn in der U-Bahn eine Schlägerei ausbricht und Sie vorgeben, die Zeitung zu lesen«, heißt es da. »Das ist die englische Art, und es klappt seit Jahrhunderten.« Vorsorglich wird in der Stilfibel dennoch empfohlen, keine »emotionale Sprache« zu verwenden und im Falle massiver Verärgerung zum Telefon zu greifen. Sicher ist sicher.

Total verspamt

Im Juni 2007 gelang den amerikanischen Fahndern ein spektakulärer Coup. Sie schnappten den 27-jährigen Robert Alan Soloway, seines Zeichens König der »Spammer«. Es war ein großer Schritt für die Ermittler in Sachen Internet-Kriminalität, aber dennoch nur ein kleiner für die Internet-Community rund um den Erdball. Dass Soloway durch seine Festnahme aus dem Verkehr gezogen wurde, tat dem Selbstbewusstsein seiner Verfolger gut, aber die Mail-Server in aller Welt registrierten so gut wie keinen nennenswerten Rückgang des Spam-Aufkommens. Es gibt einfach zu viele Soloways rund um den Globus und sie werden immer besser.

Der im März 2008 zu 26 Jahren Gefängnis verurteilte »Spam King« selbst hat seine Programme zur Verbreitung der Werbepest im Netz gleichsam von der Stange verkauft. Pro Versand von 20 Millionen Werbe-Mails soll er nur knapp 500 Dollar in Rechnung gestellt haben. Dennoch dürfte genug übrig geblieben sein: Mindestens 773.000 Dollar soll er mit E-Mail-Betrügereien verdient haben, warf ihm das Gericht vor.

Bereits einige Monate vor Soloway wurde in den Niederlanden ein Mann zur höchsten bis dahin für dieses Vergehen ausgesprochenen Geldstrafe von 75 000 Euro verurteilt, weil er in Summe neun Milliarden unerwünschte E-Mails verschickt hatte – und zwar ausschließlich für Pornografie, Erektionspillen, Sexartikel und Ähnliches. Als besonders belastend wertete die niederländische Behörde, dass der Mann durch seine Manipulationen hunderte Computer nichts ahnender Menschen für den Versand seiner Mails benutzte, um den wahren Absender zu verschleiern. Urteile wie das niederländische ändern aber leider nichts daran, dass Spam weiter auf dem Vormarsch ist. Bis zum Jahresende 2007 waren geschätzte 90 Prozent aller E-Mails Spam. Der Grund für diese Flut waren laut Experten sogenannte »Bot-Nets«, die in China und Südkorea neu in Betrieb genommen wurden. In diesen Netzwerken ferngesteuerter Computer fassen Spammer Rechner von Privatpersonen und Unternehmen zusammen, die nicht ausreichend geschützt sind.

Schien die größte Bedrohung im Netz noch vor einigen Jahren von Viren auszugehen, ist inzwischen der Info-Müll vom Ärgernis zur realen Gefahr geworden. Daran ändert auch die harmlose Bezeichnung nichts. SPAM (entstanden aus spiced ham) ist seit 1936 ein Markenname für Dosenfleisch. Zum Synonym für inflationäre Verwendung und Wiederholung bis zum Abwinken wurde er erst durch die britische Comedy-Serie »Monty Python's Flying Circus«. In einem der Sketches, der in einem Café spielt, besteht die Speisekarte nämlich ausschließlich aus Gerichten mit SPAM, die den Begriff teilweise mehrfach hintereinander im Namen enthalten. Im kurzen Sketch wird das Wort »Spam« auf diese Weise knapp hundertmal erwähnt.

Heute können bei diesem Wort vor allem Unternehmer nicht mehr lachen. Immerhin 500 Euro pro Mitarbeiter und Jahr kostet Spam ein mittelständisches Unternehmen. Das Aussortieren und Lesen kostet Arbeitszeit; Spamfilter müssen beschafft und gewartet werden; da Unternehmen und Internetdienstanbieter ihre Leitungen nicht nach Zeit, sondern nach übertragener Datenmenge bezahlen, entstehen auch Kosten für jedes Byte Spam. Bereits 2005 berichtete die »Netzwelt« über eine Schadenssumme von 22 Milliarden Dollar allein in den USA.

Man muss nachträglich dem Autorenkollektiv gratulieren, das 1982 in dem Buch »Das wird morgen sein« in fast schon prophetischer Weise unseren heutigen Infomüll-Notstand beschrieben hat: »Mit der Weitergabe von Computer-Adresslisten werden sich die Menschen bald in einer Lage finden, wo sie Hunderte, nicht nur Dutzende von Werbesendungen entgegennehmen müssen. ... Die Menschen haben keine Möglichkeit, herauszufinden, wie ihre Namen von einer Liste auf die andere geraten, und es ist nicht leicht, sie wieder zu löschen. Diese von Hand zu Hand wandernden Listen könnten einen fast hoffnungslos verwickelten Knäuel unentwirrbarer persönlicher Informationen erzeugen.« Vielleicht war es aber auch gar nicht so schwer, genau diese Vorhersage zu treffen. Wo der Mensch hinkommt, hinterlässt er Mist. Warum sollte das Netz eine Ausnahme sein?

Sprachlos im Ge-chattle

Sind Sie auch manchmal ganz lull und lall vor lauter »lol«? Wenn Sie Kinder haben, wissen Sie, was ich meine. Aber nicht nur dann. Die Schnelligkeit der Kommunikation fordert ihren Tribut. Kindern und Jugendlichen ist E-Mail in der Regel schon viel zu langsam. Vor allem der Umstand, dass man möglicherweise mehrere Stunden auf eine Antwort warten muss, macht es für die Echtzeit-Kommunikation unseres Nachwuchses unbrauchbar. Ich weiß nicht, ob es für Science-Fiction-Autoren eine Auszeichnung oder doch eher das Gegenteil ist, wenn ihre Fiktionen einmal tatsächlich wahr werden. Der Ausdruck »Instant Message« jedenfalls wurde von Paul A. Linebarger geprägt, der damit in seinen Science-Fiction-Geschichten aus den 1960er-Jahren mit Überlichtgeschwindigkeit über interstellare Distanzen hinweg verschickte Nachrichten bezeichnete. Wenn sich heute zwei oder mehrere Teilnehmer mittels Textnachrichten unterhalten, also miteinander »chatten«, geschieht das natürlich nicht von einem Stern zum anderen – einmal davon abgesehen, dass einzelne Teilnehmer am Chat möglicherweise auf jeweils eigenen Planeten daheim sind –, aber die Übertragung im sogenannten Push-Verfahren funktioniert tatsächlich blitzschnell. Die Teilnehmer müssen dazu nur mit einem Client genannten Programm über das Internet direkt oder über einen Server miteinander verbunden sein. Benutzer können sich gegenseitig in ihrer Kontaktliste führen und sehen dann an der Präsenzinformation, ob der andere zu einem Gespräch bereit ist. »Gib mir mal deine ICQ-Nummer, damit ich dich adden kann«, ist eine der häufigsten Aufforderungen unserer Zeit. »Adden« bedeutet, jemanden online zu seinen Kontakten hinzuzufügen, beispielsweise beim weitverbreiteten Instant-Messaging-Programm ICQ, und darf keinesfalls mit »atten« verwechselt werden, was in der Gamer-Sprache der Online-Spieler so viel wie angreifen oder attackieren bedeutet. Weil der Faktor Zeit immens wichtig ist, hat sich als Teil der Netzkultur ein eigener Jargon oder Sprachschreibstil entwickelt, der nur entfernt an die Sprache der (von der Post leider abgeschafften) Telegramme erinnert. Es ist eine Schreibarbeit und damit Zeit sparende Mischung aus Abkürzungen englischer Begriffe, Wortneuschöpfungen und Zeichen, die als Ersatz für nonverbale Kommunikation eingesetzt werden.

Zum Beispiel »lol«, die inzwischen global gebräuchliche Abkürzung für »laughing out loud« oder »laugh out loud«, die immer dann eingesetzt wird, wenn es gilt, Erheiterung auszudrükken, und die für den Fall extremer Erheiterung durch »ROFL« (»rolling on the floor laughing«) oder »BWL« (»bursting with laughter«) noch getoppt werden kann. Mit ein bisschen Kombinationsgabe und elementaren Englischkenntnissen kann man »2F4U« als »zu schnell für dich« entschlüsseln. Wenn Sie aber wissen, was »4YEO« heißt, dann ein herzliches »Grats« (Gratulation) meinerseits (»for your eyes only« natürlich). »thx« für »danke« und »cu« für »see you«, »brgds« für »best regards«, XOXO (hugs and kisses) und (als Steigerung von »hdl« oder »hdgdl«) »ILU« für »I love you« oder, wenn das Herz dann einmal gebrochen ist, »</3«. All das ist heute gang und gäbe – und in Neuseeland und in der Schweiz zum Beispiel schon an Schulen erlaubt. »Wenn das nötige Verständnis eindeutig demonstriert ist«, wie die Schulbehörde beschied, dürfen eidgenössische Kids also »2b or nt 2b« schreiben, wenn das Hamlet-Zitat gefragt ist. Für Zeichen gilt das (noch) nicht. Da sind die meisten Lehrer wohl zu :-/ (skeptisch), manche vielleicht auch :-I (gleichgültig). Nur wer besonders :-> (zynisch) ist, wird davor keine (* *) Angst haben. Moderne japanische Mobiltelefone haben freilich bereits jetzt Dutzende von Emoticons gespeichert, die Schlüsselwörter wie »heul« oder »Entschuldigung« nach Eingabe statt in Kanji (das sind die chinesischen Schriftzeichen, wie sie in der japanischen Schrift verwendet werden) alternativ in Emoticons oder in speziell kodierte, sich teilweise bewegende Bildsymbole mit einer Vielzahl von Motiven vom Hamburger über ein explodierendes Feuerwerk bis zum küssenden Paar umwandelt. »gn8«, werden da viele denken ...

Ich bin sicher, *zwinker*, *lach*, *knuddel* werden sich bald auch außerhalb des Netzes ihren Weg bahnen. Daran werden auch professorale Warnungen nichts ändern, die eindringlich vor dem Verlust der Kunst zu schreiben und allfälligen Konsequenzen warnen. Dieter E. Zimmer etwa gehört bei Gott nicht zu jener Spezies deutschtümelnder, Tracht tragender Sprachbewahrer, denen man im Dunkeln lieber nicht alleine begegnen möchte. Der renommierte Feuilleton- und Wissenschaftsjournalist von Gnaden hat im Sommer 2007 in der »Zeit« gnadenlos mit der Sprache im Web abgerechnet: »Dieses Internet-Deutsch missbraucht die Sprache, indem es ihre expressiven und kommunikativen Möglichkeiten weit unterschreitet. Es ist Ausdruck einer gesellschaftlichen Kommunikationsstörung. Es ist eine Volkskrankheit. Man sollte es nicht achselzuckend auf sich beruhen lassen.« Dabei ist Zimmer, was Internationalismen und Anglizismen betrifft, durchaus großzügig. Willkommen seien die neuen fremden Wörter und Wendungen etwa dort, wo sie ausdrücken, wofür Deutsch bisher gar keinen Ausdruck hatte oder keinen so klaren und knappen (Scan, scannen), oder wo sie eine semantische Nuance hereinbringen, die ihre Wörterbuchübersetzung nicht hat. »Aber die Fremdwörter müssen sich – grammatisch – integrieren lassen! Viel von dem crazyen trendyen downgeloadeten und geupdateten Material ist kaum integrierbar und müsste wieder outgesourct werden.« Es müssen aber nicht immer Anglizismen sein. »Wowereit!« zum Beispiel ist eine im deutschen Usenet verbreitete Kurzform für »etwas, das gut so ist«. Der Ausdruck bezieht sich auf das 2001 erfolgte Selbst-Outing des derzeit amtierenden Berliner Bürgermeisters Klaus Wowereit: »Ich bin schwul – und das ist auch gut so!« Kürzlich schickte mir ein gar nicht mehr so junger Kollege, der in der Redaktion nur zwei Tische von mir entfernt saß, eine E-Mail folgenden »Inhalts«: »(.\/.)« Ich blickte ihn fragend an und er deutete diskret in Richtung einer Kollegin, die an diesem Tag tatsächlich mit einem gewagten Oberteil unterwegs war. Ich riet ihm – via E-Mail –, ihr eine @>--}--- zu schicken oder aber auf der Stelle eine —-~ zu rauchen. Seither glaube ich, dass das alles nicht mehr zu stoppen ist.

Gegenstrategien

Faxen machen

Nehmen Sie sich ruhig einmal ein Beispiel an Karl Lagerfeld. Nein, ich meine nicht sein Outfit, sondern seine Einstellung zu den Segnungen der Kommunikationstechnologie. Um mit Freunden und Geschäftspartnern in Kontakt zu bleiben, schreibt er Briefe. Zudem verschicke er Nachrichten per Fax, gestand der 69-jährige Modezar im Mai 2008 dem staunenden Publikum bei der Gesprächsreihe »burda live« im deutschen Offenburg. »Ich bin ein großer Freund der Handschrift«, sagte Lagerfeld, der um jede Tastatur einen Bogen macht und alle seine Briefe und Faxe tatsächlich selber mit der Hand schreibt. Gut, ein Brief von Lagerfeld ist schon etwas Besonderes, aber stellen Sie sich einmal die Reaktion des Empfängers mit einem soeben erhaltenen Brief aus ihrer Feder vor. »Es ist so ein schönes Gefühl, das wir haben, wenn wir die Schriftzüge eines entfernten lieben Freundes erblicken und durchwandern, und wenn wir aus jeder Zeile seinen Geist, sein Herz, sein Leben und Weben hervorblicken sehen«, schrieb Adalbert Stifter am 25. November 1829, natürlich in einem Brief. Hand aufs Herz, wann haben Sie die letzte E-Mail erhalten, aus der »Geist und Herz« hervorblickten? Na eben.

Mut zum Downsizen

Haben Sie auch jahrelang der technologischen Entwicklung hinterhergehechelt? Und waren die letzten zehn, fünfzehn Jahre bei Ihnen auch geprägt von technologischem Wettrüsten mit Kollegen und Freunden? PC, Laptop, Handy, Smartphone, PDA, WLAN zu Hause ... Kaum hatte man sich für ein Gerät oder ein System entschieden, konnte man sicher sein, irgendwo zu lesen, dass es längst etwas Kleineres, Schnelleres, Höherauflösendes, mit der x-fachen Speicherkapazität Ausgestattetes (um den gleichen Preis) gibt. Es wird Zeit, den Retourgang einzulegen!

Sie haben doch sicher auch noch irgendwo in einer Schublade dieses eine alte Handy liegen, das Ihnen zu sympathisch war, als dass sie es weggeschmissen hätten, als sie sich damals für den angesagten RadioMP3fotoapparat mit Telefonfunktion entschieden haben. Holen Sie es wieder ans Licht und legen Sie stattdessen den Blackberry (aut idem) in die Lade. Sagen Sie im Büro, Sie hätten ihn verloren, der neue sei bereits bestellt, werde aber noch im Werk auf Ihre speziellen Bedürfnisse umgerüstet. Wenn Sie vom Typ her zu jenen Menschen gehören, die sich auch das Rauchen nur abgewöhnen konnten, nachdem sie die letzte Packung vorher rituell verbrannt hatten, helfen Sie ruhig ein wenig nach: Smartphones können viel, halten aber wenig aus. Einen Fenstersturz beispielsweise, sagen wir aus dem dritten Stock, hat meines Wissens noch keines überlebt. Oder lassen Sie den Blackberry einfach aus der Hosentasche fallen, wenn Sie ins Auto steigen, danach fahren Sie beim Ausparken zweimal (sicher ist sicher) drüber. (Aber vergessen Sie nicht, vorher die SIM-Karte herauszunehmen!) Ich habe vor einigen Wochen in einem Selbstversuch einen Communicator entsorgt. Ich kann guten Gewissens sagen, seither nicht mehr Termine versäumt zu haben als früher, schon gar nicht wirklich Relevantes. Dafür habe ich viel Zeit und Konzentration für Wesentliches zurückerobert. Der Kalte Krieg des Hochrüstens ist vorbei!

Seien Sie ein Querulant

Ich habe immer jene Menschen für ein wenig schrullig gehalten, die sich die berühmten »Keine Reklame«-Warnschilder auf ihre Haus- und Wohnungstüren geklebt haben. Bei allem Ärger, den die Reklameflut zweifellos auch verursachte, war es doch Papier, das Arbeitsplätze sicherte – die der Grafiker, Drucker, Austräger. Ganz anders die Masse der Mails, die in unseren elektronischen Postkästen landen und die plötzlich auch die militantesten »Keine Reklame«-Typen stoisch oder resigniert hinzunehmen bereit sind. Sie sollten sich ein Beispiel an Gordon Dick nehmen, der den Absender einer unerwünschten Werbe-Mail schlicht und einfach verklagte. Das Gericht gab dem Schotten recht und verurteilte die Firma Transcom Internet Services zur Zahlung von 750 Pfund. Dick ist der festen Überzeugen, dass Ignorieren zu wenig ist: »Wenn jemand einen Stein durch Ihr Fenster wirft, würden Sie es dann auch ignorieren?« Auf seiner Homepage http://scotchspam.org.uk gibt der beherzte Brite seither Tipps für klagewillige Spam-Geplagte. Freilich empfiehlt es sich nicht, Kollegen und Vorgesetzte, die uns mit ihrer Wortfolter den Arbeitsalltag zur Qual machen, mit Klagen einzudecken. Ich habe mir angewöhnt, die schlimmsten Folterknechte damit vor den Kopf zu stoßen, dass ich auf jedes ihrer Belanglos-Mails mit einer vorgefertigten Antwort reagiere: »Herzlichen Dank für Deine/Ihre Nachricht. Sie zeugt von großer Umsicht und strategischem Weitblick und hat auch mir endlich die Augen für dieses Problem geöffnet. Herzlichst GG. PS: Wie gehen wir weiter konkret vor?«

Schließen Sie sich der neuen Offline-Elite an

Kappen Sie hin und wieder die elektronische Hundeleine und machen Sie aus Ihren elektronischen Alleskönnern Attrappen. Damit meine ich: Nehmen Sie die SIM-Karte aus dem Handy, tragen Sie es aber weiter ständig gut sichtbar bei sich und legen Sie es neben den Computer auf den Schreibtisch. Gehen Sie mit dem Computer offline, setzen Sie sich Kopfhörer auf, aus denen nichts kommt außer Stille, und dann beginnen Sie zu arbeiten – ohne Unterbrechung, ohne Störung, ohne Ablenkung. Gut, Sie werden das eine oder andere kurzfristig einberufene Meeting versäumen, manchmal werden Sie im falschen Besprechungszimmer auf die anderen Teilnehmer warten, weil der Ort wenige Minuten vorher noch geändert wurde, aber – glauben Sie mir – wenn es wirklich notwendig ist, wird man Sie holen. Man wird Sie dann in die Arbeit vertieft vorfinden, und das ist die beste Entschuldigung, die es gibt. Außerdem werden Ihre Ergebnisse bald für sich sprechen, weil Sie in kürzerer Zeit mehr erledigen und weniger Fehler machen werden. Raus aus dem digitalen Hamsterrad, rein in die Offline-Oasen, in denen Konzentration und Kreativität blühen und gedeihen, während sich rundum Wüste breit gemacht hat.

Darwins Nightmare
Das Handy als Körperteil

»Eine erstaunliche Erfindung. Aber wer sollte sie jemals benutzen wollen?«

US-Präsident Rutherford B. Hayes über das Telefon, 1877

»Habe nun, ach! Philosophie,
Juristerei und Medizin,
Und leider auch Theologie
Durchaus studiert, mit heißem Bemühn.
Da steh ich nun, ich armer Tor!
Und bin so klug als wie zuvor;
Heiße Magister, heiße Doktor gar
Und ziehe schon an die zehen Jahr
Herauf, herab und quer und krumm
Meine Schüler an der Nase herum –
Und sehe, daß wir nichts wissen können!
Das will mir schier das Herz verbrennen.
Zwar bin ich geschei ...« (sein Handy klingelt)
»Ja? – Im Anfangsmonolog. – Ja. (geht raus)
10 Minuten. – Ich ruf' Dich nach dem
Osterspaziergang nochmals an.«
(© keinverlag.de)

Das Handy vernetzt die digitalen Nomaden. Die moderne Form des Jodelns und der Rauchzeichen.

Andreas Reiter, österreichischer Trendforscher

Semper et ubique

»Es ist kalt, es ist fantastisch, das Himalaja-Gebirge ist überall.« Das war es, was der Brite Rod Barber am 21. Mai 2007 um 5.37 Uhr vom 8848 Meter hohen Gipfel des Mount Everest herab mitzuteilen hatte. Nichts, was man nicht schon von Sir Edmund Hillary oder Reinhold Messner gehört hätte. Aber Barber sprach es in sein Handy und via Internet konnte man es live verfolgen. »Ich kann meine Zehen nicht spüren. Alle sind guter Dinge. Wir sind in einer Rekordzeit hergekommen. Es ist unglaublich«, ließ der um Luft ringende Hochalpinist die interessierte Öffentlichkeit weiter wissen. Damit hat der britische Bergsteiger zwar niemanden überrascht, aber er hat den Höhenrekord beim Handy-Telefonieren aufgestellt und (wie Hillary und Messner) für eine Premiere gesorgt. Der Inhalt war zweitrangig, entscheidend war die übermittelnde Maschine. Selten zuvor war Marshall McLuhans oft bemühter Satz so zutreffend: »The medium is the message.« Das Medium war – um exakt zu sein – ein MOTO Z8, schließlich wurde Barbers Expedition von Motorola großzügig gesponsert. Bis zu diesem denkwürdigen Tag war das Himalaja-Gebirge einer der wenigen Orte auf der Erde, an denen fernab der Zivilisation und ihrer Segnungen die Stille der Natur herrschte. Hätte es noch eines Beweises bedurft, hat ihn diese Premiere im Himalaja erbracht: Das Handy darf zu Recht mit dem Beiwort »ubiquitär« geschmückt werden. Selbst diejenigen unter uns, die noch mit fix an der Wand montierten Fernsprechapparaten, leidigen Vierteltelefonanschlüssen und der ständigen Mahnung »Fasse dich kurz!« (um die Telefonrechnung und die Geduld der Nachbarn zu schonen) aufgewachsen sind, haben sich an die ständige und an keinen Ort gebundene Rufbereitschaft gewöhnt. So wie wir uns an den permanenten Seelen-Striptease scheinbar schamlos gewordener Zeitgenossen gewöhnt haben. Wir werden nicht mehr jedes Mal rot und versuchen auch nicht mehr wegzuhören, wenn neben uns im voll besetzten U-Bahn-Waggon ungeniert Intimitäten ausgebreitet werden, so wie wir nicht mehr über hilflose Männer lachen, die angesichts der schier unbegrenzten Angebotsfülle im Supermarktregal weibliche Entscheidungshilfe von zu Hause einfordern (»Schatzi, soll ich Spaghettini Nummer 3, 5 oder 7 nehmen?«). Vor allem aber haben wir gelernt, die am häufigsten gestellte Frage unserer Tage »Wo bist'n du gerade?« gelassen hinzunehmen und sie auch nicht mehr in jedem Fall wahrheitsgemäß zu beantworten. Nirgends wird so viel gelogen wie am und über das Handy. Kürzlich habe ich einen Mann im Kaffeehaus beobachtet (und für seine sanfte Anarchie bewundert), der sein vibrierendes Handy erst lange ignorierte, dann abhob und hinter vorgehaltener Hand leise, aber bestimmt in das Mikrofon log: »Ich kann jetzt nicht. Ich bin gerade in einer wichtigen Sitzung!«

Längst haben selbst die pädagogisch Überambitionierten und besonders Grundsatztreuen unter uns (»Meine Tochter bekommt vor dem 13. Geburtstag ganz sicher kein eigenes Handy!«) kapituliert und ihre volksschulpflichtigen Sprösslinge mit den allerneuesten Geräten ausgestattet (»Es einfach ein gutes Gefühl, sie ständig erreichen zu können oder zu wissen, dass sie sich melden können, wenn etwas ist ...«). Mit dem Ergebnis, dass fortan beim Eintreffen der monatlichen Mobiltelefonrechnung in zwei Dritteln der Familien mit Kindern der Haussegen schief hängt; dass Väter und Mütter weitgehend auf die Funktion perfekter, ständig abrufbarer Taxis reduziert wurden (»Das Kino ist jetzt aus, könnt ihr mich bitte abholen!«); oder dass nun erst recht Panik bei den besorgten Eltern ausbricht, wenn die Tochter einfach die elektronische Nabelschnur kappt und abends stundenlang nicht erreichbar ist. Als Entschuldigung muss dann regelmäßig ein abgeschmierter Akku herhalten. Fragen Sie sich auch manchmal, wie zahllose Generationen von Menschen aufwachsen und (über)leben konnten ohne fernmündlichen Zugriff aufeinander?

Purzelnde Bastionen

Am Akademietheater in Wien hatte kürzlich eines der erfolgreichsten Stücke der Gegenwartsliteratur Premiere: »Der Tod des Gemetzels« der Französin Yasmina Reza. In dem Drama, das derzeit auf gut vierzig Bühnen allein im deutschsprachigen Raum läuft, prügeln sich zwei Buben und der eine schlägt dem anderen einen Zahn aus. Danach treffen sich die Eltern, um in aller Ruhe und vernünftig über den Vorfall und die Konsequenzen zu sprechen. Aber es ist gar nicht so einfach, herauszufinden, wer der Schuldige ist. Die Situation zwischen den Paaren wird immer angespannter, aus anfänglichen Sticheleien werden Wortgefechte, die sogar in Handgreiflichkeiten münden. Und so nimmt der Nachmittag unter zivilisierten Menschen einen, gelinde gesagt, unangenehmen Verlauf. Dazu trägt vor allem der Anwalt Alain bei, der ständig mit seinem Handy telefoniert, weil er einen in einen Medikamentenskandal verwickelten Pharmakonzern vertritt. »Das Handy spielt eine beachtliche Rolle«, erläutert die Autorin im Programmheft. »Weil die Geräte der Moderne die Barbarei zurückbringen. Mit einem Handy kann alle Welt bei uns eindringen und Schlimmes hereintragen.« Konsequenterweise muss in der Wiener Inszenierung das Handy daran glauben, herzlich beklatscht vom Publikum.

Die launigen Ermahnungen zu Vorstellungs- oder Konzertbeginn, das Handy auszuschalten, sind meist von Mobilfunkbetreibern selbst gesponsert und werden vielleicht schon deshalb nur selten ernst genommen. Der russische Pianist Nikolai Petrow machte jedoch einmal Ernst und brach ein Konzert in Moldawien ab, als das Handy eines Zuhörers klingelte. Umgekehrt baute der weltberühmte Dirigent Mariss Jansons aus Lettland beim Neujahrskonzert 2006 das Klingeln eines Handys in die Telefon-Polka von Eduard Strauß ein. Für manche Künstler ist es offenbar Teil ihrer selbst inszenierten Coolness oder ihrer zur Schau gestellten Publikumsverachtung, dem Handy während eines Auftrittes mehr Beachtung zu schenken als den Zuhörern. Bei der Leipziger Buchmesse 2008 konnte man sich davon etwa während eines Konzertes mit Lesung des Sängers Peter Licht (»Sonnendeck«) überzeugen: Plötzlich klingelte es in seinem Rucksack, Licht legte das Mikrofon weg, öffnete seinen Rucksack, holte das Handy heraus und sprach den zumindest wahrheitsgemäßen Satz: »Ich bin gerade auf einem Konzert!« Schriftsteller Clemens Meyer wiederum lässt sein schickes Handy keine Sekunde aus den Augen, während er auf einem Podium sitzend Publikumsfragen beantwortet. Als es plötzlich piept, macht er Pause, checkt die neueste Nachricht und wendet sich mit den Worten »Schon wieder schwanger!« dem lachenden Publikum zu.

Bald werden Intensivstationen die letzte handyfreie Bastion sein. (Aber wer will schon auf die Intensivstation?) Kürzlich saß der USA-Experte des ORF neben mir im Fernsehstudio, als während seiner Live-Analyse das Handy in der Hosentasche zu vibrieren begann. Seine Tochter wollte ihm just in dem Moment etwas Wichtiges mitteilen. Der Mann schaffte es, mit diskretem und sicherem Griff die »Ablehnen«-Taste zu finden. Bei der Firmung meines Sohnes meldete sich ausgerechnet während der Predigt des Bischofs ein Handy irgendwo in den Bankreihen, ausgerechnet mit der Melodie der »Internationale«, die damals sehr populär war. Der Gottesmann reagierte schnell und meinte launig: »Hoffentlich ist es der Heilige Geist!«

Während ich dieses Kapitel schreibe, gerät gerade wieder eine Bastion ins Wanken: »Weg frei für Handy-Telefonie im Flugzeug« titelt eine Zeitung euphorisch über neue Richtlinien aus Brüssel für die mobile Telefonie im Flieger. Herr und Frau Wichtig haben Grund zum Jubeln, denn ab sofort können Fluggesellschaften ihren Passagieren das Telefonieren über den Wolken anbieten. Weiterhin verboten sind Gespräche im Flugzeug nur noch während des Starts und der Landung. Man darf gespannt sein, wie die einzelnen Fluggesellschaften mit der neuen Redefreiheit in luftiger Höhe umgehen. Bei Air France, Ryan Air oder Emirates etwa dürfte es mit der Ruhe über den Wolken bald vorbei sein, aber Lufthansa und AUA haben sich vorerst entschlossen, ihren

Passagieren auch in Zukunft eine digitale Auszeit zu verordnen (oder zu gönnen) und keinen Mobilfunk an Bord ihrer Maschinen zuzulassen. Ganz offensichtlich gibt es genügend Menschen, die durchaus dankbar sind für einige Stunden der Ruhe und die erzwungene Handy-Abstinenz als willkommene Abschaltpause schätzen gelernt haben. Bei einer Umfrage unter mehr als 4000 Passagieren der Lufthansa hat sich jedenfalls eine klare Mehrheit gegen das Telefonieren an Bord ausgesprochen. Und eine Studie mit doppelt so vielen Passagieren bei United Airlines ist zum gleichen Ergebnis gekommen. Sieht ganz so aus, als wären die notorischen Show-Telefonierer und partout Unersetzlichen die Minderheit. Spätestens nach der Landung sind dann ohnedies alle wieder gleich und dürfen dem bekannten Flughafenritual huldigen, das jedes Mal in dem unvermeidlichen Satz gipfelt: »Wir sind schon gelandet!«

Verordnete Funkstille

»Schalldämpfer für die Landeshauptstadt« – unter diesem Titel berichtete die Grazer »Kleine Zeitung« am 10. April 2008 über einen Vorstoß des Bürgermeisters der zweitgrößten Stadt Österreichs, der europaweit für Aufsehen sorgte. Franz Nagl von der konservativen ÖVP hat als eine der ersten Aktionen nach seiner Wiederwahl ein Handy-Verbot in den Öffis seiner Stadt erlassen. In der Bim soll es nicht mehr bimmeln, erlaubt sind nur noch Notrufe. Am »Tag gegen Lärm« (»Noise Awareness Day«) am 16. April 2008 klebte der Bürgermeister, der in dieser Funktion auch Chef der städtischen Verkehrsbetriebe ist, den ersten offiziellen Aufkleber mit dem durchgestrichenen Handy auf die Tür einer Grazer Straßenbahn. »Weil es in der heutigen Zeit zwei Geißeln der Menschheit gibt. Die eine ist die permanente Erreichbarkeit, die viele Menschen in die Nähe eines Burn-out bringt, die zweite ist der ständig steigende Lärmpegel in unserer Welt. Das lässt die Menschen einfach keine Ruhe mehr finden«, begründete das Stadtoberhaupt den für viele mutigen Schritt und kündigte gleich noch die Errichtung weiterer handyfreier und lärmberuhigter Erholungszonen in der Stadt an.

Wie sehr sich die Einschätzung dessen, was Lärm ist, im Laufe der Zeit geändert hat, zeigt nicht zuletzt die Entwicklung des Wortes selbst. Es stammt vom italienischen Ruf »all'arme«, »zu den Waffen«, ist also engstens mit dem Wort Alarm verwandt. Tatsächlich galten bis in die Mitte des 18. Jahrhunderts hinein ausschließlich Soldaten als Lärmerzeuger. Erst ein knappes Jahrhundert später definiert der deutsche Sprachforscher und Wörterbuch-Autor Johann Christoph Adelung Lärm viel allgemeiner: »ein jeder lauter, beschwerlicher Schall«. Für Kurt Tucholsky steht fest: »Lärm ist das Geräusch der anderen.«

Der österreichische Trendforscher Andreas Reiter unterstützt Initiativen der Lärmbekämpfung wie die in Graz und sieht darin sogar kommerzielles Potenzial: »Die Wirtschaft kann Ruhe bereits als Mehrwert verkaufen. Es gibt schon teure Restaurants mit Handyverbot, die ihren Gästen den Luxus verkaufen, einmal nicht erreichbar zu sein.« Ein stiller Ort als letzter wirklicher Luxus – daraus schlagen inzwischen schon ganze Ortschaften Kapital: New Denver etwa, ein Dorf mit 600 Einwohnern, vermarktet sich bewusst als digitales Sperrgebiet und handyfreies Dorado für Touristen. Einen Handymast sucht man in dem Bergdorf vergeblich.

In Anlehnung an den berühmten Buchtitel von Richard Sennett spricht Trendforscher Reiter von »Tyrannei der Intimität, wenn Sie in der U-Bahn sitzen und vom Nachbarn alles mithören müssen, auch wenn Sie gar nicht wollen«. Der Experte fällt allerdings ein mildes Urteil über Handy-Terroristen, die ihre Umgebung gar nicht mehr wahrnehmen und denen der virtuelle Gesprächspartner wichtiger ist als das reale Umfeld. »Handys sind Lebensbegleiter geworden, die immer stärker an den Körper heranwachsen. Man beobachtet deutlich, dass sich Menschen körperlich nur schwer von diesem Gerät trennen können, sie werden nervös, wenn sie es nicht dabei haben. Handys ersetzen immer öfter auch einen Mitmenschen.«

Erster Einsatz in Manhattan

Eine Diskussion über Handy-Verbote hätte sich Martin Cooper wohl nicht träumen lassen, als er am 3. April 1973 in einer Seitenstraße Manhattans voller Stolz und Inbrunst, ungläubig bestaunt von den Passanten, in sein drahtloses Telefon sprach: »Joel, ich rufe dich von einem wirklichen Handy an. Von einem tragbaren Batterietelefon!« Die Mitteilung war schlicht (vielleicht ein Omen), aber sie schrieb Mediengeschichte. Am anderen Ende der Leitung war übrigens Joel Engel, Coopers Konkurrent in der Forschungs- und Entwicklungsabteilung von Bell Laboratories. Man sieht, schon damals war der Markt verdammt kompetitiv. Ein halbes Jahr später, am 17. Oktober 1973, wurde das »Radio Telephone System« unter der Nummer 3906166 zum US-Patent angemeldet. Seither gilt der in Chicago geborene und damalige Motorola-Chefentwickler Cooper weltweit als »man behind the mobiles«. Wobei der Begriff »mobil« als relativ angesehen werden muss: Der damalige Prototyp, der in dreimonatiger Bauzeit entwickelt wurde, wog fast ein Kilogramm und hatte eine Betriebszeit von bescheidenen zwanzig Minuten. Dass sie den Grundstein für einen Massenmarkt gelegt hatten, konnten Cooper und seine Mitstreiter damals noch nicht ahnen: »Ich muss zugeben, das wäre zu viel verlangt gewesen, zumal die ersten Telefone 1983 noch 3500 Dollar kosteten, was heute 7000 Dollar entspricht. Aber wir hatten die Vision, dass diese Dinger eines Tages so klein sind, dass man sie ans Ohr hängen oder unter die Haut verpflanzen kann«, erzählte Cooper in einem BBC-Interview 2003 im Brustton der Überzeugung. Martin Cooper hat seine Erfindung weltberühmt, aber nicht steinreich gemacht. Er ist heute trotz seines hohen Alters Vorstandsvorsitzender der von ihm gegründeten ArrayCom, einer Firma, die sich mit hochentwickelter Antennentechnik und der Verbesserung von drahtlosen Netzwerken beschäftigt. Und natürlich ist Cooper inzwischen ein Handy-Afficionado: »Ich habe keines mit mir rumgetragen, bis es so klein war, dass ich es an meinen Gürtel schnallen konnte und nicht spürte. Ich habe immer das kleinste und leichteste Telefon, das man gerade kriegen kann. Ich glaube, ich kann nicht ohne es leben.« Coopers amerikanischen Landsleuten geht es nicht anders. Den US-Bürgern ist das Handy inzwischen wichtiger als das Festnetztelefon, zeigt eine aktuelle Untersuchung des Institutes Pew Internet and American Life Project. Das »Mobile« ist demnach die Technik, auf die die US-Bürger am schwersten verzichten könnten. Auf den Plätzen dahinter folgen Web, Fernsehen, Festnetztelefon und E-Mail. Im April 2006 stand noch das Festnetztelefon an der Spitze der Liste, gefolgt von Fernsehen, Handy und Internet.

Vom Statussymbol zum Massenprodukt

Aber die Zeiten, in denen man mit einem Mobiltelefon noch Reichtum oder Wichtigkeit demonstrieren konnte, sind lange vorbei, wenn man einmal von Exemplaren wie dem berühmten »Goldvish« absieht, das eine Million Euro wert ist und damit als eines der teuersten Handys der Welt gilt. Für ständig neue Objekte der Begierde mit Fetischcharakter für eine neureiche Klientel sorgt auch die Edelhandy-Manufaktur Vertu, gegründet vom ehemaligen Nokia-Chefdesigner Frank Nuovo. Immerhin besteht jedes einzelne dieser Handys aus mehr als vierhundert Einzelteilen, die alle von Hand zusammengesetzt wurden wie eine mechanische Schweizer Uhr. Keine Frage: Der Großteil der heute weltweit ca. drei Milliarden Handys (gegenüber bescheidenen 300.000 noch im Jahr 1984) sind weitaus billigere Geräte. Allein 2007 wurden weltweit 1,13 Milliarden Mobiltelefone verkauft, um knapp 150 Millionen mehr als noch im Jahr 2006. 2008 sollen es dann 1,25 Milliarden sein.

Die Kulturwissenschaftler und Technikhistoriker sind sich einig: Noch nie gab es eine Erfindung, die in so kurzer Zeit so perfekt in den Lebensalltag der Menschen integriert wurde. Bereits im Jahr 2005 sprach eine Studie der Marktbeobachter Mobile Communications von einer weitgehenden Sättigung der westeuropäischen Handy-Märkte. In einigen Ländern lag die sogenannte Mobilfunk-Durchdringung, berechnet nicht nach verkauften Geräten, sondern nach ausgegeben SIM-Karten, damals schon über hundert Prozent. Als Spitzenreiter erwies sich das kleine, wohlhabende Luxemburg mit 130 Prozent, während am anderen Ende der Skala Bosnien-Herzegowina mit gerade einmal vier Prozent lag. Der »digital gap« ist also auch ein innereuropäisches Phänomen. Auch in Deutschland wurden 2007 mehr Handys verkauft als jemals zuvor: 36,5 Millionen Stück und damit rund sechs Prozent mehr als im Jahr davor. Deutschland gehört inzwischen international zu den Ländern mit der größten Handydichte. So kamen Ende 2006 auf 100 Deutsche 104 Mobilfunkverträge oder Guthabenkarten. In ganz Westeuropa waren es dagegen »nur« 98 Anschlüsse. In den USA, wo eine starke Regionalisierung der Anbieter lange das Wachstum des Handy-Marktes gebremst hatte, kamen vergleichsweise bescheidene 76 Anschlüsse auf 100 Einwohner. Mit ihren Handys telefonierten die Deutschen 2006 laut Bitkom (Bundesverband Informationswirtschaft, Telekommunikation und neue Medien) 57 Milliarden Minuten und verschickten 22,5 Milliarden SMS. Überhaupt sind es die Zusatzfunktionen, die die Handys offenbar immer attraktiver mach(t)en. »Handy nur zum Telefonieren? Damit ist jetzt Schluss!«, lautete ein entsprechender Slogan eines deutschen Mobilfunkanbieters schon 2002. Und heute? Ein gutes Viertel der Deutschen fotografiert mit den Mobiltelefonen, jeder Zehnte hört damit Musik, das Surfen im Internet via Handy wird scheinbar immer wichtiger. Jeder dritte Deutsche will sich künftig gerne Wegbeschreibungen auf das Mobiltelefon laden. Stauhinweise interessieren beinahe ebenso viele, Fahrpläne und aktuelle Nachrichten will jeder Vierte, ebenso Wetterinformationen. Und die Experten sagen: Bis zum Jahr 2010 wird etwa jeder Fünfte solche Dienste auch tatsächlich nutzen.

Dabei sind es Erreichbarkeit und Sicherheit, die (noch immer) als wichtigste Gründe für den Handy-Besitz genannt werden. In Österreich etwa sind tatsächlich drei von zehn Handy-

Besitzern rund um die Uhr erreichbar, nur 23 Prozent schalten es in der Nacht aus. Laut einer Marketangent-Studie beschäftigen sich die Österreicher durchschnittlich 36 Minuten pro Tag mit ihrem liebsten Begleiter. Jeder Zehnte fährt auf der Stelle nach Hause, wenn er das Handy vergessen hat. Und ganz so passiv wie zunächst angegeben ist das Nutzungsverhalten der meisten nicht, wenn man bedenkt, dass pro Tag durchschnittlich elf Handy-Telefonate geführt werden. Im Falle eines Anrufes in Abwesenheit rufen 54 Prozent der Befragten den Gesprächspartner prinzipiell zurück und immerhin noch 38 Prozent, wenn der Anrufer eine Nachricht hinterlassen hat.

Jeder Tag ein »Simstag«

Dieser Rekord konnte sich sehen lassen: Ganze 38 000 Kurznachrichten hat im Sommer 2007 ein polnischer Busfahrer in der Stadt Slupsk über sein Diensthandy verschickt. Nicht weil er so einsam hinter dem Steuer seines öffentlichen Verkehrsmittels war, sondern weil er einen SMS-Wettbewerb gewinnen wollte. Der Fahrer drückte durchschnittlich 1200 Mal am Tag den »Senden«-Knopf, was eine Rechnung in der Höhe von 94 000 Zloty (das sind 25 000 Euro) zur Folge hatte. Die Gewinnsumme des Wettbewerbs lag mit 100 000 Zloty nur unwesentlich höher. Mit dem Gewinn habe er sich einen Zweitwagen kaufen wollen, sagte der Busfahrer, der freilich leer ausging. Nun ist er auch seinen Job los.

Das gilt auch für jenen Spitzenpolitiker, über den im Frühjahr 2008 ganz Europa lachte, weil er auf seinen schlüpfrigen SMS ausrutschte. Die Rede ist vom (ehemaligen) finnischen Außenminister Kanerva, der es innerhalb weniger Wochen auf beachtliche 200 Kurzmitteilungen an eine Bekannte gebracht hat. Für Teens aus Finnland, dem Mutterland des Nokia-Konzerns, wäre das eine schwache Ausbeute, aber für einen 60-Jährigen ist es eine gute Leistung. Das einzige Problem: Die Adressatin war 29, groß gewachsen, wasserstoffblond und von Beruf Stripperin und die Botschaften waren alle eindeutig zweideutig. Johanna Tukiainen, so der Name der Empfängerin der gepfefferten Texte, hat die SMS umgehend an die Klatschzeitschrift »Hymy« verkauft und damit die Affäre losgetreten. Anfangs hatte der politisch allseits geachtete und verdienstvolle Kanerva noch versucht, die Affäre auszusitzen, schon bald musste er aber zugeben, die SMS verschickt zu haben. Er habe aber lediglich einige Mitteilungen wegen eines von der Tänzerin erwogenen Auftrittes bei einem Betriebsfest im Außenministerium geschickt. »Aus Spaß« habe er sich dabei auch nach ihrer bevorzugten Unterwäsche erkundigt. Als schließlich die Wellen immer höher schlugen, entschuldigte sich der Minister – nein, nicht via SMS, sondern bei einer Pressekonferenz im Anschluss an die Tagung des EU-Gipfels in Brüssel im März 2008. Freilich konnte Kanerva als »Wiederholungstäter« nicht auf mildernde Umstände hoffen: Schon vor seiner Ernennung zum Minister hatte er für Schlagzeilen gesorgt, als er zahlreiche SMS-Mitteilungen mit sexuellem Inhalt an junge Frauen aus einem Nachtklub in der estnischen Hauptstadt Tallinn geschickt hatte. Vor seiner Ernennung zum Außenminister hatte ihm der Chef der konservativen Sammlungspartei KOK das Versprechen abgenommen, die Partei vor einem weiteren Skandal dieser Art zu bewahren – vergeblich. Der Geist war willig, der Daumen schwach ...

Da hatten es Verbalerotiker vor dem 3. Dezember 1992 schwerer und leichter zugleich. Das war der Tag, an dem die erste SMS-Mitteilung überhaupt versandt wurde. Ein Techniker in Großbritannien schickte von einem Computer, etwas verfrüht, aber erfolgreich, ein herzliches »Merry Christmas« auf das Mobiltelefon eines Kollegen – die Geburtsstunde des Short Message Service. Dabei war der Kurznachrichten-Dienst (als Teil des Signalisierungskanals zum Rufaufbau) ursprünglich alles andere als eine geniale Geschäftsidee, sondern schlicht und einfach ein technologisches »Nebenprodukt«, das dafür gedacht war, Informationen über Netzstörungen oder Ähnliches an die Nutzer weiterzuleiten.

Der Dienst wurde deshalb zunächst sogar kostenlos angeboten, bis die Netzbetreiber das wirtschaftliche Potenzial erkannten: Da eine SMS nur etwa ein Tausendstel des Dateninhaltes einer Gesprächsminute hat, sind die Margen für die Netzbetreiber entsprechend hoch. Derzeit kostet eine Nachricht in Deutschland zwischen drei und 19 Cent, in der Schweiz zwischen sechs und 13 Cent, während es sie in Österreich netzintern schon ab einem Cent gibt. Dazu kommt, dass die zusätzlich benötigte Infrastruktur, von Kurzmitteilungszentralen einmal abgesehen, für die Telekombetreiber gering war.

Der Erfurter Kommunikationswissenschaftler und »Handy-Forscher« Joachim Höflich spricht fünfzehn Jahre nach der SMS-Einführung von einem »unglaublichen, in keiner Weise vorhersehbaren Siegeszug«. Der Erfolg des Mediums sei angesichts der wenig benutzerfreundlichen Funktion erstaunlich, sagt Höflich. »Die Tastatur ist klein, das Schreiben oft schwierig. Dass es trotzdem so eingeschlagen hat, ist auf die Jugendlichen zurückzuführen. Sie haben es sehr schnell als ihr eigenes Medium angenommen. Sie können damit weitgehend unkontrolliert von den Eltern kommunizieren, quasi unter der Bettdecke Nachrichten empfangen und verschicken.« Höflich bewundert die unglaubliche Virtuosität der Jungen beim Schreiben von SMS-Texten und zieht einen gewagten Vergleich: »Unter Schülern sind SMS mit den Zettelchen vergleichbar, die sich Mädchen und Buben unter der Schulbank zusteckten.«

Generation SMS

In Deutschland waren im Jahr 2005 bereits 84 Prozent der Teenager zwischen 12 und 13 mit einem Handy ausgestattet. Bei den 14–19-Jährigen waren es 97 Prozent! Einen Gender-Gap zugunsten der Burschen, wie es ihn bei anderen technischen Geräten durchaus gibt, konnten die Forscher dabei nicht ausmachen. Im Gegenteil: Mädchen nutzen Handys intensiver und früher. Und sie nützen sie vorwiegend zum Verschicken von Nachrichten. Die SMS-Funktion wird von jedem Zweiten als »am wichtigsten« eingestuft – vor telefonieren, Fotos machen und Daten tauschen. Die deutsche Medienpsychologin Nicola Döring spricht vom Handy der Jugendlichen als der »Schaltzentrale ihres sozialen Netzwerkes«, weil es im Telefonbuch alle potenziellen Kontaktpartner bereithält, maximale Erreichbarkeit und immerwährende Kommunikation garantiert. »Obwohl sie sich den ganzen Vormittag in der Schule gesehen und gesprochen haben, setzen Schulfreundinnen auf dem Heimweg im Bus bereits ihren Austausch per SMS fort. Die Qualität dieser Kommunikation ist allerdings nicht an der Menge der übermittelten neuen Sachinformation zu messen, vielmehr geht es wesentlich um emphatische Kommunikation, um das Ausdrücken und Teilen von Gefühlen, das Bekräftigen von Zusammengehörigkeit und Nähe, die wechselseitige Anteilnahme am profanen Alltag der anderen.« Und wenn schon die Qualität der Kommunikation keine Rolle spielt, die Quantität tut es allemal: Allein an der Zahl der SMS, die jemand bekommt, lässt sich die Beliebtheit ablesen. Das macht es für Eltern oft so schwierig, den exzessiven Gebrauch zu unterbinden. Wer will schon, dass das eigene Kind zum geächteten Außenseiter wird?

Was das Handy über die reine (Multi-)Funktionalität hinaus so attraktiv für Jugendliche macht, ist, dass es nicht nur Kommunikations-, sondern dank seines Personalisierungspotenzials in hohem Maße auch Identifikationsmittel ist: Marke, Farbe, individuelle Display-Gestaltung, Aufkleber, Anhänger und nicht zuletzt der Klingelton machen es zu einem sehr persönlichen Modestatement ebenso wie zum Signal der Zugehörigkeit zu einer bestimmten Gruppe – das Handy als Code im Sinne des französischen Zeichenforschers und Philosophen Roland Barthes, der schon 1957 um die zwei wesentlichen Aspekte des Konsums gewusst hat: Einerseits erfüllt er ein Bedürfnis, andererseits ist er immer auch Ausdruck sozialer und kultureller Symbole und Strukturen. Zeig mir dein Handy und ich sage dir, wer du bist und wo du hingehörst.

Airbags für Hardcore-User

Man muss nicht einmal mit dem Auto unterwegs sein, um als manischer »Texter« gefährlich zu leben. In unserem an bislang unbekannten Risiken täglich reicheren Leben wurde jüngst gleichzeitiges Gehen und SMS-Schreiben als die neueste Gefahrenquelle im täglichen Leben vor allem eiliger Großstädter entdeckt. Den Blick konzentriert auf das Handy-Display gerichtet, übersieht man schon einmal Laternen, Mistkübel und andere Hindernisse und Stolpersteine im alltäglichen urbanen Hindernislauf. Vor allem Briten scheinen dafür anfällig zu sein. Jeder Zehnte hat bereits eine sogenannte »Walk and Text«-Verletzung hinter sich, allein in London 58.000 pro Jahr – harmlose Kratzer und Schrammen, aber auch Nasenbrüche und ein Schädelbruch wurden protokolliert. Die Londoner Stadtverwaltung hat reagiert und im Frühjahr 2008 die erste »Safe Text«-Straße geschaffen: Auf der berühmten Brick Lane wurden vorerst einmal die besonders heimtückischen Laternen in einer Testphase mit weichen, hellen Matratzen gepolstert. Was für die einen die Auswüchse eines lächerlichen, in alle Lebensbereiche vordringenden »Nannytums« sein mögen, ist für die anderen ein durchaus willkommener Service. Sollte die Laternen-Airbag-Aktion Erfolg haben, wird sie auch auf andere Straßen (Londons) ausgedehnt werden. Im Gespräch sind darüber hinaus auch Leitlinien auf dem Boden, die alle SMS-Fans schützen sollen – digitale Trampelpfade im wahrsten Sinn des Wortes. Die Londoner Investition könnte sich auszahlen, denn immerhin verschicken die Briten derzeit wöchentlich mehr als eine Milliarde Kurzmitteilungen per Handy – so viele wie im ganzen Jahr 1999! (In Deutschland waren es 22,4 Milliarden im Jahr 2006.) Nach Angaben des auf Telekommunikation spezialisierten Statistikunternehmens Mobile Data Association wurden im September 2007 im Königreich 4,8 Milliarden SMS gesendet, das ist um ein Viertel mehr als im gleichen Vorjahresmonat. Umgerechnet sind das 4000 SMS pro Sekunde.

»Hol dir den Papst aufs Handy!«

Ein derartiger Erfolg erzeugt natürlich einen Hype, dem sich auch Institutionen nicht verschließen können oder wollen, die bislang eher auf die traditionellen Kommunikationswege gesetzt haben. Die zweitausend Jahre alte katholische Kirche etwa, deren neues Oberhaupt erst kürzlich wieder den Tridentinischen Messritus in lateinischer Sprache und mit einem dem Volk den Rücken zukehrenden Priester erlaubt hat, nützt auch die neuen Missionskanäle. So ging dem Österreich-Besuch Benedikt XVI. im September 2007 eine SMS-Aktion voraus, die seinen Fans die Wartezeit verkürzen sollte. Eine Tageszeitung schloss sich an und bewarb die Aktion mit dem flotten Slogan »Hol dir den Papst aufs Handy!« Wer sich rechtzeitig anmeldete, bekam vierzig Tage lang Zitate aus Schriften und Predigten Benedikts auf sein Handy – Sätze wie diesen etwa: »Nicht was wir haben, zählt, sondern was wir vor Gott und für die Menschen sind, das zählt.« Noch am Tag des Papstbesuches im steirischen Marienheiligtum Mariazell wurden die Abonnenten um 9.30 Uhr mit einer Nachricht beglückt, die man auch als ultimative Aufforderung verstehen konnte: »Beim Höhepunkt des Papstbesuches dabei sein!« Wem das, aus welchen Gründen auch immer, verwehrt war, der konnte sich immer noch im Anschluss an die Messe den Segen auf sein Handy schicken lassen. »Die Idee hinter der SMS-Aktion ist, durch das Medium Handy junge Menschen zu erreichen, es für den Papst zu nützen«, machte Paul Wuthe, Presse- und Medienbeauftragter für den Papstbesuch, überraschend wenig Hehl aus den durchaus profanen Motiven. Ob die Aktion ein Erfolg war, lässt sich schwer beurteilen, Zahlen wurden keine bekannt gegeben.

In Italien ist die Nachfrage nach spirituellen SMS offenbar größer. Dort bietet seit Weihnachten 2007 eine Mailänder Firma, die üblicherweise Klingeltöne und Spiele offeriert, elektronische Heiligenbilder an. Religiöse oder auch nur abergläubische Handy-Besitzer haben seither die Qual der Wahl: Bilder von Jesus, der

Muttergottes, von Johannes Paul II. und seinem Nachfolger Benedikt XVI. stehen zur Auswahl. Auf sein Telefonino kann man aber auch Bilder des Schutzengels sowie des Heiligen, dessen Namen man selber trägt, bekommen. Die Vertriebsfirma hilft bei der schwierigen Entscheidung: Wer eine Reise unternimmt, sollte sich ein Bild des heiligen Christophorus bestellen, wer eine Prüfung bestehen muss, kann sich an die heilige Katharina von Siena wenden und Frauen, die auf einen Heiratsantrag hoffen, sollten sich schleunigst ein Bild des heiligen Pascal besorgen. »Ich habe mich von meiner Mutter inspirieren lassen, die mir vor einer Reise immer ein Heiligenbild in den Koffer gelegt hat«, beschreibt die 32-jährige Managerin Barbara Labate die simple Geschäftsidee, die freilich zu Komplikationen innerhalb der Kirche Italiens führte. TV-Pfarrer Antonio Mazzi etwa lobte die Initiative: »Es ist gut, wenn man moderne Wege findet, um Jugendlichen die Religion näher zu bringen.« Ganz anders hingegen Bischof Lucio Soravico De Francesco, Mitglied der Kommission der italienischen Bischofskonferenz für den Glauben: »Man darf die Heiligen nicht banalisieren. Heiligkeit wird ausgenutzt, um Geld zu machen. Das ist verwerflich.«

Andererseits: Die Konkurrenz schläft nicht. High Tech für das Gebet bietet Muslimen schon seit 2004 ein Handy, das auch in Europa auf dem Markt ist. Das »Ilkone i800« ist von außen ein ganz normales Klapphandy, ansonsten aber »das erste und einzige islamische Telefon, das Ihnen einen Zugang zum Glauben gibt, egal wo Sie sind«. So pries es die in den Vereinigten Arabischen Emiraten ansässige Firma an, die es auf den Markt brachte. Das Handy erinnert die Gläubigen fünf Mal am Tag an die Gebetszeiten und weist ihnen gleich die Richtung nach Mekka. Außerdem ist auf dem Mobilfunkgerät eine vollständige und autorisierte Fassung des Korans gespeichert. Europa-Premiere hatte der heiße Draht zu Allah über das drahtlose Telefon 2005 in den Niederlanden, danach kam es in Frankreich, Deutschland, Italien, Dänemark, Belgien und Bosnien auf den Markt. Kostenpunkt: 289 Euro. Dafür kann der gläubige Moslem aus vierzig polyphonen

Klingeltönen auswählen, sich an einem Telefonbuch mit bis zu 500 Einträgen erfreuen und sich mit Actionspielen die Zeit zwischen den Gebeten vertreiben.

Tratschen statt kraulen

Man darf getrost davon ausgehen, dass die Versuche, via SMS an Jugendliche »heranzukommen«, gut gemeint, aber vergebliche Liebesmüh sind. So gut wie alle Untersuchungen zeigen, dass Jugendliche standardisierte Dienste vom Horoskop bis zum Wetterbericht nicht nutzen. Worum es ihnen vorwiegend geht, ist, den Kontakt zu den Freunden zu pflegen und mit ihnen (meist belanglose) Informationen auszutauschen, Treffpunkte zu vereinbaren und Änliches. Dabei bewegt man sich vorzugsweise innerhalb eines überschaubaren Personenkreises. Auch wenn ihnen die Welt offensteht, bleiben die meisten gleichsam im Dorf. Selbst Flirt-Angebote via Handy, mit denen die Anbieter entsprechender Dienste vor allem die Teens als Zielgruppe im Auge hatten, floppten. Dies scheint die bereits in den neunziger Jahren aufgestellte (und damals noch ausschließlich auf das häusliche Telefon bezogene) These zu stützen, wonach neben den Aspekten der sozialen Integration und Koordination vor allem eine dritte Dimension entscheidend ist. John W. Dimmick und seine Kollegen haben sie in ihrem Buch »The Gratification of the Household Telephone« als »psychologisches Bedürfnis nach Rückversicherung« bezeichnet. Das heißt, man will einfach wissen, dass es den Freunden (oder der Familie) gut geht. Das setzt nicht unbedingt lange Telefonate voraus – im Gegenteil, meist genügt schon ein kurzer Anruf.

Und das SMS scheint gerade dafür ideal zu sein. Außerdem entkommt man schreibend einem Dilemma, das die Wissenschaft »Interferenz zweier Kommunikationsformen« nennt: Handy-Telefonieren ist zutiefst privat und höchst öffentlich gleichzeitig. Zwar scheint sich inzwischen die ganze Welt daran gewöhnt zu haben, dass man über alles und mit jedem auch coram publico quatscht, aber gerade Kids haben hier oft eine niedrigere »Peinlichkeitsschwelle« als Erwachsene. Da kommt die vergleichsweise diskrete Form des Silent Text Messaging gelegen. Schon in einem der ersten (und wohl auch letzten, weil danach nicht mehr nötigen) SMS-Ratgeber-Bücher mit coolen Sprüchen von Ludger Jochmann ist zu lesen: »Immer mehr Handy-User verschicken SMS. Der entscheidende Vorteil gegenüber dem normalen Telefonieren (abgesehen von Preisvorteilen): die Nachrichten werden geräuschlos übermittelt. So kann man sich, ohne jemanden zu stören, über langweilige Konferenzen und Schulstunden hinwegretten und weiterhin mit der geliebten Welt in Verbindung bleiben. Auch aus öffentlichen Verkehrsmitteln kann man mit seinen Liebsten in Kontakt treten, ohne dass der ganze Großraumwagen mithört.«

Die kommunikative Beschränkung auf einen relativ exklusiven und kleinen Freundeskreis scheint dem Menschen angeboren zu sein. Robin Dunbar, Professor für Biologie an der University of Liverpool, hat eine interessante Erklärung dafür gefunden und sie in seinem Buch »Klatsch und Tratsch. Wie der Mensch zur Sprache fand« dargestellt. Dunbar vertritt die Auffassung, dass Gehirnwachstum, Sprachentwicklung und intelligentes Verhalten notwendige Begleiterscheinungen der wachsenden sozialen Komplexität der Hominiden gewesen sind. Um sich Freunde vor allem in den Reihen höherrangiger Tiere zu machen und damit das individuelle Überleben zu sichern, haben Menschenaffen nämlich die Technik des gegenseitigen Fell-Kraulens oder (wie Zoologen sagen) Putzens entwickelt. Je größer die Gruppe, desto schwieriger wird es natürlich, die sozialen Strukturen zu durchschauen und mit dem Putzen nachzukommen. Ergo wuchs das Gehirn und die zum Putzen aufgewendete Zeit wurde ständig mehr. Was nun den Menschen angeht, hat der Zoologe und Evolutionsforscher Dunbar zunächst aus der Größe des Neokortex (das ist der stammesgeschichtlich jüngste Teil der Großhirnrinde) die ideale Gruppengröße errechnet: Menschen sind demnach am besten in

Gruppen von 150 Mitgliedern aufgehoben, wofür Dunbar auch eine Reihe von Beispielen fand. Ein einzelner Mensch, so Dunbar, hat im Normalfall einen Freundeskreis (Leute, von denen er etwa eine Einladung zum Abendessen annimmt) von 150 Personen. Den Kontakt zu ihnen pflegt er durch intime, freundschaftliche sprachliche Kommunikation. Das Geplauder, der Tratsch (chat) ist demnach sprachlicher Ersatz für das gegenseitige Putzen. Laut Dunbar gibt es genügend überzeugende Untersuchungen, dass das meiste, was Menschen sagen, in die Kategorie »reines Geplauder« fällt – sogar auf Universitäten. Mit dem Handy scheint der Menschheit das ideale Gerät für das verbale Ersatz-Kraulen beschert worden zu sein – gleichsam die digitale Bürste.

»SMS-Daumen« statt Tennis-Arm

Bleiben wir noch für einen Moment bei der Evolution. Die Forscher sind sich einig, dass wir uns nicht zuletzt durch einen bestimmten Finger von den übrigen Primaten, wie es John Russell Napier ausdrückt, unterscheiden: durch den Daumen nämlich. Vor zwei Millionen Jahren tauchten die ersten Werkzeuge aus Stein und Knochen auf, und wie Fossilien zeigen, emanzipierte sich der Daumen genau in derselben Zeit von den übrigen Fingern, indem er länger wurde und sich die Muskeln rundherum veränderten. Der Vorteil liegt im wahrsten Sinn des Wortes auf der Hand: Der Mensch konnte von da an den Daumen unabhängig von den anderen Fingern bewegen und mit der Daumenspitze alle anderen Fingerkuppen berühren – eine Fähigkeit, die in der Natur einzigartig ist. Um mit John Napier zu sprechen: »Ohne Daumen ist die Hand bestenfalls eine Zange, die nicht richtig schließt.« Er macht die Hand erst zu dem, was der amerikanische Neurologe und Entwicklungsforscher Frank R. Wilson in ihr sieht: einen »Geniestreich der Evolution«, ohne den wir weder einen Stock noch einen Bleistift halten oder mit Messer und Gabel essen könnten. Wilson, Napier und ihre Kollegen wissen zwar bis auf den heutigen Tag nicht, warum sich der Daumen im Laufe der Geschichte selbständig machte, aber sie haben festgestellt, dass mit der anatomischen Veränderung auch eine Weiterentwicklung im Gehirn vonstatten ging, das gleichsam explosionsartig von 700 auf 1400 Gramm anwuchs. Offenbar benötigten die neuen, multifunktionalen Hände eine adäquate Schaltzentrale, um ihre unendlich vielen Fähigkeiten zu steuern. Die meiste Steuerungskapazität steht seither – erraten – dem Daumen zur Verfügung.

In unseren Tagen ist der erste Finger, salopp gesagt, wieder einmal dabei, sich an ein neues Werkzeug, eine neue Technik anzupassen: an das Handy und seine Verwandten. Schon vor Jahren haben Neurologen herausgefunden, dass Jugendliche eine wesentlich bessere Steuerung ihres Daumens haben als frühere Generationen. Die neurologische Anpassung an das SMS-Zeitalter war für das Hirn scheinbar kein allzu großes Problem. Sie ist der Grund dafür, warum Jugendliche selbst dann lieber kleine Texte mit dem Mobiltelefon verschicken, wenn sie zu Hause vor dem Computer sitzen und eigentlich mailen könnten. In Japan haben Fernsehsender schon um die Jahrtausendwende entsprechende Wettbewerbe veranstaltet und die Besten schafften hundert Wörter pro Minute. Bald war von der »Generation Daumen« die Rede, deren Angehörige schon äußerlich durch dickere Daumen erkennbar waren. »Sie benutzen den ersten Finger der Hand sogar, um an der Tür zu klingeln, sich an der Nase zu reiben – oder als Zeigefinger«, berichtete das Magazin der »Süddeutschen Zeitung« im Sommer 2000. Einige Forscher sehen darin sogar den Beweis, dass die technische Entwicklung beim Menschen Entwicklungen bewirkt, für die früher Generationen nötig gewesen wären. Eine Übertreibung? Oder ist der Daumen tatsächlich der »Superfinger« des Informationszeitalters, wie die Londoner Tageszeitung »Observer« einmal schwärmte? Werden also unsere Enkel schon automatisch mit dicken Daumen auf die Welt kommen? Nein, sagen die Biologen, denn die Natur unterstützt Mutationen nur, wenn sie sich als vorteilhaft für das Überleben einer Art erweisen. Und das kann man von der Handy-Nutzung wohl doch nicht behaupten.

Unterdessen hat sich vielmehr gezeigt, dass die Anatomie des Körpers weniger flexibel ist als ursprünglich gedacht. In Großbritannien etwa ist die Zahl der chronischen Sehnenscheidenentzündungen genauso explosionsartig gestiegen wie die Zahl der verschickten SMS: 3,8 Millionen Briten leiden einer Studie zufolge an SMS-bedingten Schmerzen in der Hand, fünf Millionen mussten das Simsen aufgrund von Schmerzen bereits einmal aufgeben. Chiropraktiker in den USA haben sich bereits darauf eingestellt. Sie geben Tipps, wie man dem Schicksal eines »Blackberry-Daumens« entgeht, und sie bieten natürlich Therapien an für den Fall, dass man ihn schon hat ...

Wenn (nicht nur) Kids am Handy hängen

Massimo Biondi darf man sich keinesfalls als aufgeregten Mann vorstellen. Der Psychiatrie-Professor an der römischen Universität La Sapienzia ist vielmehr der Prototyp des nüchternen Wissenschaftlers, dem billige Effekthascherei fern liegt. Außerdem hat er in seiner Praxis genügend erlebt, um nicht mit Übertreibungen hausieren gehen zu müssen. Dennoch sah sich Professor Biondi vor kurzem veranlasst, Alarm zu schlagen: »Mobiltelefone«, sagt er, »können zu einer Manie werden. Dahinter stecken große Unsicherheit und ein zwanghaftes Kontrollbedürfnis.« Er und seine Kollegen haben das sogenannte »Handy-Syndrom« daher kürzlich in die Liste obsessiver Verhaltensstörungen eingetragen. Die Begründung: Betroffene leiden unter einer zwanghaften Abhängigkeit von ihren Telefonen. Wenn das Gerät zu wenig Ladung hat oder nicht funktioniert, geraten sie in Panik. »Handy-Syndrom«-Patienten verzichten aufs Kino, weil das Mobilfunktelefon dort nicht eingeschaltet werden darf, sie benutzen die Geräte zur Überwachung des Partners und kontrollieren ihr Handy sogar in der Nacht auf neue Mitteilungen. Von der italienischen Gesellschaft zur Behandlung von Zwangsverhalten wurde das »Handy-Syndrom« umgehend als neue Störung eingestuft und damit zwanghaftem Konsumverhalten (Shopping-Manie) oder der Abhängigkeit von Glücksspielen gleichgesetzt. Was die italienischen Psychologen besonders beunruhigt, ist die große Handy-Verbreitung unter Kindern. Viele bambini erhalten schon mit fünf Jahren ihr erstes Mobiltelefon. 31 Prozent der Mädchen und Buben unter 13 Jahren besitzen eines und ab dem 14. Lebensjahr haben dann ausnahmslos alle italienischen Teenager eines – ein Rekord auf europäischer Ebene.

Noch beunruhigendere Meldungen kommen aus Südkorea. Dort hat eine Studie ergeben, dass jeder zehnte Jugendliche von seinem Handy abhängig ist und das auch selbst so sieht. Die Untersuchung, die vom Kommunikationsministerium in Seoul in Auftrag gegeben wurde, kam zu dem Ergebnis, dass 111 von 1058 befragten Handy-Nutzern zwischen neun und neunzehn Jahren sich selbst für süchtig halten. Sung Yun Sook, Wissenschaftlerin am Institut für Jugendentwicklung, sieht für die Zukunft die Gefahr, dass die Jugendlichen zunehmend eine von den Erwachsenen komplett getrennte Kultur entwickeln. »Durch Mobiltelefone fühlen sie sich von den nörgelnden Eltern befreit. Sie verbringen Stunden damit, Textnachrichten auszutauschen. Nimmt man ihnen die Handys weg, werden sie nervös. Manche rasten richtig aus.« Sung berichtet von echten Handy-Junkies, Jugendlichen, die Löcher in die Schultische gebohrt haben, um trotz Handy-Verbots im Unterricht die Displays im Auge behalten zu können. Immerhin müssen die koreanischen Mobilfunkunternehmen nun auf Druck der Regierung Jugendlichen und ihren Eltern raten, einen Vertrag abzuschließen, der bei 30 Euro pro Monat dem Spuk ein Ende bereitet.

Das britische Teleconomy-Institut hat bereits im Jahr 2005 erhoben, dass 26 Prozent der Befragten in Großbritannien glauben, nicht ohne ihr Mobiltelefon leben zu können. Eine von ihnen war die damals 19-jährige Catherine Ward, eine der Ersten, die sich schließlich Hilfe suchend an ihre Ärztin wandte und damit sogar der BBC eine Story wert war. »Wenn mein Handy piepst, bin ich überglücklich. Wenn mein Guthaben aus ist, werde ich depressiv.

Ich schaue alle zwei Minuten nach, wo mein Handy ist«, gestand Catherine, die es damals auf fünfzig Textnachrichten und zwanzig Anrufe am Tag brachte. Den Rat der Medizinerin, das Telefon stumm zu schalten und in eine Schublade zu legen, befolgte sie zwar, hielt die Abstinenz aber nur für kurze Zeit durch. Lisa Merlo, Psychologin an der Universität von Florida, interviewte im Januar 2007 systematisch Leute wie Catherine und stellte in einer umfangreichen Studie zum Phänomen Handy-Abhängigkeit eine Liste für den Selbsttest zusammen. Demnach sollten Sie sich ernsthaft Sorgen machen, wenn Sie (1) unfähig sind, in einem Restaurant zu Abend zu essen, ohne eine SMS zu verschicken, (2) einem ständigen Zwang unterliegen, Textmeldungen zu checken, (3) unruhig und nervös werden, falls Anrufe oder Nachrichten nicht umgehend beantwortet werden, (4) immer unbedingt das neueste Modell mit den neuesten Funktionen besitzen müssen und (5) Angstzustände oder Beklemmungen bekommen, wenn Ihr Handy nicht in Reichweite ist.

Zu einem alarmierenden Ergebnis kam auch Merlos spanische Kollegin, die Psychologin Francisca Lopez Torrecillas von der Universität Granada. Sie führte 2007 eine Feldstudie unter Hunderten 18- bis 25-Jährigen durch. 40 Prozent der jungen Erwachsenen gaben an, dass sie mehr als vier Stunden pro Tag mit ihrem Handy zubringen. Auf die Frage, wie sie sich fühlen, wenn sie einen Anruf verpassen oder eine Nachricht nicht beantworten können, antworteten viele: »Zutiefst betroffen und traurig.« Für Torrecillas besteht der wesentliche Unterschied zwischen Alkohol- und Drogensucht auf der einen und Handy-Abhängigkeit auf der anderen Seite einzig und allein darin, dass Mobiltelefone keine physischen Schäden nach sich ziehen. »Handy-Süchtige können ernsthaft psychisch beeinträchtigt sein, aber da sie keine körperlichen Symptome zeigen, bleibt ihre Störung unbemerkt.« Freilich nur eine Zeit lang, denn früher oder später neigen sie dazu, ihren Verpflichtungen nicht mehr nachzugehen, sich von Freunden und Familienangehörigen zurückzuziehen, Probleme zu leugnen und ununterbrochen an das Handy zu denken, wenn sie es nicht dabei haben. »Die meisten Handy-Süchtigen sind Menschen mit geringem Selbstwertgefühl und Problemen, soziale Beziehungen aufzubauen, die den Drang verspüren, ständig verbunden und in Kontakt mit anderen zu bleiben«, beschreibt die spanische Psychologin das Krankheitsmuster und warnt davor, es nicht ernst zu nehmen. »Schaltet man ihnen das Handy aus, werden sie gereizt, beginnen zu zittern und bekommen Angstzustände, sie leiden unter Schlaflosigkeit und sogar Verdauungsschwierigkeiten.«

Dass es überhaupt so weit kommen kann, hat für Spezialisten im Wesentlichen einen Grund: Angst vor Einsamkeit und innerer Leere, die besonders in »unproduktiven Momenten« (in der U-Bahn, im Warteraum der Arztordination, in einer Seminarpause, auf dem Schilift usw.) bewusst wird. Was tun, wenn plötzlich nichts zu tun ist, kein Fernseher in der Nähe ist und auch kein Computer? Dann bleibt nur noch das Handy, um der Konfrontation mit anderen oder sich selber aus dem Weg zu gehen, und die scheinbare Zugehörigkeit zu einem sozialen Netz wird als wichtiger empfunden als der direkte Kontakt mit dem Gegenüber.

So wie das Handy als Gradmesser der eigenen Beliebtheit und Wichtigkeit dient, hilft es manchen auch bei der Bewältigung der Angst vor »schwierigen sozialen Momenten«. Als solche bezeichnet die Kommunikationswissenschaftlerin und Autorin Miriam Meckel Situationen wie etwa die folgende: »Drei Menschen stehen beieinander und unterhalten sich. Durch irgendeinen Einfluss ... sondern sich zwei Personen ab und führen das Gespräch als Dialog weiter. Die dritte Person bleibt allein zurück, isoliert im öffentlichen Raum ohne kommunikative Anbindung. Bevor ein Gefühl der Isolation oder Irritierung aufkommen kann, greift der Stehengelassene ganz automatisch in die Tasche zum Handy oder Blackberry.« Hochmoderne Kommunikationsgeräte, die in diesen Momenten zu simplen »Krücken« werden, wie Meckel schreibt. Ob dann wirklich telefoniert oder nur simuliert wird, ist nebensächlich. Tatsächlich schützen aber immer mehr »Handyaner« Gespräche einfach vor, um unangenehmen Gesprächen mit real anwesenden Personen aus dem Weg zu gehen oder ja nicht angesprochen zu werden. So gesehen ist das Handy ein kommunikationstechnisches Paradoxon: Ausgerechnet jenes Gerät, das uns mehr als alle anderen ständige Zugehörigkeit verheißt, führt manche geradewegs in die Isolationsfalle. Sprechen, um nicht angesprochen zu werden. Reden, um nicht mitreden zu müssen. Lieber mit dem Handy allein als ohne Krücke in der Gruppe.

Traurige Realität: Happy slapping

Kleine Geschenke erhalten bekanntlich die Freundschaft, das gilt auch im Handy-Zeitalter. Deshalb versenden Teens permanent kleine digitale Präsente in Form von Logos, Fotos oder Klingeltönen. Bluetooth und Infrarotschnittstellen machen aus Telefonen kleine Tauschplattformen, virtuelle Mini-Flohmärkte oder einfach elektronische Geschenkboxen. Man muss nur die Telefonnummer des zu Beschenkenden gespeichert haben, um sich in Erinnerung zu rufen, immer in der Hoffnung, im Gegenzug selbst mit einer Aufmerksamkeit bedacht zu werden.

Umgekehrt ist das Handy natürlich auch zur Waffe im täglichen Kleinkrieg Jugendlicher geworden, Vermittler und Verstärker in all den kleinen und großen Intrigen zwischen Einzelpersonen und Gruppen. Die nahezu unbeschränkten Möglichkeiten der Technik erhöhen den Druck dabei gewaltig. Weil Kommunikation in Echtzeit ohne nennenswerte Verzögerung möglich ist, steht man permanent unter dem Zwang zu reagieren, ehe man noch nachgedacht, sich eine Antwort wirklich überlegt hat oder gar mit einer betroffenen Person (vielleicht noch dazu unter vier Augen!) gesprochen hat. Es wird kommunikativ permanent aus der Hüfte geschossen, beginnend am frühen Morgen nach dem Aufstehen, endend oft erst am späten Abend vor dem Einschlafen. Nicht dass Kinder und Jugendliche nicht zu allen Zeiten miteinander gestritten und mehr oder weniger ernsthafte Konflikte ausgetragen hätten. Aber heute steht dafür ein kommunikationstechnisches Arsenal zur Verfügung, von dem früher einmal selbst Pentagon-Strategen nur träumen konnten. Oft genug wird so aus einem unbedacht abgeschossenen kleinen Giftpfeil mithilfe von SMS, Chat und Instant Messaging eine Nuklearrakete mit verheerender Sprengkraft. Falsch verstandene Botschaften, emotional aufgeladene Antworten, unter erhöhtem Adrenalinausstoß abgefeuerte neue Provokationen im Telegrammstil, der feine Nuancierungen naturgemäß ebenso wenig zulässt wie die Unterscheidung zwischen Sach- und Beziehungsebene – all das führt oft genug zu einer völlig unnötigen Eskalation, unter deren Eindruck Freundschaften gekündigt und Beziehungen beendet werden. Wer noch ohne Handy aufgewachsen ist, weiß, wie Streitigkeiten auf dem Nachhauseweg von der Schule oft durch den eintreffenden Autobus oder die Straßenbahn unterbrochen und nicht selten auch beendet wurden. Am Nachmittag war »Sendepause«. Und hatte man einmal eine Nacht darüber geschlafen, sah die Welt schon wieder anders aus. Wer einmal sein eigenes Kind weinend über ein tränenverschmiertes Handy-Display gebeugt erlebt hat, weiß, dass Kommunikationsstress kein Erwachsenenprivileg mehr ist.

Und dennoch muss man sagen, dass in Wortgefechten bis zur Überhitzung eingesetzte SMS-Pistolen noch vergleichsweise harmlos sind. Laut deutscher JIM (Jugend, Information Multi-Media) – Studie 2007 des Medienpädagogischen Forschungsverbundes Südwest – ist 87 Prozent der deutschen jugendlichen Handy-Besitzer grundsätzlich bekannt, dass es eine rege Zirkulation von »pornografischen oder gewalthaltigen Foto- und Videodateien« gibt, zwei Drittel haben bereits mitbekommen, dass solche Inhalte im Freundeskreis kursieren, und fast jeder zehnte Handy-Besitzer hat selbst schon einmal solche Bilder und Filme zugeschickt bekommen, Burschen übrigens deutlich öfter als Mädchen. Und das gilt auch für die sogenannten »Happy slapping«-Filmchen. Was unpassend, weil verniedlichend als »fröhliches Dreinschlagen« bezeichnet wird, ist nichts anderes als eine grundlose, brutale körperliche Attacke auf meist unbekannte

Passanten. Der oder die Angreifer laufen dabei auf das Opfer zu und schlagen ihm mehrmals ins Gesicht, nicht selten werden Opfer bis zur Bewusstlosigkeit zusammengeschlagen. Dazu kommt, dass derartige Angriffe von einem weiteren Beteiligten mit einer Handy-Kamera gefilmt und anschließend innerhalb der Clique verbreitet werden. Wachgerüttelt und für das Problem sensibilisiert wurde die europäische Öffentlichkeit durch entsprechende Vorfälle in Großbritannien. Am 9. Mai 2005 wurde ein Student des Plant Hill Arts College nach einer Happy-slapping-Attacke einfach bewusstlos liegen gelassen. Einige Wochen später wurde in Leeds ein 17-Jähriger von zwei Männern angegriffen. Während ihm einer der beiden mit einem Luftdruckgewehr ins Bein schoss, nahm der andere das Geschehen mit seiner Handy-Kamera auf. Und im Juni 2005 wurden Lehrer auf ein unter Schülern in London zirkulierendes Handy-Video aufmerksam, das die brutale Vergewaltigung eines elfjährigen Mädchens durch drei Burschen zeigte. Die Polizei konnte sie ausforschen und verhaften. Im Dezember desselben Jahres wurden ein 15-jähriges Mädchen und drei junge Männer im Alter von 17 bis 21 wegen Totschlags verurteilt: Sie hatten in der Nähe der belebten Waterloo Station in London einen Mann unter dem zynischen Vorwand, an einer Dokumentation zum Thema »Happy slapping« zu arbeiten, zu Tode getreten. Die Liste weiterer spektakulärer Fälle ist lang und sie beschränkt sich natürlich nicht auf Großbritannien. Dennoch kam es auf der Insel zur ersten einschlägigen Verurteilung: Ein Mädchen wurde im März 2008 wegen Beihilfe zum Totschlag zu zwei Jahren Haft verurteilt, weil es die folgenschwere Attacke auf einen Mann gefilmt hatte, der schließlich an einem Milzriss starb. Die Angreifer hatten der Teenagerin das Handy mit der Aufforderung »Dreh das!« in die Hand gedrückt. In Frankreich hat Nicolas Sarkozy noch als Innenminister mit der eisernen Faust im Februar 2007 dafür gesorgt, dass das Filmen und Fotografieren von gewalttätigen Verbrechen per Gesetz verboten ist. Als Höchststrafe drohen fünf Jahre Gefängnis und/oder 75 000 Euro Geldstrafe.

Relativ wenig einschlägige Anzeigen gibt es in Österreich und Deutschland, und das obwohl nahezu jeder dritte in besagter Studie 2007 befragte Jugendliche im Alter von 12 bis 19 angibt, schon einmal mitbekommen zu haben, wie eine Schlägerei mit einem Handy gefilmt wurde. Im Vergleich zur Studie aus 2006 entspricht dies nahezu einer Verdoppelung der beobachteten Missbrauchsfälle. »Was das Thema Gewalt am Handy betrifft, sind zwei unterschiedliche Aspekte zu beachten«, erklärt Studienleiter Thomas Rathgeb: Der erste Punkt betrifft die sogenannte »indirekte Gewalt«, also das Verschicken von Videos mit gewalttätigen oder pornografischen Inhalten. »In diesem Sektor konnten wir 2007 im Vergleich zum Vorjahr eine relativ ähnliche Größenordnung feststellen, was die Zahl der Missbrauchsfälle betrifft.« Besonders bedenklich sei hingegen die Entwicklung auf einem zweiten Gebiet. »Jeder dritte Junge und jedes vierte Mädchen aller Schularten sind bereits mit dem Phänomen Happy slapping in Berührung gekommen«, schildert Rathgeb. Und das ist deutlich mehr als noch 2006. »Die Ursache für diesen Trend liegt wohl auch in der gestiegenen Bandbreite technischer Möglichkeiten von Mobilfunkgeräten«, sucht Rathgeb nach einer Erklärung und rät Eltern in diesem Zusammenhang, schon vor dem Kauf eines Handys für ihre Kinder gründlich zu überlegen, welche technische Ausstattung sinnvoll sei. Das setzt freilich technisches Wissen bei den Eltern voraus, das weit über die Fähigkeit, die SIM-Karte richtig einzusetzen, hinausgeht. Schließlich wird man nicht herumkommen, den Jugendlichen klarzumachen, welche schweren Folgen sie aufgrund solchen Verhaltens zu befürchten haben. Das sieht auch der prominente österreichische Psychiater und Gerichtsgutachter Reinhard Haller so, der sich freilich mehr für die dahintersteckenden Motive interessiert: »Es ist dieses Bedürfnis des Exhibitionismus, des Zur-Schau-Stellens«, sagt er. »Erst wenn die Täter das Video verbreiten, sind sie wer.« Nicht nur das Filmen, sondern vor allem die Weitergabe und Verbreitung seien den jugendlichen Tätern wichtig, weil es den Effekt der Demütigung des Opfers noch erhöht. Gekämpft wird also nicht mehr mit den Händen, sondern mit den Handys. An die Stelle von Zweikämpfen sind makabre Inszenierungen getreten, mit denen man seine Gegner bequem denunzieren und erpressen kann. Verwackelte kurze Videosequenzen in schlechter Auflösung dienen als digitale Trophäen im Kampf um Anerkennung, Ehre und einen besseren Platz in der Hackordnung der eigenen Gang.

Lost in Communication

Martin Cooper, der Entwickler des ersten Motorola-Handys, träumt heute als 80-Jähriger von implantierten Drahtlosgeräten, die endlich auch das leidige Energieverbrauchsproblem ein für allemal lösen könnten: »Da haben Sie diesen wunderbaren Generator namens menschlicher Körper, der andauernd Energie erzeugt. Wäre es nicht toll, wenn man diese Geräte einbauen und aus dem Körper mit Strom versorgen könnte?« Wenn es einmal so weit ist, werden gewiss japanische Kids die Ersten sein, die damit durchs Leben gehen. In Sachen Handy-Innovationen und -Applikationen waren die Kinder Nippons uns Europäern und erst recht den Amerikanern immer schon meilenweit voraus. Vorerst arbeiten die Japaner verbissen an der Brennstoffzelle fürs Mobiltelefon, weil die vielen Applikationen des »keitai«, wie das Handy auf Japanisch heißt, jeden herkömmlichen Akku in Windeseile dahinschmelzen lassen. Der deutsche Trendscout Christopher Billich, der seit 2005 in Tokio lebt, kommt ins Schwärmen, wenn er von seinem neuen Arbeitsumfeld erzählt, und das hat in seinem Fall garantiert nichts mit dem strengstens überwachten Telefonierverbot in der U-Bahn von Tokio zu tun. Billich definiert das Handy japanischer Ausprägung euphorisch schon jetzt als eine Art »Fernbedienung des digitalen Lebens«. Auf Schritt und Tritt begegnet man in Japan etwa Strichcodes, die eine Vernetzung von Offline und mobiler Welt ermöglichen. Sie sind auf Plakaten, in Zeitschriften oder (wir sind in Japan!) auf Visitenkarten platziert. Sobald man diese Codes mit einem

Kamerahandy fotografiert, erscheinen die gewünschten Informationen auf dem Display. Im Supermarkt können so etwa über den Preis hinausgehende Informationen über Waren abgefragt oder sogar Coupons für Sonderangebote aufs Handy geschickt werden. Und so ähnlich soll es schon bald mit verschlüsselten Daten, die in Radio- und Fernsehspots integriert werden, funktionieren, um bei Interesse an einem bestimmten Lied oder Produkt auf Knopfdruck zur entsprechenden Website zu kommen. Um die Japaner schon einmal an mobiles Fernsehen am Handy zu gewöhnen, das seit 2008 selbstverständlich kostenlos zu empfangen ist, haben manche Betreiber schon ein Jahr davor begonnen, den Besitzern regelmäßig Videos aufs Handy zu schicken – und zwar in der Nacht, wenn die Netzauslastung am geringsten ist. Natürlich werden die Fernsehprogramme mit Datenfeed und Rückkanal ausgestrahlt, was Interaktion in Echtzeit zulässt. Was für die Japaner ihr heiß geliebtes Keitai aber am attraktivsten macht, ist, dass man damit auch shoppen kann. Aus den hochgerüsteten Handys werden »wallet phones«, die sowohl als mobile Kreditkarten in Geschäften als auch für den Verkauf von Tickets aller Art eingesetzt werden. Das Ganze funktioniert auf Basis der sogenannten Near Field Communication oder Nahfunktechnik, die einen kabellosen Datenaustausch zwischen elektronischen Geräten über Distanzen von wenigen Zentimetern ermöglicht, indem man etwa sein Mobiltelefon in die Nähe eines Terminals hält. Rund ein Drittel der Endgeräte war schon Anfang 2007 mit entsprechenden Chips, die die Geldbörse ebenso ersetzen können wie den Schlüsselbund, ausgestattet, schätzt Trendscout Billich.

Und weil in Japan die Ehrfurcht vor dem Alter auch für Hightech-Spezialisten eine erstrebenswerte Tugend ist, haben sie eigens ein Sprachverlangsamungsprogramm für das Handy entwickelt. Bei Telefonaten mit Oma und Opa können es die Kids aktivieren, damit die Alten der Unterhaltung leichter folgen können. (Wenn Sie meinen, man könnte einfach auch langsamer und deutlicher sprechen und auf diese Art seinen Respekt vor dem

Alter ausdrücken, sind Sie, fürchte ich, für die japanische Keitai-Kultur verloren.)

Die japanische Jugend war übrigens schon dem Pager emotional zutiefst verbunden. Pager konnten bekanntlich nur Nummern anzeigen. Die Teens auf Tokios Straßen hatten es schnell heraußen, mit den Nummerncodes zu kommunizieren – von einfachen Grüßen bis zu Alltagsemotionen ließ sich damit (fast) alles ausdrücken. 4-6-4-9 zum Beispiel stand für die Silben yo-ro-shi-ku und drückte einen einfachen Gruß aus. 3-3-4-1 (sa-mi-shi-i) hingegen bedeutete »Ich fühle mich einsam!« Ein Gefühl, das in Japan trotz allem gerade in unseren Tagen offenbar viele Kids befällt. Und irgendwie muss es wohl auch mit dem Lebensstil zusammenhängen, dass in einer der reichsten und höchstentwickelten Gesellschaften der Welt die Zahl der Selbstmorde unaufhörlich nach oben klettert. Mehr als 34 000 Japaner nahmen sich im Jahr 2003 das Leben, das entspricht einem Anstieg um sieben Prozent im Vergleich zum Jahr davor. Drei Viertel der Selbstmörder waren männlich, ein Drittel war über 60 Jahre alt. Experten glauben, dass der Hauptgrund gesundheitliche Probleme sind, gefolgt von wirtschaftlichem Druck. Der damalige Premierminister Junichiro Koizumi sagte, es gebe keine aktuellen Gegenmaßnahmen, aber seine Regierung würde weiter daran arbeiten, die ökonomischen Bedingungen zu verbessern.

Gegenstrategien

»Sich zu entziehen wissen«

Sie finden, das klingt nach einem dieser bunten Plakatsprüche der katholischen Glaubensmission? Nun, der Satz stammt auch von einem Jesuitenpater, allerdings von einem, dem zwischenzeitlich das Lehramt entzogen und der mit Publikationsverbot belegt wurde: vom spanischen Moralphilosophen und Romancier Baltasar Gracián, dessen »Handorakel der Weltklugheit« kein Geringerer als Arthur Schopenhauer ins Deutsche übertrug, weil er davon so begeistert war. Das bewahrte die insgesamt 300 Sentenzen freilich nicht davor, lange Zeit in Vergessenheit zu geraten. Erst in den letzten Jahren haben die Weisheiten aus dem Barock eine Renaissance erlebt, nicht zuletzt als beliebte Lektüre von Politikern und Managern. Weder die sinnlichen Triebe noch der weltliche Ehrgeiz sollen in der Lebensführung Graciáns eine besondere Rolle gespielt haben, heißt es. Ich bin sicher, würde der Philosoph heute leben, hätte er (neben einigen anderen Dingen) ganz sicher kein Handy. Was mich so sicher macht? Nummer 33 des »Handorakels«, dem obiges Zitat entstammt: »Wenn eine große Lebensregel die ist, dass man zu verweigern verstehe, so folgt, dass es eine noch wichtigere ist, dass man sich selbst, sowohl den Geschäften als den Personen, zu verweigern wisse. Es gibt fremdartige Beschäftigungen, welche die Motten der kostbaren Zeit sind.«

Machen Sie den 6. Februar zum Feiertag

»la font'N j'M!«
Wenn Sie damit auf den ersten Blick nichts anfangen können, ist nicht Ihr mangelhaftes Französisch daran schuld. »La Fontaine j'aime«, sollte es korrekt heißen. Aber der Titel des Buches, das er ziert, ist eben nicht korrekt, sondern SMS (oder PMS, wie die Franzosen – korrekt – sagen: Phonétique Muse Service). Der Autor

Phil Marso hat die berühmten Fabeln des Fontaine in die spezifische, mit Abkürzungen, Zeichen und Anleihen bei der gesprochenen Sprache gespickten Variante des Französischen »übersetzt«, nachdem er schon davor eigene Bücher in SMS-Kurzschrift veröffentlicht hatte. Wer nun glaubt, Marso sei ein eingefleischter Handyaner, irrt. Er ist im Gegenteil stolz darauf, selber nie eines verwendet zu haben. Den 6. Februar hat Marso zum »World without Cell phones Day« erklärt – bislang freilich mit mäßigem Erfolg, wovon man sich alljährlich an diesem Tag auch in Paris überzeugen kann. Ich denke, es wäre an der Zeit, Marso endlich zu unterstützen, wenn man es ihm schon nicht gleichtun und gänzlich ohne Handy auskommen will, um sich einer gerade im Entstehen begriffenen Verweigerungselite anzuschließen. Sänger Max Raabe, Schauspieler Götz George und Publizist Roger Willemsen gehören schon lange dazu. Das Status-Symbol-Image hat sich umgekehrt: Galt lange als unmodern, wer kein Handy hatte, wird heute beneidet, wer es sich erlauben kann, für eine gewisse Zeit nicht erreichbar zu sein. Wem der Abschied schwer fällt, kann ihn entsprechend zelebrieren – beispielsweise bei den auch in unseren Breiten immer beliebter werdenden Handy-Weitwurf-Meisterschaften. Es muss ja nicht gleich die Weltmeisterschaft sein, die in Finnland ausgetragen wird. Ville Piippo hält derzeit übrigens den Weltrekord mit 82,55 Metern nach dem finnischen Reglement (mit Akku). Paljon onnea!

Schicken Sie Urlaubsgrüße zum Angreifen

Der deutsche Maler, Zeichner (Erfinder des legendären »Simplicissimus«-Logo mit der Bulldogge) und Schriftsteller Thomas Theodor Heine (1867–1948) schrieb einmal: »Bei einem Eisenbahnunglück sucht der Franzose eine Frauenbekanntschaft. Der Engländer lässt sich in seiner Zeitungslektüre nicht stören und ein Deutscher schreibt Ansichtskarten – notfalls noch im Himmel.« Was ist aus den Deutschen geworden, kann man da nur fragen? Die Ansichtskarte ist nicht tot, aber ihre Tage sind gezählt, und schuld daran sind SMS und MMS. Nehmen Sie sich mit mir bei der Nase und gleichzeitig vor, aus dem nächsten Urlaub Postkarten oder noch besser Briefe zu verschicken! »Manche beschweren sich über die Post, aber ich habe sie immer als wunderbar empfunden«, schreibt der Brite Tom Hodgkinson in seinem nicht minder wunderbaren Buch »Die Kunst, frei zu sein«: »Für den Preis einer Briefmarke wird dein Schreiben überall im Land bereits am folgenden Morgen ausgeliefert! Und man kann Gegenstände mit der Post verschicken. Du kannst Sticker, Abzeichen und Zeitungsausschnitte in den Umschlag legen.« Was für ein Gefühl von Sonne, Wasser, Luft, Freiheit, Faulheit und Genuss soll denn ein SMS vermitteln? Was für ein sinnliches Vergnügen kann hingegen ein prall gefülltes Kuvert vermitteln, das viel mehr enthält als den üblichen Ferien-Neunsilber (Herz-li-che Grü-ße aus dem Ur-laub). Warum nicht einmal Sandkörner, gepresste Blumen, Möwenfedern, Bierdeckel, Servietten, Eintrittskarten etc. nach Hause schicken? Probieren Sie's, man wird Sie vielleicht zum ersten Mal wirklich um Ihren Urlaub beneiden.

Zeigen Sie Multitaskern die rote Karte

Vor geraumer Zeit hat mir ein Bekannter seine Erfahrungen mit einem multitaskenden Vorgesetzten erzählt. Während eines Vieraugengespräches saß sein Chef am Schreibtisch – an der Wand gegenüber der TV-Flatscreen (auf dem gerade eine Live-Übertragung eines Tennis-Matches lief), auf dem Schreibtisch selbst natürlich der Computer-Monitor und daneben das Handy. Vielleicht können Sie sich den verzweifelten Kampf meines Bekannten vorstellen, mit seinem Anliegen in die letzten freien Gehirnwindungen seines Gegenübers vorzudringen. Beim ersten Versuch störte eine ankommende SMS (»hi paps – test war urleicht. bussi doris«) den Redefluss, beim zweiten eine neue E-Mail (»Den wollte ich dir unbedingt noch schicken: Treffen sich ein Amerikaner, ein Russe und ein Deutscher ...«) und beim dritten ein vergebener Matchball (von Rafael Nadal). Bei der vierten Unterbrechung wollte sich der gute Mann bei seinem Visavis entschuldigen und bemerkte erst jetzt, dass der gar nicht mehr dasaß. Mein Bekannter schickte seinen Vorschlag dann via E-Mail – versehen mit einem Postskriptum, das aus nur einem Satz bestand: »Ich bitte nach Abschluss des Projekts um Versetzung.« Danach kam es schon sehr bald wieder zu einem Vieraugengespräch – diesmal bei einem gemütlichen Abendessen in einem Restaurant mit Handy-Verbot.

Richtig böse sein

Wenn Sie das nächste Mal jemandem über den Weg laufen, den Sie partout nicht ausstehen können, machen Sie's kurz. Sagen Sie: »Bitte, gib mir doch deine Handynummer, ich meld' mich dann!« Ich finde, es gibt heute keine brutalere Zurückweisung als diese.

Blogs und Social Web Neue Spielwiesen fürs (Alter) Ego

Der Mitteilungsdrang ist, nach dem analogen Drang zum Coit, die stärkste aller zentrifugalen Kräfte des Menschen.
Heimito von Doderer, Repertorium. Ein Begreifbuch von höheren und niederen Lebens-Sachen

Das Recht, unsere Gedanken zu äußern, hat nur eine Bedeutung, wenn wir einen Gedanken formulieren können.
Erich Fromm

You've got to get friends.
Buzzy Linhart, US-amerikanischer Songwriter

Sei nicht jedermanns Freund und Vertrauter!
Adolph Freiherr von Knigge, Über den Umgang mit Menschen

Ich bin nicht, was ich bin.
William Shakespeare, Othello (Jago)

Totale Bloggade

»Mein Biobäcker bloggt, meine Möbeltherapeutin bloggt, mein Verleger bloggt, meine Kolleginnen und Kollegen sowieso. Und letztens hat sich gar das Leitfossil der gedruckten Meinung, ›Kronen Zeitung‹-König Hans Dichand, einen Blog auf den Leib schneidern lassen.« Mit der ihr eigenen Ironie bringt die österreichische Regisseurin, Autorin und Zeichnerin Andrea Maria Dusl ihr Erstaunen über ein Phänomen zum Ausdruck, das beinahe schon niemanden mehr erstaunt. »Freunde des Internet, heute ist mein 95. Geburtstag und mein geiziger Enkel hat mir ein Blog geschenkt.« Mit diesen Worten begann im Dezember 2006 die ungewöhnliche Karriere der Maria Amalia Lopez aus Muxia im Nordwesten Spaniens. Über ihre Jugend, ihre Heimat und eben das Leben einer Dame jenseits der 90 wollte die greise Spanierin berichten, ein paar Altersgenossen erwartete sie als Leser. Kurze Zeit später war sie als »älteste Bloggerin der Welt« hunderttausenden (hauptsächlich jungen) Internetsurfern bekannt. Vor allem natürlich in der spanischsprachigen Welt hat sich das Internettagebuch »A mis 95 años« innerhalb weniger Monate vom Geheimtipp zum Magneten entwickelt. Zeitungen wie »El País« und »El Mundo« verstärkten mit ihrer Berichterstattung noch den Ruhm der alten Dame und eifrige Leser übersetzten ihre Beiträge in andere Sprachen. Die Themen der Senora Lopez sind vielfältig. In den Einträgen über ihre Jugend etwa berichtet sie: »Die Burschen damals waren anders. Sie schenkten uns Blumensträuße, Veilchen, Zuckerln ... Nicht wie heute mit diesem unflätigen Vokabular.« Aber sie schreibt (oder besser gesagt diktiert ihrem Enkel, der die Computerarbeit erledigt) auch über den Bürgerkrieg und erzählt, wie sie als bekennende Sozialistin nur mit Glück Francos Truppen entkam. Den derzeitigen spanischen Premier José Luis Zapatero bezeichnet sie als »großen Spanier«. Für die meisten ihrer Leser ist sie wohl ein Kuriosum, für manche aber auch ein echter Gewinn: »Welch ein Luxus, nach so vielen Jahren solch lebhafte Schilderungen aus erster Hand zu bekommen«, postete

Landsmann Fernando. Offensichtlich ist Señora Lopez gelungen, woran Heerscharen von Historikern in aller Welt bisher gescheitert sind: Mit den Mitteln der Oral History Geschichte authentisch und wissenschaftlich seriös auch jungen Menschen zu vermitteln. Man kann nur hoffen, dass Fernando auch noch andere Quellen konsultiert, um sich sein Bild vom Spanischen Bürgerkrieg zu zimmern. Und man darf sich auch die Frage stellen, ob die Tatsache, dass Maria Amalia unmittelbar und echt von der Vergangenheit erzählt, sie gleich auch zu einer Autorität für die aktuelle spanische Innenpolitik macht oder ob das Ganze nicht vielleicht doch von den spanischen Sozialisten geschickt eingefädelt wurde? Den Titel »älteste Bloggerin der Welt« musste die Spanierin inzwischen übrigens abgeben – an die 108-jährige Olive Riley aus Australien, die ebenfalls munter online aus ihrem langen Leben berichtet.

»Wenn Sie eine lustige Debatte vom Zaun brechen wollen, fragen Sie Blogger einmal, was ein Blog ist«, rät Jeremy Zawodny von Yahoo. Noch vor ein paar Jahren hätte sich die Debatte wohl schnell erschöpft. So wenige Blogger gab es damals, dass sie sich gewiss schnell auf eine Definition geeinigt hätten. Heute sprießt fast im Sekundentakt ein Blog aus dem überdüngten Boden des Web 2.0 und laut Technorati, der führenden Suchmaschine für Blogs, verdoppelt sich das Volumen der Blogospähre alle fünf Monate: im Frühjahr 2008 auf unglaubliche 113 000 000 Weblogs!

Auch wenn sich die Definition »Onlinetagebuch« inzwischen eingebürgert hat, ist sie in einem entscheidenden Punkt falsch. Wer jemals seiner älteren Schwester den Schlüssel für ihr Tagebuch geklaut und in ihren Aufzeichnungen geschnüffelt hat, weiß, was ich meine: Tagebücher waren immer privat, wenn nicht gar geheim, und vor allem waren sie niemals miteinander verknüpft. Im Gegensatz dazu – und daraus leitet sich für viele schon ihr sozialer Charakter ab – sind Blogs »offene Bücher«. Die Evolution des Begriffs selbst beginnt 1997: Einer der ersten Aktiven der Szene, der rauschebärtige John Barger aus Ohio, bezeichnete seine Seite als »weblog« (eine simple Zusammensetzung der Begriffe »web« für Netz und »log« für Logbuch), zwei Jahre später spielte Peter Merholz mit dem zusammengesetzten Wort und machte daraus zwei neue: »we blog«. Fortan sollte sich »blog« durchsetzen – und zwar sowohl als Haupt- als auch als Zeitwort.

Alles für die Katz?

Es versteht sich von selbst, dass die Blogosphäre bunt ist. Sehr bunt sogar. Es gibt (die Aufzählung ist selbstverständlich unvollständig) Corporate Blogs von Firmen, Edublogs, die sich mit Erziehungs- und Bildungsthemen befassen, Funblogs, Joblogs, Krimiblogs, Linkblogs (das sind kommentierte Linksammlungen) und Litblogs (Quellen, Kommentare und Interpretationen literarischer Texte), Metablogs, die wiederum nichts anderes sind als Sammlungen von Beiträgen anderer Blogs und Webseiten, Placeblogs mit detaillierten Berichten aus Städten, einzelnen Bezirken oder Dörfern, Tumbleblogs (wie der Name schon sagt, ein Sammelsurium aus Texten, Bildern, Videos und Zitaten), Wahlblogs, Warblogs und Watchblogs, die Unternehmen und Medien oder deren Vertreter »kritisch begleiten« (in Österreich sorgte etwa »Platterwatch« immer wieder für Aufregung, weil der vom Grünen-Abgeordneten Peter Pilz betriebene Blog dazu aufrief, den ehemaligen Innenminister auf Schritt und Tritt zu verfolgen und in allen Lebenslagen zu filmen). Eine derart unübersichtliche Welt schreit nach grober Einteilung und das Singapore Internet Research Center hat das anhand von 1200 englischsprachigen Blogs bereits 2005 versucht: demnach waren 73 Prozent sogenannte »personal« und 27 Prozent »non-personal blogs«. Letztere wurden vorwiegend von Männern (mit »formal höherer Bildung«) betrieben, die damit, wie sie zumindest selber sagten, vorwiegend »Informationen liefern« und »kommentieren« wollten. Jan Schmidt führte 2006 eine Umfrage unter mehr als 4000 deutschsprachigen Bloggern durch: 71 Prozent gaben an, nur »zum Spaß« zu schreiben, erstaunliche 62 Prozent wollten in ihrem Blog »eigene Ideen und Erlebnisse für sich selbst (!) festhalten« und nur 33 Prozent wollten im Gegensatz dazu ihr »Wissen in einem Themengebiet anderen zugänglich machen«. Das deckt sich im Wesentlichen auch mit den Erfahrungen Mena Trotts von der Firma Six Apart, die von sich behauptet, die »besten Tools« für Blogger anzubieten. Eines dieser Produkte ist LiveJournal, das, wie Mena Trott von der Entwicklerfirma weiß, zu 60 Prozent von Frauen unter 21 Jahren genutzt wird: »In vielen Postings geht es darum, wer mit wem rumgemacht hat letzte Nacht und was danach geschah, warum ich traurig bin, warum Erwachsene es nicht schnallen und Ähnliches. Andere Postings sind einfache Fragen wie ›Schaut sich jemand um acht King Kong an?‹ und die Antworten finden sich dann in der Minute in der Kommentarspalte darunter.«

Geert Lovink ist Leiter des Institute of Network Cultures an der Universität von Amsterdam und gilt als prominentester Internet-Theoretiker Europas. Für ihn ist Blogging ein »unverstandenes Massenphänomen«, wie er in einem Interview in der »Zeit« (52/2007) sagt. Bisher seien die journalistischen, meinungsbildnerischen Blogs überbewertet worden, auch wenn sie, bei den US-Wahlen 2004 etwa, was ihren Einfluss betrifft, erfolgreich gewesen seien. »Mein Verständnis des Bloggens ist trotzdem ein anderes, es orientiert sich an dem, was Michel Foucault ›Technologien des Selbst‹ nennt. Das Entscheidende im Netz von heute sind nicht Nachrichten und Meinungen, sondern Selbstdarstellung und Selbstreflexion: Wer bin ich? Was mache ich? Wer befindet sich in meiner Gegend?« Für Lovink sind Blogs in einem »Zwischenbereich« zwischen öffentlich und privat angesiedelt. »Die beliebtesten Blogs handeln von Katzen, das Katzenthema ist weltweit die Nummer eins.« Da die meisten Blogs in einer »öffentlichen Grauzone« beheimatet sind und von niemandem gelesen und kommentiert werden, weil sie im gnadenlosen System der Ökonomie der Aufmerksamkeit leer ausgehen, bezeichnet Lovink diese Blogger als »Parteigänger des Nichts« und spricht von »digitalem Nihilismus«, der weder mit Nietzsche noch mit Camus etwas zu tun hat. »Blogs fragen nicht mehr nach Alternativen, sie tragen keine Ziele vor sich her, auch keine revolutionären«, konstatiert der Medienwissenschaftler nüchtern. Was sie stattdessen tun? »Sie beschränken sich ganz auf den affektiven Raum, den sie flüchtig besetzen. Medienphilosophisch gesehen, handelt es sich um dekadente Artefakte, die den Schritt von der Wahrheit ins Nichts wagen.« Eleganter kann man Schrift gewordenen Schrott wohl nicht definieren.

Ich bin der Hass

Britische Staatsdiener dürfen sich seit kurzem nur noch dann mit eigenen Blogs im Internet zu Wort melden, wenn sie »nett« über den Staatsapparat schreiben und sich klar zu erkennen geben. Das steht tatsächlich so in einer von Kabinettsminister Tom Watson herausgegebenen Dienstanweisung vom 11. März 2008 – samt Drohung mit Strafmaßnahmen bei Zuwiderhandlung. An der Themse wird dieses Schriftstück allgemein als Versuch angesehen, Beamte an die Kandare zu nehmen, die sich im Internet allzu kritisch äußern, noch dazu anonym. Auslöser des Maulkorberlasses war, darüber sind sich alle einig, die zunehmende Popularität eines Weblogs namens »Civil Serf«, den nach englischen Medienberichten »eine 33-jährige weibliche Beamtin im mittleren Staatsdienst« schrieb. Sie zeichnete sich durch einen übermäßig guten Informationsstand aus, ließ sich regelmäßig über Inkompetenz und Bürokratie aus und machte sich hin und wieder über Premierminister Gordon Brown lustig. So versah »Civil Serf« den eher glücklosen Nachfolger Tony Blairs mit dem Spitznamen »Velcro« (Klebeband), weil an ihm sämtliche Negativ-Stories wie an einem Klettband haften blieben. Nun ist »Civil Serf« Geschichte, die letzte Eintragung datiert vom 10. März, 23 Uhr 11.

Dabei wäre es gerade die »feine englische Art« der pointierten Kritik und der bitteren Satire, die dem angeblich demokratischsten aller Medien so gut anstünde. Die Wirklichkeit sieht nämlich auch hier anders aus. Noch vor ein paar Jahren war man ernsthaft bemüht, so etwas wie einen Verhaltenskodex für die Kommunikation im Netz zu etablieren. »Vergiss niemals, dass auf der anderen Seite ein Mensch sitzt!« galt etwa als die erste und grundlegende Regel der sogenannten Netiquette. Tonfall und Inhalt sollten dem Zielpublikum gegenüber angemessen sein, Doppeldeutigkeiten oder gar Beleidigungen vermieden werden. Gewiss ein idealer, aber wahrscheinlich zu idealistischer Ansatz. »Ein Blog ist einfach die Homepage unserer Zeit. Das heißt, es ist immer nur die Fortsetzung dessen, was der individuelle Nutzer mitbringt. Rechte bleiben auch im Netz rechts, für die andere Seite gilt dasselbe. Man kann höchstens sagen, dass die Affekte verstärkt werden, wie bei einem Megafon«, wirbt Geert Lovink um Verständnis für das Phänomen des ständig rauer werdenden Tons in Blogs und Foren. Einer der Ersten, die in Deutschland auf recht unsanfte Weise Bekanntschaft mit der neuen Kultur machen mussten, war Werbe-Guru Jean-Remy von Matt. Es ging um die in den alten Medien lancierte Kampagne »Du bist Deutschland«, die Ende 2005 mit Inseraten gegen die sauertöpfische Grundstimmung vieler Deutscher und die stagnierende Wirtschaft ankämpfen sollte. Die damals noch recht überschaubare deutsche Blogger-Szene (gerade einmal ein Prozent aller Blogs war auf Deutsch, im Vergleich zu 41 Prozent auf Japanisch, 28 Prozent auf Englisch und 14 Prozent auf Chinesisch) machte sich von Anfang an über die Sujets lustig und irgendwann tauchte ein Foto auf, das Adolf Hitler vor dem verdammt ähnlich klingenden Slogan »Denn Du bist Deutschland« zeigte. Hätte von Matt Godwins Law gekannt, wäre er vermutlich gelassen geblieben. Der vom damaligen juristischen Berater der Electronic Frontier Foundation, Mike Godwin, stammende Satz besagt, dass im Verlauf einer langen Online-Debatte immer irgendwer einen Nazivergleich oder einen Vergleich mit Hitler einbringt. (»As an online discussion grows longer the probability of a comparison involving Nazis or Hitler approaches one.«) Bei von Matt hörte sich der Spaß auf und er griff zu einem drastischen Vergleich: »Blogs sind die Klowände des Internets.«

Ein Satz, der in der Blogosphäre für Empörung sorgte, außerhalb derselben aber bis heute auch Zustimmung erntet. Zumal das Arsenal der Verächtlichmachung und des Hasses vielfältig ist und von leichter Munition bis zu schweren Geschützen reicht. Meine damals zwölfjährige Tochter war etwa von einem Tag auf den anderen mit der Tatsache konfrontiert, dass sich ihre bis dato »beste Freundin« plötzlich sonderbar verhielt und ihr aus dem Weg ging, bis sich herausstellte, dass jemand mit dem Namen meiner Tochter beim Chatten üble Gerüchte über besagte Freundin verstreute. Ein vergleichsweise harmloses Beispiel, das aber eskalieren kann, wenn unter dem fremden Namen in Foren beispielsweise pornografische Kontaktanzeigen aufgegeben werden, was immer wieder passiert. Nicknapping nennt man diese besondere Form des Identitätsdiebstahls, wie immer, wenn es um deviantes Verhalten im Netz geht, etwas verniedlichend. Vom Sohn der pakistanischen Oppositionspolitikerin Benazir Bhutto, der in Oxford studiert, gab es nach der Ermordung seiner Mutter zahllose Profile auf MySpace – nur eines davon gehörte wirklich dem jungen Mann. Beschimpfungen, mit denen anonyme Nutzer systematisch versuchen, in Chatrooms, Diskussionsforen oder Weblogs die Atmosphäre zu vergiften, sind inzwischen so alltäglich, dass es dafür einen eigenen Ausdruck gibt: Mit Flaming (aus dem Englischen: to flame = aufflammen) ist im harmlosesten Fall ein ruppiger, polemischer Kommentar, im schlimmeren und leider häufigeren Fall aber eine echte Beleidigung und Beschimpfung gemeint. Das kann unter hartgesottenen Profis, etwa unter Spielern in der Gaming-Szene (wo »Pros« gegen sogenannte »Newbies« herziehen), unter Programmierern oder meinetwegen auch unter Medienjournalisten lustig sein, in vielen Fällen ist es für die Betroffenen leider traumatisierend.

Eines der erschreckendsten (bekannten) Beispiele ist der Fall der amerikanischen Programmiererin Kathy Sierra, die sich auf ihrem Weblog mit dem Thema der künstlichen Intelligenz auseinandersetzte. Ende Februar 2007 hinterließ ein unbekannter Irrer eine Todesdrohung in ihrem Weblog: »Ich hoffe, jemand schlitzt dir die Kehle auf.« Plötzlich tauchten auch in anderen Blogs sexistische Angriffe und Morddrohungen auf, die in einem Bild gipfelten, das Kathy Sierra mit einer Schlinge um den Hals zeigte. Die geschockte Bloggerin stellte ihre Seite umgehend ein und ging vorerst nicht nur nicht online, sondern auch nicht mehr aus dem Haus: »Die Bedeutung von Todesdrohungen ist mir nur zu deutlich klar geworden«, sagte sie. »Es macht keinen großen Unterschied, ob die Drohung wahr gemacht wird oder nicht. Die Drohung selbst verursacht den Schaden. Ich werde mich nie wieder so fühlen wie früher und ich werde auch nie mehr so sein.«

Da Sierra gewissermaßen ein Promi in der Blogger-Szene war, stieg sogar Web-2.0-Guru Tim O'Reilly auf die Barrikaden und forderte unter dem Eindruck ihrer Geschichte einen Verhaltenskodex für Blogger, die fortan selbst »inakzeptable Beiträge zensieren, das Urheberrecht respektieren und anonyme Kommentare prinzipiell verbieten« sollten. Ein ehrenwertes Ansinnen, allerdings ungefähr so erfolgversprechend, wie den Teilnehmern am legendären GTI-Treffen am Kärntner Wörthersee nahezulegen, sich gefälligst an die Straßenverkehrsordnung zu halten, höflich und zurückhaltend aufzutreten und kein Bier zu trinken. O'Reillys Appell hat natürlich sofort Kritik von prominenten Bloggern geerntet. Von »beunruhigendem sozialen Druck zur Anpassung« war da die Rede oder der Weigerung, »einen Mob entscheiden (zu) lassen, welche Inhalte akzeptabel sind«. Das Problem mit dieser fast schon religiös anmutenden Verteidigung der absoluten Schreibfreiheit ist, dass sie den Netz-Hooligans in die Hände arbeitet, denen es nicht um Freiheit geht, sondern um Frechheit.

Und die siegt bekanntlich immer. So wie im Falle des jungen Stuttgarters Daniel Betz, dessen Geschichte einem die Gänsehaut über den Rücken jagt. Der junge Mann wurde über Jahre hinweg vom Betreiber eines Internetforums »systematisch zur Hass- und Witzfigur aufgebaut«, wie die Zeitschrift »Tomorrow« im Juli 2007 berichtete. Dazu gehörte, dass Fotos von Betz wie Voodoo-

Puppen verunstaltet wurden und das Stalking-Opfer nach entsprechenden Aufrufen im Netz auch im wirklichen Leben verfolgt und überwacht wurde. Dazu gehörte aber auch, dass sensibelste Daten des jungen Mannes eruiert und veröffentlicht wurden, etwa Adresse, Telefonnummern und Bankverbindungen. Schließlich brach er die Berufsschule ab, weil er inzwischen auch dort gemobbt wurde, und als er sich um eine Wohnung bewarb, wurde er abgelehnt, weil der Vermieter seinen Namen gegoogelt hatte! Betz rotierte auf einer Negativ-Spirale immer schneller nach unten, bis er sich mit dem Mut der Verzweiflung entschloss zu klagen. Schließlich wurde sein Peiniger vom Amtsgericht Nürnberg wegen übler Nachrede, Verleumdung und Ausspähens von Daten zu einer Geldstrafe von 150 Tagsätzen verurteilt. Trotz dieses Erfolgs warnen Spezialisten vor voreiligen rechtlichen Schritten, weil sie oft erst die »Initialzündung für weitaus schwerwiegendere Folgen als die Ausgangsnachricht« sind.

Schlafstörungen, Albträume, Panikattacken und Depressionen – das sind die häufigsten Folgen, mit denen Opfer feiger Attacken aus dem Netz zu kämpfen haben. Dazu kommt, dass die Gesetze des Internets den Heilungsprozess nicht gerade befördern. Weil sich diffamierende Einträge nicht nur in Windeseile verbreiten, sondern über Suchmaschinen auch nach Jahren noch gefunden werden, bleibt »sowohl in der Psyche des Opfers als auch in den Köpfen der Öffentlichkeit« immer etwas hängen, wie der Schweizer Psychotherapeut und Spezialist für Medienopfer, Mario Gmür, warnt. Für ihn sind Google-Einträge gleichsam die Tätowierungen des Internets: »Einmal eingeritzt, lassen sie sich nur schwer wieder entfernen.« Der Leipziger Kommunikationsforscher Ansgar Zerfaß nennt das den »Methusalem-Effekt des Internets«. Kathy Sierra kann übrigens auch davon ein Lied singen. Sie wurde nicht »nur« mit Morddrohungen eingedeckt, sondern sah sich auch mit Rufmord konfrontiert. Sie habe mit ihrem Weblog hoch dotierte Beratungsverträge und bezahlte Auftritte an Land gezogen, hieß es auf einmal. Stimmt zwar nicht, wie Sierra beteuert, dafür kann man es heute noch nachlesen.

Im Schutz der Anonymität

In vielen Zeitungen ist es auch heute noch gängige Praxis, nur Leserbriefe zu veröffentlichen, deren Absender bekannt ist. Vor allem in englischen Zeitungen war es bis vor kurzem sogar üblich, Leserbriefe nur mit vollem Namen, Adresse und sogar Berufsangabe zu veröffentlichen. Das mag man für eine unzeitgemäße Marotte halten, die gut zur ritualisierten Form der Anrede »Dear Sir, ...« passt, die rigide Vorschrift brachte aber auch eine klare Botschaft zum Ausdruck: Wer hier glaubt, etwas zu sagen zu haben, kann das jederzeit tun, muss aber auch dazu stehen. Kämpfen mit offenem Visier also.

Im Internet geht die Reise in die entgegengesetzte Richtung. Da ist zunehmend Tarnen und Täuschen angesagt, das Web ist zum Tummelplatz künstlicher und falscher Identitäten geworden, hinter denen es sich trefflich verstecken lässt. Viele Blogger schreiben auf ihren eigenen Seiten ebenso unter einem Pseudonym wie die Teilnehmer an Diskussionsforen. »Es entsteht ein Meer an ausufernder Ich-Subjektivität bei gleichzeitiger Nichtidentifizierbarkeit«, umreißt Johan Schloemann das Problem in der »Süddeutschen Zeitung« (26./27. April 2008) und bietet eine nahe liegende und einleuchtende Erklärung dafür an: »Nicht zuletzt deshalb, weil keineswegs alle, aber manche dieser neuen Dunkelmännerbriefe verletzend, unerträglich feige oder extremistisch sind.«

Es ist eines der bestimmenden Merkmale der computervermittelten Kommunikation, dass sie sich in vielen Fällen zwischen Fremden abspielt, Menschen oder Personengruppen also, zwischen denen es bisher keine Sozialkontakte gab und oft auch nie geben wird. Dazu kommen Anonymität und Pseudonymität als zusätzliche nivellierende Faktoren, und dieses Gemisch führt zwangsläufig zum Abbau von Hürden und Privilegien, aber auch von Kontrollen und Hemmungen – schlicht zu asozialem Verhalten. Verstärkend wirkt der Umstand, dass sich die Akteure in ihrem vertrauten Umfeld bewegen. Und aus dieser Position der eigenen Sicherheit heraus steigt – das ist in der realen Welt nicht anders – das Aggressivitätspotenzial. Dazu kommt das Fehlen jeglicher nonverbaler Kommunikation, das heißt wichtiger Informationen über Alter, Geschlecht und Aussehen des Kommunikationspartners. Ja, in vielen Fällen wird damit sogar bewusst gespielt, wenn Personen im Zuge eines sogenannten »gender switching« in die Rolle des anderen Geschlechtes schlüpfen und diesen Identitätswechsel im Verlauf der virtuellen Kommunikation bis zu einem allfälligen Outing durchhalten. Das Internet als Ganzjahreskarneval: Wer sich hinter den Masken verbirgt, weiß man nicht. Aber vielleicht ist das alles für viele ja auch nur ein Ventil für das »wirkliche Leben«.

Man wird früher oder später nicht um die Diskussion herumkommen, ob eine Öffentlichkeit ohne soziale und intellektuelle Schranken nicht unweigerlich im Chaos enden muss. Wer das behauptet, setzt sich freilich schnell dem Vorwurf, elitäre Konzepte zu verfolgen, aus. Aber ich denke, wenn Altphilologen über den Prosarhythmus in den Reden Ciceros diskutieren und ihre durchaus kontroversiellen Standpunkte zu diesem Thema darlegen wollen, sollen sie doch wie bisher unter sich bleiben und ihre Sprache und ihr intellektuelles Niveau beibehalten dürfen. Warum müssen sie sich Pöbeleien und Anfeindungen aussetzen oder sich auch nur den Vorwurf gefallen lassen, nicht die Sprache des Volkes zu sprechen? In der Jägerzeitung schreiben militante Tierschützer keine Kommentare (und umgekehrt). Wenn Jäger oder Tierschützer hingegen im Netz unter sich bleiben wollen, ist das so gut wie unmöglich. Natürlich kann man der Meinung sein, das sei im Sinne der Meinungsvielfalt gut so. Aber gilt das auch für den Fall, dass sich rechte Skinheads auf der Seite eines Ausländerintegrationsvereines austoben? Jens Jessen, der Feuilletonchef der »Zeit«, hat nach einschlägigen Erfahrungen auf dieses Dilemma aufmerksam gemacht. Im Dezember 2007 veröffentlichte Jessen einen Video-Blog, in dem er nach dem gewalttätigen Überfall ausländischer Jugendlicher auf einen Rentner in der Münchner U-Bahn nach den Ursachen ihrer extremen Aggressivität fragte und diese auch in der Intoleranz der deutschen Gesellschaft vermutete. Nachdem die »Bild«-Zeitung und einige andere Medien den verwackelten, frei gesprochenen und, gemessen an der Sensibilität des Themas, inhaltlich unausgegorenen Videokommentar verlinkt hatten, ergoss sich eine Flut von mehreren Tausend ausländerfeindlichen Hass-Mails über den Autor, gut hundert davon drohten ihm an, ihm bei nächster Gelegenheit den Schädel einzutreten. Offenbar hat der Zeitungsmann Jessen die Möglichkeiten des neuen Mediums auf naive Weise unterschätzt. Besonders ärgerlich für Jessen: Wenn man heute seinen Namen bei Google eingibt, kommt – erraten – der Videokommentar an erster Stelle und erst danach findet man seine bedeutend wertvolleren publizistischen Arbeiten. Es scheint, als müssten wir alle noch viel Lehrgeld zahlen im Umgang mit den neuen Medien, wenn wir uns nicht vorschnell in fatalistische Resignation flüchten wollen – nach dem Motto: Wer sich ins Internet begibt, kommt darin um.

Wa(h)re Freundschaft

Das Poesiealbum ist tot, es lebe das Poesiealbum. Vermutlich besaßen Sie in Ihrer Kindheit auch eines dieser meist bunt eingebundenen Blankobücher im A5-Format, in denen man seinen besten und zweitbesten Freunden, Lieblingslehrern und nahen Verwandten gestattete, sich mit Fotos, Zeichnungen, Angaben zu persönlichen Vorlieben wie »meine liebste Band« und den ewig gleichen Sinnsprüchen (»Sei immer froh und heiter ...«) zu verewigen. Das Poesiealbum des 21. Jahrhunderts ist Facebook. Auf der Internetseite der Online-Gemeinde können Nutzer sogenannte Profile anlegen und mit anderen Mitgliedern kommunizieren und Inhalte austauschen. Ein »Profil« versprüht zwar auf den ersten Blick den Charme eines Erhebungsbogens für die Volkszählung, aber es ist bebildert und enthält, vergleichbar einem digitalen Panini-Sticker-Album, ein Fotoregister sämtlicher Freunde. Bietet nun ein Mitglied dem anderen die Freundschaft an, muss dieses zuerst die Freundschaft bestätigen – dann haben beide wechselweise Zugang zu privaten Bereichen ihres Profils. Das heißt, mit einem Klick auf einen Freundesfreund kann man dessen Profil in Augenschein nehmen und immer so weiter – grenzenlose Freundschaftsverwaltung per Mausklick. Man kann unter sich bleiben oder seine sozialen Aktivitäten coram publico ausleben, jedenfalls haben die Mitglieder einander stets im Blick. Außerdem kann man Events planen und Gruppen bilden, eine echte Herausforderung für die Alpha-Tiere im Netz, die ihre Coolness mit der Gründung von Gemeinschaften wie »Lernen ist Wettbewerbsverzerrung« oder »Delfine sind schwule Haie« unter Beweis stellen und ihren Geltungsdrang befriedigen wollen. Bei Facebook gibt es auch einen sogenannten Marktplatz, auf dem Benutzer, die in (Universitäts-, Schul-, Arbeits- oder Regional-)Netzwerke eingeteilt sind, Kleinanzeigen aufgeben und einsehen können. Über Neuigkeiten, zum Beispiel über neue Pinnwandeinträge auf den Profilseiten von Freunden, wird man automatisch informiert. Und Mitte 2007 öffnete Facebook seine Seite für externe Programmierer, sodass inzwischen über 3000 neue kleine Zusatzprogramme zur Verfügung stehen, mit denen die Benutzer interagieren können. Die Folge war ein regelrechter Programmierboom: vom Scrabble-Spiel über kleine Video-Vorführfenster bis hin zu einer Software, die aus Quizfragen einen Persönlichkeitsvergleich zwischen Mitgliedern macht. Manche sprechen bereits euphorisch vom neuen »sozialen Betriebssystem« des Internets, auch wenn es vorerst vor allem eine Plattform für Krimskrams ist – von kleinen Symbol-Schafen, mit denen Mitglieder einander bewerfen können, bis zu den unvermeidlichen virtuellen Aufklebern für die Profilseite, die man verschenken kann und die sehr an das gute alte Poesiealbum erinnern.

Mit derlei Banalitäten ist Facebook, gegründet 2004, heute die größte Online-Gemeinde der Welt (gleichauf mit Myspace) und unter all den sozialen Netzwerken jenes, das derzeit am schnellsten wächst. Den eigenen Angaben zufolge hat die Website mehr als 64 Millionen aktive Nutzer (Stand Mai 2008) und kommt auf mehr als 65 Milliarden Aufrufe pro Monat. Im Verlauf eines Monats ruft der Durchschnittsnutzer etwa tausend Seiten ab und lädt sechs Bilder hoch. In Deutschland ist Facebook inzwischen zwar auch mit einer deutschen Version präsent, tut sich aber noch schwer gegen den von Holtzbrinck gekauften hundertprozentigen Klon und Konkurrenten studiVZ mit über fünf Millionen Usern und noch einmal drei Millionen, die beim Ableger schülerVZ registriert sind. Aber Zahlen wie diese sind ohnedies veraltet, sobald sie niedergeschrieben sind. Es heißt, dass sich wöchentlich zwei Millionen Menschen neu bei Facebook einschreiben. Das würde bedeuten, dass es irgendwann im Frühjahr 2009 zweihundert Millionen aktive User haben wird. Facebook hat die Zahl der möglichen »Freunde« übrigens gedeckelt: 5000 und nicht mehr sind erlaubt, alles was darüber hinausgeht, muss man ablehnen, oder man muss jemanden rausschmeißen, um wieder Platz für neue Freundschaften zu haben. MySpace ist da großzügiger und hat keinen Plafond eingezogen. Vielleicht ist das der Grund dafür, dass die durchschnittliche Zahl an Freunden hier mit 180 größer ist als bei Facebook mit 105. Da sind dann oft genug auch Barack Obama oder Amy Winehouse mit von der Partie.

Facebook und Co. sind keine Jugendherberge. 40 Prozent der Nutzer sind älter als 35 Jahre und haben damit um gute zehn Jahre mehr auf dem Rücken als Netzwerkgründer Mark Zuckerberg selbst. Der Sohn eines Zahnarztes und einer Psychiaterin aus dem Bundesstaat New York ist das Gesicht, um nicht zu sagen das Babyface von Facebook. Begonnen hat es (wie könnte es anders sein?) mit einer kleinen uni-internen Plattform in Harvard, auf der die Kommilitonen Kontakt miteinander knüpfen und sich austauschen konnten. Aber schon bald wuchsen Idee und Projekt über den Campus der Elite-Uni hinaus. Zuckerberg schmiss das Psychologie-Studium hin und gefällt sich seither in der Rolle des IT-Unternehmers in Jeans und Sneakers, wenn er die Podien internationaler Kongresse nicht überhaupt in seinen unvermeidlichen Badelatschen von Adidas beehrt. Das US-Satireblatt »Onion« hat ihn einmal als »aufgeblasenen kleinen Scheißer hinter dem jüngsten Internet-Phänomen« verhöhnt, aber seit Zuckerberg Milliardär ist, sind seine Kritiker leiser geworden. Mit 23 war der kaum der Adoleszenz Entwachsene auf der berühmten Forbes-Liste der Superreichen auf Platz 785 und mit einem geschätzten Vermögen von eineinhalb Milliarden Dollar der jüngste (Selfmade-)Milliardär der Welt. Am 24. Oktober 2007 berichtete die Presse, dass Microsoft einen Mini-Anteil von 1,6 Prozent der Firma für 240 Millionen Dollar gekauft hatte. Der geschätzte Marktwert von Facebook liegt somit bei ungefähr 15 Milliarden Dollar.

Das ist erstaunlich angesichts der simplen Idee, die dahintersteckt. Und erstaunlich ist auch, wie daraus in so kurzer Zeit ein echtes Massenmedium werden konnte. Das Phänomen ist zu neu, um vollständig erforscht zu sein, aber es gibt Erklärungsversuche: »Es scheint, als ob soziale Netzwerke für viele eine Antwort auf die Erosion von Familie, Kirche, Vereinen und Parteien sind«, sagt etwa Klaus-Peter Schulz, langjähriger CEO der Werbeagentur BBDO und ausgewiesener Medienspezialist. Hendrik Speck, Experte für digitale Medien, wollte es freilich genauer wissen und versuchte mit seinen Studenten an der Fachhochschule Kaiserslautern die Kommunikation in den Netzen mit Hilfe von Software-Agenten und »Crawlern« zu erfassen – das sind Programme, die auf die Seiten dieser Communities vordringen und die Inhalte auswerten. »Wir stellten fest, dass da unheimlich viel offen liegt«, sagt Speck. Als wichtige Antriebskraft der User hat der Wissenschaftler das Motiv ausgemacht, über den stetig wachsenden Kreis von registrierten »Freunden« Anerkennung und Aufmerksamkeit zu erringen. Weil die persönlichen Profile mit wenigen Mausklicks schnell erstellt sind, sei die Eintrittsschwelle sehr viel geringer als bei den Netz-Communities der ersten Stunde. Dabei fällt auf, dass offensichtlich unabhängig vom Alter die soziale Interaktion in den Social Networks nach Specks Erkenntnissen immer wieder um die gleichen Dinge kreist: Unterhaltung von Musik bis Stars und Sternchen, die »gesellschaftlich geteilte Schadenfreude« nach dem Motto »Pleiten, Pech und Pannen« und natürlich Flirten und sexuelle Beziehungen. Man könnte es auch die heilige Dreifaltigkeit der Massenmedien nennen.

It's the economy, stupid!

Das eigentliche Kapital von Unternehmen wie Facebook ist also weder der magere Content noch die bescheidene Technik. Bei den großen Plattformen in den USA betragen die getätigten Investitionen pro einzelnem Nutzer bescheidene 20 bis 22 Dollar (14 bis 15 Euro). Der Gegenwert freilich, den der Nutzer über die Werbung hereinspielen soll, ist um ein Vielfaches größer. Neben der klassischen Bannerwerbung auf den eigenen Seiten versuchen die Betreiber dabei verstärkt in andere Dienste wie SMS-Werbung oder E-Mail-Reklame vorzudringen. Der tatsächliche Reichtum sind also die User selbst und die Informationen, die sie liefern. Allein bei den drei Plattformen Facebook, MySpace und Xing (eine Art Facebook für Manager und Führungskräfte) haben Medienforscher Speck und seine Studenten nicht weniger als 120 persönliche Attribute gezählt, die auf den persönlichen Seiten der Mitglieder angegeben werden können – angefangen bei Alter und Wohnort über Lieblingsfilme und -musik bis hin zu politischer Neigung und sexueller Ausrichtung. »Die haben mehr Informationen, als die Stasi je hatte«, greift Speck bewusst zu einem drastischen Vergleich. Um die Werbe-Zielgruppen immer punktgenauer zu erfassen, werde sogar untersucht, wer mit welchem Profil mit wem kommuniziert. Klar, je dichter die Vernetzung, desto treffsicherer die Informationen.

»It's the economy, stupid!« Dieser Slogan der Präsidentschaftskampagne Bill Clintons 1992 fällt einem unweigerlich ein. Facebook und Co. mögen da und dort noch immer studentischen Charme versprühen und ihre User konsequent duzen, und milchgesichtige Frontmänner wie Mark Zuckerberg mögen dieses Image noch verstärken, aber im Hintergrund haben längst die Erwachsenen vom Dienst die Ruder übernommen. Und denen geht es ums Geld. Facebook hat etwa vor kurzem die 38 Jahre alte Sheryl Sandberg aus dem Spitzenmanagement von Google abgeworben. Als Chief Operating Officer ist die toughe Finanzexpertin jetzt die Nummer zwei nach Zuckerberg und für das Tagesgeschäft des Unternehmens mit derzeit 450 Mitarbeitern und einem Umsatz von 150 Millionen Dollar zuständig. Beim Jobwechsel haben wohl auch der noch bevorstehende Börsengang und damit verbundene Aktienoptionen eine Rolle gespielt. Man darf also getrost davon ausgehen, dass es nicht die soziale Komponente des Netzwerkes ist, die in Zukunft ausgebaut werden soll. Im Herbst 2007 hat Facebook im Bereich Spähwerbung eine bis dato sakrosankte Grenze überschritten, indem es die Aktivitäten der eigenen User auf anderen Seiten einholt und ins eigene Netz speist. »Beacon« (Leuchtfeuer) nannten die Erfinder das Schnüffel-Feature, weil alle Freunde informiert werden, sobald ein Mitglied bei einer der Partnerfirmen etwas kauft. »Wie wäre es, wenn du ein Buch bei Amazon kaufst, das ›Der Umgang mit Aids‹ heißt, und jeder einzelne deiner Freunde davon erfährt?«, gab ein erzürntes Mitglied zu bedenken. Um Schadensbegrenzung bemüht, verwies Facebook auf die sogenannte Opt-out-Möglichkeit, bei der sich Mitglieder, die ihre Einkäufe nicht veröffentlichen wollen, Seite für Seite bei den Partner-Webseiten von Facebook austragen müssen – bei 44 Partner-Seiten ein aufreibendes Unterfangen. Die Daten werden behandelt, als gehörten sie nicht dem Nutzer, sondern den sozialen Netzwerken. Selbst wenn es die Möglichkeit gibt, einen Account zu löschen, bleiben die Daten vielfach weiter bestehen. Und über die beliebten Mini-Anwendungen zur Integration in die eigene Profilseite erhalten auch die Entwickler dieser Applikationen einen Zugang zu den persönlichen Daten. Wer weiß, wer dahintersteckt ...

Wer hinter Facebook steckt, darauf hat der britische Autor Tom Hodgkinson im »Guardian« hingewiesen. Unter dem Titel »Mit Freunden wie diesen ...« versucht er, ein Bild vom »wahren Gesicht hinter Facebook« zu zeichnen, und damit meint er den 40-

jährigen deutschstämmigen Risikokapitalgeber Peter Thiel, der schon bei der Gründung von Facebook 500 000 Dollar in das Studentenprojekt investierte und heute sieben Prozent am Unternehmen halten soll. Für Hodgkinson ist Thiel nicht nur ein »cleverer und habgieriger Kapitalist«, sondern auch ein einflussreicher Neocon. Er war Gründer der rechten »Stanford Revue« und ist noch immer Mitglied von The Vanguard.Org, einer neokonservativen Pressure Group. Mag sein, dass Hodgkinson das Gras wachsen hört, wenn er in Thiel einen vehementen Verfechter der Theorien seines akademischen Lehrers René Girard sieht. Der vertritt nämlich die Ansicht, dass das menschliche Verhalten vorwiegend vom Wunsch der Nachahmung geprägt sei (mimetische Theorie). Girard glaubt, dass Menschen wie Schafe sind, zur Herdenbildung neigen und einander ohne viel Nachdenken kopieren. Eine Theorie, die freilich nur zu gut zu den virtuellen Welten passt, in die Thiel heute viel Geld investiert.

Imagepolitur

»Stell dir vor, ich habe im Chat ein Mädchen aus unserer Gegend kennengelernt, deren Eltern so reich sind, dass sie es nach England auf ein cooles Internat geschickt haben. Die darf sich alles kaufen, was sie will – Schuhe, Röcke, Schminksachen ...« Meine Tochter erzählte mir über ihre neueste »Bekanntschaft« mit leuchtenden Augen. In ihrer Stimme schwangen Bewunderung und Neid mit, wenn sie mir von Maggie erzählte, die nun täglich meiner Tochter und vielen anderen via MSN das Heißeste aus dem Alltag einer Pubertierenden im britischen Exil berichtete: über die neuesten textilen Erwerbungen ebenso wie über ihre Flirts mit blaublütigen Boyfriends. Auf die Idee, dass Maggie möglicherweise in der Parallelklasse ihrer Schule sitzt, vielleicht mit ihrer frisch geschiedenen Mutter in einer Sechzig-Quadratmeter-Wohnung lebt und ihre Klamotten wie alle anderen bei H&M kauft, kam sie nicht. Als ich ihr diese Möglichkeit andeutete, war sie sauer.

Sie wollte sich ihr Bild von Maggie nicht zerstören und sich lieber weiter belügen lassen.

Es wäre vermessen, zu behaupten, nur Kinder und Jugendliche seien anfällig für den schlampigen Umgang mit der Wahrheit. Auch wir Erwachsene lassen uns gerne beeindrucken von Halbwahrheiten und Gerüchten, etwa von den immer wieder auftauchenden urbanen Legenden, und nehmen plumpe Fälschungen selbst dann für bare Münze, wenn wir bei der ganzen Sache ein ungutes Gefühl haben. Angeblich lügt jeder Mensch bis zu zweihundert Mal am Tag, und man kann davon ausgehen, dass ein beträchtlicher Teil dieser Lügen inzwischen digital transportiert wird. Nirgends lügt und schwindelt es sich so leicht wie im Internet, und eine Gesellschaft, die Brustimplantate aus Silikon, um teures Geld korrigierte Nasen, mit Botox weggespritzte Falten und vom Nackenansatz auf den Scheitel transplantierte Haare für erstrebenswert hält, wird sich kaum daran stoßen, die Welt fortan durch eine Photoshop-Brille zu betrachten. Haben Sie sich nicht auch schon mehr als einmal gewundert, wenn Sie plötzlich jemandem leibhaftig gegenüberstanden, dessen Bild Sie schon aus dem Internet kannten?

Man muss kein ausgesprochener »Ego-Surfer« sein, um hin und wieder seinen Namen zu googeln, und ebensowenig ist man gleich ein »Google-Stalker«, nur weil man im Netz nach Spuren von Klassenkollegen, Ex-Freund(inn)en oder wem auch immer sucht. Vielleicht ist Ihnen bei solchen Recherchen auch schon aufgefallen, dass es manche Menschen zwar nicht im Leben, dafür aber bei Google weit nach oben gebracht haben. Kürzlich wurde ich an einen Kollegen aus meinen frühen Berufsjahren erinnert. Rainer K. und ich hatten vor gut fünfzehn Jahren ein paar gemeinsame Monate in einer Redaktion verbracht, bevor er sich in Salzburg in der PR-Branche selbständig machte und wir uns aus den Augen verloren. Eine kleine Suchaktion im Internet ließ mich bass erstaunen: Die Zahl der Einträge war überwältigend, sowohl in Text als auch in Bild. Es stellte sich heraus, dass er hinter einer Homepage mit dem Namen »ethiconomy« steckte, auf der ein paar verstreute Texte und Zitate zum Thema Ethik und Moral in der Wirtschaft und natürlich umfangreiche Angaben zu seiner Person zu finden waren. Ich fand K.s Blog, dessen kurze und eher plakative Einträge wenig Tiefschürfendes zum Thema Branding hervorbrachten, und natürlich stieß ich auf sein Profil bei Facebook und bei Xing. Ich fand unter vielen anderen ein Foto, das ihn mit einem bekannten österreichischen Bankdirektor am Rande eines Golfturniers zeigte und es gab spektakuläre Bilder mit K. beim Rafting in Tirol. Es war alles andere als eine Hexerei, den Kontakt zum vermeintlich Untergetauchten herzustellen. Als wir uns wenige Tage später in einem Café in Wien trafen, brachte er seinen Laptop mit, und nachdem wir uns in Kurzform über die jeweiligen persönlichen und beruflichen Höhe- und Tiefpunkte ausgetauscht hatten, rückte ich mit der Frage nach dem Geheimnis seiner medialen Präsenz heraus. K., der nach wie vor als freier PR-Berater zwischen Salzburg und München einmal mehr, einmal weniger aktiv war, spielte mit offenen Karten: »Im Netz geht es darum, Duftmarken zu setzen. Je mehr desto besser.« Der Inhalt sei zweitranging, gestand K., wichtig sei einzig und allein, so oft wie möglich verlinkt zu werden und dadurch die Zahl der Einträge bei Google zu erhöhen. Das sei nicht wirklich anstrengend, aber man müsse »dranbleiben und ein wenig Zeit investieren. Wer immer Zeit hat, seinen Senf dazuzugeben, ist am besten integriert.« Natürlich gebe es noch ein paar Feinheiten zu beachten. Entscheidend sei, den Spuren, die man im Netz hinterlässt, den richtigen »spin« zu geben, den gewünschten Dreh also. Und das heißt: »Wichtig ist nicht nur, wie oft dein Name vorkommt, sondern in welchem Zusammenhang. Und das kannst du steuern, indem du in deinen Einträgen immer um die gleichen Stichwörter kreist.« »Und wie lange spielst du schon Golf?«, wollte ich schließlich wissen. »Gar nicht«, überraschte mich K. einmal mehr. »Dieses Foto mit dem Banker entstand bei der Übergabe einer Geldspende für eine Nonprofit-Organisation, die ich betreue. Aber Bilder wie dieses sind wichtig fürs Image. PR-Berater gibt es schließlich viele.« Auch das Geheimnis der Rafting-Fotos lüftete ich: Es waren Schnappschüsse von einem Schnupperkurs für blutige Anfänger.

Glücklich ist, wer vergisst ...

Zu Vätern kann das Internet manchmal ganz schön grausam sein. Ich denke da zum Beispiel an Rudolph Giuliani, den ehemaligen New Yorker Bürgermeister und Republikaner, der eines Tages gewahr wurde, dass sich seine 17-jährige Tochter Caroline in einer Online-Gruppe für den Präsidentschaftswahlkampf des Demokraten Barack Obama engagiert. Der französische Premierminister François Villon hingegen wurde über die Facebook-Mitgliedschaft seines Sohnes Antoine, 22, auf dessen ganz und gar unpolitisches Freizeitverhalten aufmerksam: Antoine ist Mitglied einer 650 Mitglieder umfassenden Gruppe von Freunden des Binge Drinkings, bei uns besser als Komasaufen bekannt. Man muss sich um die späteren Jobaussichten Herrn Villon Juniors keine Sorgen machen, für die andern 649 Mitglieder der feuchtfröhlichen Gemeinschaft könnte die spätere Stellensuche ernüchternd ausfallen. Eine Erfahrung, die die Mittzwanzigerin Stacy Snyder schon hinter sich hat. Die junge Frau präsentierte sich 2005 im sozialen Netzwerk MySpace mit einem Foto von einem harmlosen Kostümfest, das sie in einem rosa T-Shirt und mit schwarzem Hütchen zeigt, auf dem ein Totenkopf mit Augenklappe prangt. Stacy nimmt gerade einen Schluck aus einem gelben Plastikbecher mit der Aufschrift »Milchschokolade«, das Bild selbst hat sie »Betrunkener Pirat« betitelt, und das reichte der Millersville University im US-Bundesstaat Pennsylvania, der Studentin, die kurz vor dem Abschluss stand, den Bachelor in Erziehungswissenschaft zu verweigern – die zwingende Voraussetzung für eine Anstellung. Ein angesehener kanadischer Psychotherapeut wiederum, der vor einigen Jahren in einem wissenschaftlichen Artikel zugab, in den sechziger Jahren einmal LSD probiert zu haben, wurde bei der Einreise in die USA gestoppt.

Der Grenzbeamte suchte bei Google nach ihm und fand den Artikel. Da der Mann bei früheren Einreisen angegeben hatte, nie gegen Gesetze der USA verstoßen zu haben, wurde er unrichtiger Angaben bezichtigt und zurückgewiesen und darf seither nur noch mit Sondergenehmigung in die USA einreisen. Man muss schon Dick Cheney heißen, um mit fragwürdiger Googlebility in Amerika auf Gnade hoffen zu dürfen. Der Vizepräsident machte mit einem Video auf YouTube von sich reden, in dem er sich gegen einen Irak-Krieg ausspricht. Das Video stammt aus dem Jahr 1994. Beruflich geschadet hat es dem Politiker nicht – höchstens seiner Reputation in republikanischen Kreisen.

Eine Exklusivumfrage der »WirtschaftsWoche« im Herbst 2007 hat gezeigt, dass bereits 34 Prozent der Headhunter das Internet regelmäßig durchkämmen, um Lebensläufe, Referenzen und Freizeitaktivitäten sowie die fachliche und persönliche Eignung von Bewerbern zu prüfen. Und das hat Konsequenzen: Flog 2006 »nur« jeder dritte Kandidat nach der Online-Recherche aus dem Rennen, war es ein Jahr später schon mehr als jeder Zweite (57 Prozent)! Und der Trend scheint anzuhalten. Nur jeder zehnte Headhunter ist nämlich der Überzeugung, dass der Einfluss des Internetrufs auf künftige Karrieren »irrelevant« ist. Dabei geht es schön langsam nicht mehr nur um die »Googlebility«, denn die Profi-Scouts verlassen sich nicht mehr nur auf Google, Yahoo und msn, sondern nutzen jede Menge neuer Tools, die immer spezifischere Daten liefern. YoName.com beispielsweise steckt zwar in Europa noch in den Kinderschuhen, funktioniert in den USA aber bereits ziemlich lückenlos. Die Spezialität: über die Sozialversicherungsnummern etwa kommt man sogar an Informationen aus öffentlichen Datenbanken – wie polizeiliches Führungszeugnis oder bisherige Wohnorte – heran. Blinkx.com wiederum wertet gesprochene (!) Stichwörter in Videos und Podcasts aus. Dieser Dienst wird noch viele Blödel-Videos, in denen konkrete (Firmen-)Namen genannt werden, zu Beweisstücken machen. (Anders gesagt: Vergessen Sie den Job bei Microsoft, wenn sie sich vor Jahren einmal auf YouTube über Bill Gates lustig gemacht haben!) Besonders perfid ist, dass das Internet scheinbar unseren Sinn für Chronologie gehörig durcheinander gebracht hat. Wir nehmen alles, was wir im Netz finden, für gegenwärtig. Ein Paradox, auf das unter anderen der Journalist Karsten Polke-Majewski aufmerksam gemacht hat: »Nirgendwo wird so viel Vergangenes gespeichert wie hier, und nirgendwo wie es so wenig als vergangen wahrgenommen.« (»Die Zeit«, 52/2007) Es ist wie im Supermarkt: Man muss genau schauen, um Verpackungs- und Ablaufdatum zu finden. Im Netz ist Ersteres oft sehr schwer zu eruieren und Letzteres gibt es gar nicht. Der gebürtige Salzburger Viktor Mayer-Schönberger, der in Harvard lehrt und weltweit als einer der wichtigsten Theoretiker des Internetrechts gilt, setzt sich seit kurzem für ein »Verfallsdatum der Daten« ein. Er begründet diese Forderung zunächst mit einem Verweis auf die analoge Welt, wo das Vergessen die Regel und das Erinnern (an Besonderes) die Ausnahme ist, die eines bewussten Aktes bedarf. »Heute erinnern wir uns automatisch, das Vergessen erfordert einen aktiven Akt. Und genau das möchte ich wieder zurechtbiegen«, begründet der Spitzenjurist, der nach der Matura als Softwareentwickler mit einem der ersten Antiviren-Programme Furore machte, sein Engagement. Mayer-Schönberger schlägt konkret vor, dass das Ablauf- oder Verfallsdatum einer Information als Metainformation mitgespeichert wird. Ist dieses Datum einmal erreicht, wird die betreffende Information von der Applikation oder vom Betriebssystem automatisch gelöscht, egal ob es sich um Daten auf der privaten Festplatte oder auf einer Internetplattform handelt. Dabei sei nichts dagegen einzuwenden, sagt Mayer-Schönberger, »wenn ein Nutzer, der bei Google eine Suchanfrage stellt und, wenn er gefragt wird, wie lange diese Suchanfrage im Google-Gedächtnis gespeichert werden soll, 99 Jahre angibt. Dann soll diese Anfrage eben 99 Jahre gespeichert werden. Aber *er* soll das Ablaufdatum bestimmen und nicht Google.« Der Harvard-Professor, der auch Regierungen in Sachen Datenspeicherung berät, versteht seine Gedanken zur »Informationsökologie« als Diskussionsgrundlage und will generell zum Nachdenken anregen, denn dass sie umgesetzt werden, ist höchst unwahrscheinlich. Wer wie etwa die kalifornische Firma Spock.com den Ehrgeiz hat, die beste Personensuchmaschine der Welt zu werden, und daher mit der Auffindbarkeit möglichst jeder Information sein Geld verdient, arbeitet wohl eher in die entgegengesetzte Richtung. Sammeln, horten, speichern – darin sehen die Betreiber ihren Auftrag. Für Bewertung, Überprüfung und Selektion fehlen der Wille, die Zeit und die Arbeitskräfte. Diese Mühe wird, wie es scheint, an uns einfachen Usern hängen bleiben. Ob wir uns ihr unterziehen wollen und können, ist eine andere Frage.

Reputation durch Manipulation

»Veröffentliche deine Meinung, verlinke wie verrückt, schreibe weniger, 250 Worte sind genug, formuliere forsche Überschriften, schreibe mit Leidenschaft, benutze nummerierte Listen, redigiere deinen Artikel, sorge dafür, dass dein Artikel leicht zu erfassen ist, schaffe einen konsistenten Stil, übersäe den Artikel mit Schlüsselwörtern.« Diese Kurzanleitung zum erfolgreichen Bloggen habe ich kürzlich im Netz gefunden. Ganz offensichtlich definiert sich der ideale Blog-Artikel durch klassische PR-Techniken. Und an diese Empfehlungen halten sich tatsächlich immer mehr Menschen, die ihr Web-Image mit ein wenig digitalem Botox korrigieren wollen. Rund 76 Prozent der Manager ist laut »WirtschaftsWoche«-Umfrage ihr Ruf im Netz wichtig bis sehr wichtig. 26 Prozent beschäftigen sich regelmäßig damit, welche Informationen über sie im Netz zu finden sind, und gut jeder zweite Manager tut dies zumindest gelegentlich. Damit aber nicht genug: Über 14 Prozent der Befragten pflegen ihr Online-Image aktiv und regelmäßig – etwa durch Online-Profile, Engagement in virtuellen Businessclubs oder eine eigene Website. Tendenz steigend.

Immer mehr vertrauen dabei nicht ihrem eigenen Geschick, sondern lassen sich professionelle Hilfe angedeihen. Das Stichwort lautet »reputation management«, ein Geschäftszweig mit großer Zukunft, wie sich unschwer vorhersagen lässt. Ab zehn Dollar im Monat kann man etwa die Dienste der US-Firma ReputationDefender in Anspruch nehmen, die auf das Aufstöbern und Entfernen missliebiger Informationen spezialisiert ist. Für das Löschen eines Eintrages werden 30 Dollar in Rechnung gestellt. Die Firma räumt allerdings selbst ein, nicht alles löschen oder korrigieren zu können. (In der digitalen Welt ist speichern eben viel leichter als löschen.) Eines steht fest: Über jeden von uns dürfte es im Web inzwischen mehr zu lesen geben, als wir glauben. Dem amerikanischen Informatiker Brewster Kahle ist es zu »verdanken«, dass wirklich nichts verloren gegangen ist. Er hat in San Francisco ein einzigartiges digitales Antiquariat aufgebaut. Unter www.archive.org findet man alle (auch längst eingestellte) Internet-Seiten seit 1996 – summa summarum rund 85 Milliarden Websites. Mithilfe einer »Wayback Machine« kann man auch längst verblichene Seiten ansurfen und in Kommentaren stöbern, für die sich ihre Verfasser heute oft schämen.

Dienste wie der deutsche Service myON-ID wiederum sehen sich selbst als Werkzeug für das Online-Marketing in eigener Sache, mit dem sich beispielsweise das persönliche Google-Ranking und damit der Name oder die persönliche Marke aufpolieren lassen. Solche Dienste arbeiten mit einer Personensuchmaschine, die auch Einträge aus Social-Networking-Profilen, Weblogs, Wikis, Online News sowie Bilder und Videos umfasst. Die Kunden haben dann die Möglichkeit, aus den Ergebnissen die für sie relevanten Einträge zu kommentierten Dossiers zusammenzustellen. Nutzer mit Premium-Account können sogar eigene Google-Anzeigen gestalten, um die Aufmerksamkeit auf gewünschte Informationen zu lenken und von unangenehmen abzulenken. Wer also glaubt, das virtuelle Image einer Person im Netz sei eine authentische Abbildung ihres realen Lebens, das sich im Laufe der Zeit in einer Art digitalem Darwinismus herausgemendelt hat, irrt gewaltig. Reputation kommt schließlich vom lateinischen Wort »reputare«, und das bedeutet auch »berechnen, erwägen, überdenken«.

Privat war gestern

FriendFeed heißt die neueste Errungenschaft. Sie zeigt, was die eigenen Freunde online machen. Wann immer ein Bekannter aus dem digitalen Universum ein Buch bei Amazon kauft, ein Foto auf Flickr stellt oder sich ein Video auf YouTube ansieht, werden die User darüber informiert. Die von ehemaligen Google-Mitarbeitern gegründete Seite unterstützt derzeit 33 Web-2.0-Portale, und es werden noch mehr werden. Der Dienst fasst die Aktivitäten, die die Freunde teilen wollen, von den gewünschten Seiten suchmaschinenähnlich zusammen. Auch Internet-User, die nicht bei FriendFeed sind, können beobachtet werden. Mittels »imaginary friends feature« können zumindest bestimmte Aktivitäten wie das Hochladen von Fotos auf Flickr eingesehen werden – vorausgesetzt man hat den Usernamen des Bekannten.

Jean Twenge, Psychologie-Professorin an der San Diego State University, fasst die Ergebnisse ihrer Studien über die Twens und Teens von heute so zusammen: »Die jungen, nach 1982 geborenen Menschen sind die narzisstischste Generation der jüngsten Geschichte und weit entfernt von einer sozialen Orientierung.« Mitverantwortlich dafür macht sie auch Websites wie MySpace und YouTube, die »eine Selbstdarstellung zulassen, die weit über das hinausgeht, was in den traditionellen Medien möglich war«.

Der Wandel ist tatsächlich beachtlich. Als die deutsche Bundesregierung Anfang der achtziger Jahre das Volk zählen wollte, gab es einen Aufschrei und Aufstand. Schon die recht allgemein gehaltenen Auskunftswünsche des Staates nach den Lebensverhältnissen seiner Bürger – wie etwa Fragen nach Wohnung, Telefon und Beruf – gingen Millionen von Menschen viel zu weit. Es bildeten sich Bürgerinitiativen gegen den vermeintlichen Kontrollwahn des Staates und schließlich landete sogar eine Klage gegen die Zählung vor dem Bundesverfassungsgericht. Selbst der »Volkszählung light«, die dann im Endeffekt herauskam, verweigerten sich 15 Prozent der Bundesbürger. Die Kinder der »Generation Volkszählung« sind da bedeutend offener. Und irgendwie bleibt uns allen ja auch gar nichts anderes übrig. Oder sind Sie etwa gefragt worden, als Google Earth seine gestochen scharfen Satellitenbilder ins Netz stellte, auf denen man jetzt auch Ihren Swimmingpool sehen kann. Professionelle Datensammler wie etwa die Firma Whitegold Solutions in Kalifornien schlagen bereits seit langem Kapital aus ihren virtuellen Spähtouren via Google Earth oder Microsoft Earth View, indem sie die Bilder minutiös auswerten und die Adressen dann an die richtigen Dienstleister, Poolkeeper oder Dachdecker zum Beispiel, verkaufen. Aber auch die Finanzämter nutzen inzwischen die praktischen Tools, um Kilometerangaben nachzuprüfen oder die Größe von Betriebsgrundstücken nachzukontrollieren. Die Innenstadt der Elbmetropole Hamburg etwa ist die erste Innenstadt der Welt, die komplett fotorealistisch und in 3-D dargestellt wird. An einigen Stellen kann man sich bis auf einen halben Meter heranzoomen. Nicht nur für Supermarktketten sind solche Werkzeuge ideal, um neue Standorte auszukundschaften. Noch sind die Bilder nicht live, aber Google-Earth-Erfinder John Hanke schließt das in einem Interview mit der »WirtschaftsWoche« (36/2007) nicht aus: »Ich kann mir vorstellen, dass es abgegrenzte Gebiete mit Livebildern geben wird, so wie wir sie heute von Webcams kennen.« Dann bleibt uns wohl nur noch, immer ordentlich herausgeputzt das Haus zu verlassen und natürlich immer freundlich zu lächeln ...

Alles andere als Zukunftsmusik, sondern sehr weit entwickelt ist hingegen jenes Instrument, dem offensichtlich die Zukunft des individuellen Marketings gehört: Die Rede ist von der Methode des »Behavioral Targeting«, die ihre Fühler wie ein Krake nach jedem ausstreckt, der sich im Netz bewegt. Um jedem von uns nur noch jene Werbung auf den Bildschirm zu schicken, die maßgeschneidert für unsere jeweiligen Interessen ist, wird unser Surfverhalten bis ins kleinste Detail analysiert. Wie lange hat sich jemand wo aufgehalten? Für welche Inhalte hat sich jemand besonders interessiert? Welche Links und Online-Anzeigen hat jemand angeklickt und wie oft? Der Vorteil gegenüber den »alten«

elektronischen Medien besteht in der absoluten Messbarkeit des Nutzerverhaltens. Dabei ermöglicht gar nicht so sehr die Erhebung einzelner Daten, sondern erst deren Zusammenführen zu kompakten Nutzungsprofilen »eine umfassende Kontrolle des Einzelnen«, wie der Bundesbeauftragte für den Datenschutz und die Informationsfreiheit, Peter Schaar, warnt. Die Frage nach Gegenstrategien bringt freilich auch den Profi in Verlegenheit. Man müsse jedenfalls »das Bewusstsein wecken, wie sich der Umgang von Politik und Wirtschaft mit der Technologie auf die Gesellschaft auswirkt«, sagt Schaar und tritt für eine »Ethik des Verzichts« ein, was immer das genau bedeutet. »Verschlüsseln ist das Beste«, rät Hermann Maurer, Professor an der Technischen Universität Graz und Leiter des Institutes für Informationssysteme und Computermedien. Er wundert sich, »wieso nahezu alle Welt E-Mails völlig offen versendet, obwohl das leicht abgeschöpft werden kann«. Maurer empfiehlt, über sogenannte Anonymisierungsserver ins Internet zu gehen, räumt aber ein, dass man damit erhebliche Qualitätseinbußen in Kauf nehmen muss, weil die Verbindung langsamer wird und man eben von keiner Webseite mehr erkannt wird. Der amerikanische Sicherheitsexperte Sean Hastings wiederum sieht genau im erhöhten Verschlüsselungsaufwand ein Gefahrenpotenzial: »Wer ungewöhnlich hohen Aufwand mit verschlüsselter E-Mail und ähnlichen Dingen treibt, macht erst recht auf sich aufmerksam.« Wer an Personen interessiert sei, die etwas zu verbergen haben, könne systematisch nach solchen E-Mails suchen, sagt Hastings. In einem Interview mit der »Zeit« (»Internet Spezial«, Mai 2008) zeigte er sich allerdings resignativ (oder realistisch): »Es gibt sowieso keine Privatsphäre mehr. Davon sollte erst mal jeder ausgehen.«

Gegenstrategien

Der Schreibmaschinen-Blog

Kürzlich wollte mir ein Freund seine neueste Errungenschaft in Sachen Datenverarbeitung präsentieren. Ich war mehr als überrascht, als ich sah, dass es sich um eine Adler Contessa de Luxe handelte – eine Reiseschreibmaschine aus den siebziger Jahren in jenem satten Gelb zwischen Zitrone und Dotter, mit dem man Plastik offenbar nur in den Siebzigern einfärben konnte. Mein Freund selbst hatte sie um 25 Euro in einem Secondhandladen der Caritas erstanden. Als sie ihm dort ins Auge stach, war ein Blatt Papier eingespannt, offenbar damit man sich an Ort und Stelle von ihrer Funktionstüchtigkeit überzeugen konnte. Als er instinktiv »asdf-jklö« tippen wollte, stellte er fest, dass sich vor ihm schon mehrere andere Personen »verewigt« hatten. Jemand hatte DIE LIEBE IST BLIND hingeschrieben und darunter stand zu lesen: Aber nur auf einem Auge! Und noch weiter darunter: Die Liebe ist kein seltsames Spiel, sondern russisches Roulette. Die Gedanken zur Liebe füllten fast ein ganzes Blatt, darunter dadaistisch anmutende Spontan-Lyrik und einige Zeilen, die mein Freund nicht verstand, weil sie in einer ihm völlig fremden Sprache verfasst waren. Aber da war die entscheidende Idee in seinem Kopf bereits gereift. Er nahm die Maschine mit in seine Wohnung, stellte sie auf eine stabile Kommode im Vorzimmer, und dort dürfen nun alle Familienmitglieder das machen, was die anonymen Texter im Secondhandladen auch getan hatten: auf ein täglich neu eingespanntes Blatt Papier schreiben, was der Tag so bringt an Ideen, Gedanken, Freuden, Ängsten, Sorgen und Ärgernissen. An manchen Tagen bleibt das Blatt leer, an manchen reicht der Platz beinahe nicht aus, berichtet mein Freund und hält sich seither für den Erfinder des Offline-Familienblogs.

Das Offline-Tagebuch

Wenn Ihnen das zu umständlich oder schrullig oder noch immer zu öffentlich ist, greifen Sie doch zum guten alten Tagebuch. Blankobücher erleben eine Renaissance! Musste man noch vor ein paar Jahren nach Paris in den Designshop des Centre Pompidou reisen, um an ein A5-Buch von Moleskine zu kommen, bekommt man es nun in jeder vernünftigen Papierhandlung. Natürlich kann man auch zu dekorativeren Aufmachungen oder gleich zu ganz nüchternen Kladden greifen. Das Design ist nicht entscheidend. Entscheidend ist die Konsequenz des Schreibers: »Nulla dies sine linea – kein Tag ohne Linie.« Beim griechischen Maler Apelles soll tatsächlich kein Tag vergangen sein, ohne dass er seine Kunst durch Ziehen einer Linie geübt hätte. Das Tagebuch verfolgt die »Linie des eigenen Lebens«, hat der deutsche Psychologe Max Dessoir einmal gesagt. Eine schöne Definition für eine Erfindung, die zunächst einmal voraussetzte, dass sich der Mensch seines subjektiven Ichs überhaupt bewusst wurde. Und das war erst in der Renaissance der Fall. Davor gab es nur Aufzeichnungen in Form von Logbüchern etwa, die alles Mögliche zum Inhalt hatten, nur nicht das Selbst – den eigentlichen Helden des Tagebuchs. Und sollte es Sie einmal in die Kleinstadt Emmendingen in Baden Württemberg verschlagen, statten Sie dem dortigen Rathaus einen Besuch ab. Es beherbergt das Deutsche Tagebuch-Archiv, das private Lebenszeugnisse aus der Zeit vom Ende des 18. Jahrhunderts bis zur Gegenwart sammelt. Bis jetzt sind 6000 Einzelstücke zusammengekommen, meines Wissens die größte derartige Sammlung.

Hassen, so richtig hassen

Sollten Sie tatsächlich an einer Art schriftlichem Tourette-Syndrom leiden und Ihre Beleidigungen und persönlichen Attacken partout nicht zurückhalten können, sobald Sie einer Computertastatur ansichtig werden, bleiben Sie unter Ihresgleichen – und zwar auf Seiten wie Enemybook.info oder Hatebook.org! Hinter Letzterem etwa steht ein Mann, der weiß Gott nicht wie die Personifizierung des Netzhooliganismus aussieht – im Gegenteil. Nils Andres erregt mit dieser »Parodie auf Facebook«, wie er selbst sagt, großes Aufsehen. Tatsächlich ist es exakt nach demselben Schema aufgebaut. Der einzige Unterschied: Auf Hatebook hat man die Möglichkeit, seine Feinde zu deklarieren, ihnen nach Lust und Laune Junkmail zu schicken oder auf der eigenen Seite seine abgrundtiefe Abneigung gegen die Musik von Tokyo Hotel, die Bücher von Uta Danella oder die tägliche Fernsehfolter GZSZ zum Ausdruck zu bringen. Andres betrachtet das Projekt »bewusst als Gegenbewegung zur Social Networking-Industrie«, die sich selbst viel zu ernst nehme. Derzeit ist übrigens (noch) der »Anti-George-Bush-Hate-Clan« die größte Gruppe auf Hatebook mit 3400 Mitgliedern (von insgesamt 50.000). Wem das Potenzial zu nachhaltiger Denunziation hier zu gering ist, sei auf RottenNeighbor.com verwiesen. Diese Seite sollte ursprünglich potenziellen Immobilienkäufern bei der Suche nach dem Traumhaus helfen. Tatsächlich ist es die perfekte Möglichkeit, angeblich »miese Nachbarn« auf ebenso bequeme wie feige Art zu diffamieren – natürlich samt Namen und Angabe aller Verfehlungen, die er oder sie begangen hat. Die Einträge werden umgehend »gemapt«, das heißt auf Google Maps sichtbar gemacht. Also einmal etwas zu laut Musik gehört, und schon ist man als asozialer Randalierer gebrandmarkt und der Schrecken zukünftiger Nachbarn. Wenn Sie online sein und trotzdem allein bleiben wollen, versuchen Sie es mit Seiten wie isolatr.com, die das Prinzip der Sozialplattformen endgültig ad absurdum führen: am Netz und doch nicht vernetzt – was für eine Freiheit!

Eine Lanze für die Brieffreundschaft

Im besten Fall einmal die Woche, mindestens aber alle vierzehn Tage kam Mitte der siebziger Jahre die große weite Welt auf den schmalen, unasphaltierten Hochleitenweg in Pinkafeld. Das Leben hart an der ungarischen Grenze hielt in jenen Jahren wenig Überraschungen für einen Heranwachsenden bereit. Meine Brieffreundschaften waren ein Fenster zur Welt, die Tage, an denen der Briefträger Post von Malam aus Djakarta oder Anika aus Göteborg brachte, waren Freudentage. Immer enthielten die Briefe neben handgeschriebenen Neuigkeiten in Englisch, zumindest einige besondere Briefmarken, Fotos aus der Schule, exotische Abziehbilder oder hektografierte Songtexte von ABBA. Die Bilder vom dunkelhaarigen und spindeldürren Malam und der blonden (was sonst?) Anika in ihrem karierten Holzfällerhemd samt Schäferhund vor dem offenen Kamin im Haus ihrer Eltern haben sich in mein Gedächtnis eingebrannt. Wer wird das in dreißig Jahren einmal von seinen dreißig, vierzig oder noch mehr Facebook-Freunden sagen können?

Die Australierin Geraldine Brooks hat ähnliche Erfahrungen gemacht wie ich. Aus einfachen Verhältnissen stammend, wuchs sie in den sechziger Jahren in einem eher trostlosen Vorort von Sidney auf. Als Elfjährige beginnt sie, Brieffreundschaften zu pflegen. Da ist zunächst die Tochter eines bekannten Journalisten, die ebenfalls in Sidney und dennoch auf einem anderen Planeten lebt, dazu kommen Joanie aus New Jersey, der arabischstämmige christliche Israeli Mishal, der israelische Jude Cohen und die französische Bauerntochter Janine. Vor allem Joanie wird ihr zu einer echten Vertrauten, und als sie an Magersucht stirbt, ist Geraldine untröstlich. Viele Jahre später wird sie Auslandskorrespondentin des angesehenen »Wall Street Journal« und findet sich auf einmal in jener Welt wieder, die sie seinerzeit bei ihren Brieffreunden gesucht hat. Nach dem Tod ihres Vaters kehrt sie nach Hause zurück, findet all die alten Briefe und beschließt prompt herauszufinden, was aus den Freunden von damals geworden ist. Die Treffen mit dem anfangs widerwilligen Mishal und mit Joanies Mutter sind wegweisend für Geraldine, die erst am Ende ihrer Reise jenes Kleinstadtleben würdigen kann, das sie einst so verachtet hat. Brooks hat das alles 1997 in einem wunderbaren Buch verarbeitet, das man nur empfehlen kann: »Foreign Correspondence. A Pen Pal's Journey from Down Under to All Over.« Wer danach auf den Geschmack gekommen ist, den verweise ich auf brieffreunde-brieffreundschaften.de – ganz ohne Internet geht's offenbar doch nicht mehr.

Sex, Lügen und Videos oder YouTube killed the TV-Star

Bilder wollen Liebe.

W.J.T. Mitchell

Image is everything.

Andre Agassi in einem Canon-Werbespot, 1990

Man sieht nur mit dem Herzen gut. Das Wesentliche ist für die Augen unsichtbar.

Antoine de Saint-Exupéry

Globale Glotze

Für sein Alter hat es Chad Meredith Hurley weit gebracht. Der in Pennsylvania geborene Sohn eines Finanzberaters und einer Lehrerin ist gerade einmal 31 und millionenschwer. Wenn er als Redner auf der Bühne steht, schlaksig, dunkelblondes halblanges Haar und offenes Hemd, wirkt er noch jünger, als er ist. Während seiner Tätigkeit bei der Internetbezahlfirma PayPal lernte er die Ingenieure Steve Chen und Jawed Karim kennen, mit denen er im Januar 2005 zufällig (wie könnte es anders sein?) die Idee zu einer Videoplattform entwickelte. Das Trio wollte nach einer feuchtfröhlichen Party mit Freunden in San Francisco Videos vom geselligen Ereignis austauschen. Das Versenden via E-Mail war angesichts der großen Datenmengen zu mühsam, die drei suchten nach einer einfacheren Lösung, und das war die Geburtsstunde von YouTube, auch wenn das Kind damals noch keinen Namen hatte und ausschließlich den privaten Kommunikationsbedürfnissen seiner Entwickler diente. Als PayPal schließlich von Ebay gekauft wurde, fiel für Chad Hurley ein finanzieller Bonus ab, der ihn unabhängig und seine Video-Plattform endlich kommerziell machte.

Am 15. Februar 2005 ging das Videoportal, auf dem nun weltweit alle Benutzer kostenlos Videoclips ansehen und hochladen konnten, erstmals online. Der Name ist von Anfang an Programm: Tube heißt nicht nur die Londoner U-Bahn, es ist auch die umgangssprachliche Bezeichnung für einen Fernseher (cathode ray tube = Kathodenstrahlröhre). YouTube darf man also getrost mit »Deine Glotze« übersetzen, und tatsächlich ist das Motto der Plattform zugleich eine Aufforderung an die User: Broadcast yourself! Ein Appell, der längst nicht mehr notwendig wäre, denn der unersättliche Hunger der Internet-User nach YouTube-Videos ist inzwischen für zehn (!) Prozent des gesamten Datenverkehrs im World Wide Web verantwortlich. Bereits Ende 2006 – da war die Plattform gerade einmal eineinhalb Jahre in Betrieb – wurden täglich 65 000 neue Videos hochgeladen und die verfügbaren Clips hundert Millionen mal angesehen. Im Februar 2008 sind das insgesamt beeindruckende 72 600 000 Videos bei mehr als 2 800 000 User-Accounts.

Kein Wunder, dass inzwischen auch Erfinder Chad Hurley selbst eingestehen muss: »Pro Minute stellen unsere Nutzer acht Stunden Videomaterial bei uns ein. Das kann sich niemand jemals anschauen.« (»Welt Online«, Dezember 2007) Aber der Trend hält ungebrochen an, YouTube ist ein »Selbstläufer«. Das bedeutet, die Menschen stellen ihre Videos dort ein, wo sie mit den höchsten Zuschauerzahlen rechnen können. Und obwohl Clipfish.de (das inzwischen RTL gehört) und MayVideo.de in Deutschland bereits vor YouTube im Netz waren und auch durchaus erfolgreich sind, können sie dem Marktführer nicht mehr annähernd Paroli bieten.

Erfolg macht bekanntlich sexy, und so war YouTube, der digitalen Kinderstube kaum entwachsen, auch schon unter der Haube: Im Oktober legte Google dafür umgerechnet 1,3 Milliarden Euro in Aktien auf den Tisch. Eine gewaltige Summe für ein Unternehmen mit damals gerade einmal 67 Mitarbeitern, wenig Umsatz und so gut wie keinem Gewinn. Der Legende zufolge soll es beim Vertragsabschluss in einem Straßenrestaurant der Kette »Denny's« Eierspeise mit Speck gegeben haben. Was an dem Deal vielleicht am wichtigsten war: Neben den eigenen tausenden Servern standen YouTube jedenfalls mit einem Schlag auch die Rechenzentren von Google zur Verfügung – eine wichtige Voraussetzung für den Erfolg des Unternehmens, das für seinen Erfolg eigentlich nur eines braucht: genügend Speicherkapazität.

Von Twiggy zu lonelygirl15

Als Alvin Toffler 1970 das Buch »Future Shock« herausbrachte, seinen ersten Bestseller, war Chad Hurley noch nicht einmal geboren. Ich habe die deutsche Ausgabe des Buches kürzlich in einem Antiquariat aufgestöbert und gleich bei Kapitel 8, das dem

Thema »Information« gewidmet ist, zu lesen begonnen: »In einer Gesellschaft, in der Sofort-Nahrung, Sofort-Unterricht und selbst Sofort-Städte alltägliche Erscheinungen sind, wird kein Produkt schneller hergestellt und unbarmherziger zerstört als die Sofort-Berühmtheit. Länder, die vor dem Super-Industrialismus stehen, pflegen die Fertigung dieser ›psychoökonomischen Produkte‹ besonders zu forcieren. Die Sofort-Berühmtheiten platzen in das Bewusstsein von Millionen von Menschen wie Image-Bomben – und genau das sind sie auch.« Als Beispiel und Beleg für seine These dient dem Business-Guru das wohl berühmteste aller »Cockney Mädchen, genannt Twiggy«. Nach ihrem ersten Job als Fotomodell, wundert sich Toffler, »dauerte es nicht einmal ein Jahr, bis Millionen von Menschen auf der ganzen Welt fest umrissene Begriffe mit ihrem Namen verbanden und diese als Bilder in ihrem Gehirn aufspeicherten. Twiggy, eine sanftäugige Blondine mit Minibusen und Streichholzbeinen, wurde 1967 zur Berühmtheit gemacht. ... Inzwischen jedoch sind die in unseren Gehirnen seinerzeit gespeicherten Bilder von Twiggy weitgehend wieder gelöscht. Twiggy ist bereits wieder aus dem Blickfeld der Öffentlichkeit verschwunden«, konstatiert Toffler zwei Jahre nach dem Auftauchen dieser weiblichen Ikone der Sechzigerjahre. Sie dient ihm als Beweis für die Schnelllebigkeit der modernen Zeit, die sich eben nicht zuletzt darin ausdrückt, dass »auch Images ... in zunehmendem Maße vergänglich geworden (sind), und nicht nur die Images von Fotomodellen, Leistungssportlern und Conférenciers«.

Toffler hat seit seinem ersten Bestseller weitere erfolgreiche Bücher geschrieben und viel Anerkennung erfahren. Er wurde von der Management-Beratungsfirma Accenture als dritteinflussreichste Stimme in der Welt des Business nach Bill Gates und Peter Drucker ausgezeichnet und lebt heute achtzigjährig in Los Angeles. Es wäre interessant, zu wissen, ob Toffler das Auftauchen jener »Sofort-Berühmtheit« unserer Tage verfolgt hat, die unter dem Namen lonelygirl15 auf YouTube nur wenige Tage brauchte, um die Welt der Online-Community für ihr »Schicksal« zu interessieren. Mit braunen Kulleraugen und offenherzigen Teenagergeständnissen wurde die 16-jährige »Bree« binnen weniger Wochen zum Star mit einer riesigen Fangemeinde rund um den Globus. In Foren wurde über ihr Liebesleben diskutiert, über ihre streng religiösen Eltern, von denen sie zu Hause unterrichtet wurde, über ihren Freund Daniel, der sie beim Schwimmen und Spazieren filmte. Immer tiefer ließ sie die Welt da draußen in ihre eigene kleine Welt blicken. Immer geschickter bewegte sie sich aber auch vor der Kamera, sodass es bald erste Zweifel an ihrer Echtheit gab. Allmählich begann die Frage nach der Echtheit die eigentliche Geschichte zu überlagern, ja zur Geschichte selbst zu werden.

Nach vier Monaten bei YouTube, 30 Videoclips und vielen Offenbarungen des einsamen Teenagers kam schließlich die Wahrheit ans Licht: Bree heißt in Wirklichkeit Jessica Rose. Sie ist eine 19 Jahre alte Schauspielerin aus Neuseeland, die in Los Angeles lebt und von drei jungen Filmemachern als lonelygirl15 angeheuert wurde. Ihr Ziel sei es gewesen, eine »sehr realistische fiktive Geschichte in diesem Medium« zu erzählen, erklärten die drei später der »Los Angeles Times«. Ihr Aufwand für die »neue Kunstform«, die sie damit angeblich schaffen wollten, war gleichsam null: »Zwei Schreibtischlampen, ein offenes Fenster und eine Videokamera für 130 Dollar.« Ein minimaler Aufwand, der sich für das Trio allerdings gelohnt hat: Sie stehen nun bei der renommierten Hollywood-Agentur Creative Artists unter Vertrag.

Wer glaubt, die Fangemeinde habe auf das Outing enttäuscht, verärgert oder gar wütend reagiert, liegt falsch: »Hallo, du bist eine großartige Schauspielerin«, schrieb ein (durchaus repräsentativer) Verehrer auf der YouTube-Webseite. »Wir hassen den Filmemacher und seine Helfer ..., aber dich lieben wir einfach.« Und Virginia Heffernan, Fernseh-Kritikerin der »New York Times« und selbst am Aufdecken des Schwindels maßgeblich beteiligt, begann die weitere Geschichte von lonelygirl15 zu kommentieren, ganz so, als wäre sie ein konventionelles Produkt populärer Unterhaltungskultur. Jessica Rose selbst schaffte es in der Folge immerhin aufs Cover des »Wired Magazin« und 2006 produzierten ausgerechnet die Vereinten Nationen mit ihr ein Video gegen die Armut.

Muss man wirklich hoffnungslos veraltet und in einer Welt von gestern verhaftet sein, um das alles kritischer zu sehen? Andrew Keen etwa, ehemals selbst Unternehmer im Bereich der digitalen Medien und Silicon Valley Insider, stellt sich und den Lesern seines viel beachteten Buches »The Cult of the Amateur« eine einfache Frage: »Wenn wir der Echtheit von Brees Bekenntnissen nicht glauben können – wenn ihre Teenager-Ängste Heuchelei sind –, dann wurden wir einfach hinters Licht geführt. Und ich frage mich, was sonst noch auf YouTube oder in der Blogosphäre Erfindung oder Werbung ist.« Und Howard Kurtz bringt das Dilemma in der »Washington Post« so auf den Punkt: »Das Großartige am Internet ist, dass jeder, sogar ein einsames 16-jähriges Mädchen, seine Gedanken aufzeichnen und damit eine große Gefolgschaft gewinnen kann. Das Verrückte am Internet ist, dass es möglicherweise nicht einsam oder 16 ist.«

Aber lonelygirl war nur der Anfang und für jeden Schwindel, der bei YouTube aufgedeckt wird, gibt es hundert andere, die unentdeckt bleiben. Ein perfektes Beispiel für das, was Lee Siegel den »echten Schwindel« (»genuine hoax«) nennt, ist ein Clip mit dem Titel »Guy Catches Glasses with Face«. Es zeigt einen jungen Mann, der einem zweiten ein Paar Ray-Ban-Sonnenbrillen so ins Gesicht wirft, dass sie auf Anhieb sitzen, und das quer durch ein Zimmer, von einer Brücke herab und in ein fahrendes Auto hinein. Von der Anmutung her ist der Film ein Amateurprodukt, aber tatsächlich wurde er von Ray-Ban selbst produziert. Hunderttausende, die ihn gesehen hatten, bevor der Schwindel bekannt wurde, hielten ihn für echt. Aber auch in diesem Fall machte die Aufdeckung den Clip nur noch populärer. Eine Sternstunde des Viralen Marketing, dessen Geheimnis darin besteht, soziale Netzwerke und Medien zu nutzen, um Aufmerksamkeit auf Marken, Produkte oder Kampagnen zu lenken. Wie ein Virus breiten sich Nachrichten oder Clips über die E-

Mail-Adressbücher der User aus. »Es geht um die Planbarkeit von Kampagnen«, plaudert Björn Ognibeni von GoViral in der »Süddeutschen Zeitung« (141/2008) aus der Schule. GoViral ist auf Seed&Track (Säen&Verfolgen) spezialisiert. Die Agentur verteilt Spots im Netz und kann durch geschickt eingebaute Programme messen, wie oft ein Clip auf welcher Seite angeschaut wurde. Pro 30 Cent garantiert die Firma einen Abspielvorgang, für 300 000 Euro mit Rabatt eine Million Views. Dabei reicht es natürlich nicht, einen Kurzfilm auf YouTube zu posten – das kann schließlich jeder. Die Agentur streut ihn vielmehr zuerst bei einflussreichen Bloggern, mit denen es nicht selten bezahlte Kooperationen gibt, oder auf Special-Interest-Seiten, wo sich zunächst eine bestimmte Szene dafür begeistert und damit die Credibility schlagartig erhöht. »Contest is NOT king«, hat der US-amerikanische Viral-Spin-Doctor Dan Ackerman Greenberg in einem viel beachteten Beitrag im Internet einmal bekannt und darin beschrieben, wie man mit jedem x-beliebigen Video 100 000 YouTube-Views erzeugen kann. Indem man es zum Beispiel als Spam-Mail an so viele Adressen wie möglich verschickt, in Foren Fake-Diskussionen darüber auslöst, es in den Kommentarfeldern von MySpace-Seiten unterbringt oder die jedem Clip zugeordneten Suchbegriffe so manipuliert, dass die eigenen Videos zunächst gegenseitig auf sich verweisen und später bei Google gefunden werden. Viralität erfordere neben dem entscheidenden Quäntchen Glück auch Kreativität und eine Menge harte Arbeit. Greenberg: »Die Wildwest-Tage von lonelygirl sind vorbei.«

Ver-rückte Welt ohne Grenzen

Die Grenzen zwischen echt und erfunden, authentisch und inszeniert verschwimmen also. Die viel gerühmte Freiheit im Netz bietet dem Spiel mit dem Alter Ego, der falschen Identität, nie da gewesene Möglichkeiten. Schein und Sein, Tatsachen und Erfindungen, Original und Kopie – all das war noch nie so schwer voneinander zu trennen wie in Zeiten des Internet. Oder, um es mit Jack Shafer, dem Medienkritiker von Slate.com, zu sagen: »Es gibt nun einfach zu viele Verstecke.«

Das Problem ist, dass genau das für viele kein Problem mehr ist. Im Gegenteil: Für die Wortführer der neuen Medienelite oder die, die sich dafür halten, ist es genau das, was den gegenwärtigen Fortschritt ausmacht. Kevin Kelly etwa, 56-jähriger Internet-Guru, ist Mitbegründer des »Wired Magazin« und Autor mehrerer einflussreicher Bücher zum Thema. In einem davon stellt er sich die Frage, wie die Unterhaltungstechnologie in etwa zwanzig Jahren aussehen wird. Und da kommt Kelly zu einer einfachen Schlussfolgerung: Wenn die Technologie keinen Unterschied macht zwischen Realität und Simulation, warum sollten es dann unsere Geschichten tun? »Das Verschwimmen zwischen Realität und Simulation wird zunehmend die Grenze zwischen Dokumentation und Fiktion verschwimmen lassen. ... Wir werden Realityshows sehen, die auf einem Skript basieren und geschriebene Shows, die aus dem Ruder laufen, Dokumentationen, die sich Schauspieler bedienen, Schauspieler, die Computer-Kreationen sind, inszenierte Nachrichten, Geschichten, die zu Nachrichten werden und das totale Aufeinanderprallen und Verschmelzen von Fantasy und Fakten.«

Das stellt wirklich alles auf den Kopf, was ich in zwanzig Jahren Journalismus gelernt habe. Aber ist es deswegen schon gut, nur weil es ver-rückt ist? Sind all jene Journalisten hoffnungslose Fälle, die sich noch an den Unterschied zwischen Bericht und Kommentar halten, die ihre Quellen weiter auf Glaubwürdigkeit hin überprüfen, die in unerschütterlichem Glauben an die Grundsätze ihrer Profession (und Professionalität) der journalistischen Dreifaltigkeit von Check, Re-Check und Double-Check huldigen? Aber Kevin Kelly ist kein Fall für die Journalistengewerkschaft. Müssten nicht mündige Medienkonsumenten selbst auf die Straße gehen gegen eine derartige Geringschätzung ihrer Intelligenz? In einer Zeit, in der wir wie besessen den Bestandteilen unserer Nahrungsmittel und ihrer Herkunft auf den Grund gehen und den Kauf eines T-Shirts davon abhängig machen, ob es politisch korrekt erzeugt und fair gehandelt wurde, überlassen wir es zunehmend dem Zufall, aus welchen obskuren Quellen unsere Informationen kommen und wer hinter den Bildern steckt, die unseren Blick auf die Welt formen. Denken Sie nur an jenen Spaßvogel, der sich im April 2004 für gerade einmal zehn Dollar die Internetdomain www.world-cnn.com sicherte und danach fröhlich loslegte: »Kanada klagt Präsidenten wegen Kriegsverbrechen an – Bush festgenommen«, stand da zu lesen. Die Fälschung war nahezu perfekt, das Layout der Originalseite von CNN weitgehend nachempfunden und selbst die angegebenen Links führten zu Original-CNN-Seiten.

Belanglose Bilderflut

Die viel beschworene Demokratisierung des Web 2.0 ließ zunächst hochgesteckte Erwartungen berechtigt erscheinen. Schon war die Rede von einem neuen Informationszeitalter, das aus jedem Kamera- und Handybesitzer (also aus jedem von uns) einen Reporter macht und endlich einen unverfälschten Blick auf die Dinge erlaubt. Ein alter Traum des Journalismus selbst schien zum Greifen nahe: die lückenlose Abbildung der Wirklichkeit. No-comment-News gleichsam rund um die Uhr, bereitgestellt von beherzten Amateuren rund um den Erdkreis.

Die Wirklichkeit sieht ein wenig anders aus. Das meistgesehene YouTube-Video des Jahres 2007 war ein von Touristen im Kruger-Nationalpark aufgenommener Film. Zu sehen sind eine Gruppe von Löwen, die ein Büffeljunges ins Wasser treiben und anfallen, ein Krokodil, das die knusprige Beute ebenfalls haben will und die Büffelherde, die geschlossen zurückkehrt und nun ihrerseits das Löwenrudel angreift und das Büffeljunge befreit. Das alles hat die Touristenkamera in verwackelten und unscharfen Bildern festgehalten. Nichts, was man nicht in der einen oder anderen Tierdokumentation im Fernsehen in sehr viel besserer Qualität, atemberaubenden Nahaufnahmen und sensationeller Schnitttechnik sehen könnte. Noch vor wenigen Jahren wäre das Video nach der Rückkehr aus dem Urlaub neben jeder Menge Fotos den eigenen Familienmitgliedern und Freunden vorgeführt worden und danach in der Versenkung des Familienarchivs verschwunden. So ist es um die Erde gegangen und dieser Hype hat etwa »National Geographic« dazu bewogen, aus dem Stoff ein professionelles Doku-Drama zu machen. Kaum jemand kennt den Namen des »Kameramannes«, und dennoch hat ihn sein Clip aus dem Reservat weltbekannt gemacht.

Das ist es offenbar, was neben einem übersteigerten Mitteilungsbedürfnis und an Exhibitionismus grenzender Selbstentblößung viele treibt, sich im Netz auch um den Preis der Lächerlichkeit dar- oder besser auszustellen. Wer erinnert sich nicht an die beiden sympathischen, aber völlig talentlosen jungen Türken aus Deutschland, die mit dem ganz und gar sinnfreien Song »Sonnenlicht« wochenlang der YouTube-Hit zumindest im deutschsprachigen Raum waren und es nicht nur zu prominent platzierten Artikeln in Teenie-Magazinen brachten, sondern auch in die »Stefan-Raab-Show« im Fernsehen schafften. Ich zumindest habe seither nichts mehr von ihnen gehört, und man kann nur hoffen, dass sie ihr plötzliches Verschwinden ebenso gut verkraftet haben wie ihre spontane Berühmtheit.

Die Zwischenbilanz ist also ernüchternd: »In den deutschen Hitlisten ... ergibt sich beim Surfen ein buntes Bild der Trash-Kultur«, schreibt Frank Hornig in einer »Spiegel Special«-Reportage zum Thema. »Neben Hitler-Parodien laufen endlose Teenager-Diskussionen um Tokyo-Hotel, Clips der Bodybuilderin Jana Linke-Sippl in Action zählen zu den Favoriten sowie ein Beitrag mit dem Titel ›Kacken‹, Videos von Schwänen im Kurpark Bad Aussee und von Männern, die vom Motorrad fallen.« Oder nehmen Sie Peter Oakley. Der 79-jährige verwitwete Brite aus der Provinz wurde unter dem bezeichnenden Namen »Geriatric1927« zum Star. Auf seine im Wohnzimmer frontal in eine simple Webcam erzählten gesammelten Lebensweisheiten im Stil der

Oral History gibt es mehr Reaktionen als auf George W. Bushs »Rede zur Lage der Nation«. »Ich bin der glücklichste alte Mann der Welt«, sagt Oakley selbst. »Besser als im Altersheim zu sitzen.« Da wird ihm wohl niemand widersprechen.

Von Amokläufern und digitalen Trittbrettfahrern

Also alles nur harmloser Zeitvertreib oder eine Form von Online-Therapie? Mitnichten. Das Internet hat seine Unschuld längst verloren. Und das gilt auch für Videoportale wie YouTube. Weil der Kampf um das knappe Gut Aufmerksamkeit gnadenlos ist, weil im Ozean des World Wide Web ertrinkt, wer nicht wild genug um sich schlägt, weil die Zuwendung der Community nur dem gewiss ist, der bereit ist, den Einsatz im Spiel ständig zu erhöhen, weil der Kampf um die Aufmerksamkeit schlicht und einfach nur zu gewinnen ist, wenn man zu den Waffen greift – und das nicht selten im wörtlichen Sinn.

»Eure Mercedes-Autos waren nicht genug, ihr Gören. Eure goldenen Halsketten waren nicht genug, ihr Snobs. … Das alles war nicht genug, um eure hedonistischen Gelüste zu befriedigen. Ihr hattet alles.« Das sind Sätze aus dem »Vermächtnis« eines jungen Mannes, der zuvor an der Virginia Tech in Blacksburg in den USA das Leben von 32 Mitstudenten und dann sein eigenes ausgelöscht hat. Cho Seung-Hui, der Amokschütze, war zwar erst zwanzig, aber er kannte die Gesetze der Mediengesellschaft gut. Noch vor seiner Bluttat versandte er ein perfektes Multimediapaket an den Fernsehsender NBC, der das verworrene und hasstriefende Gemisch aus Fotos, Videos und Textbotschaften prompt unter das amerikanische Volk brachte. Und damit nicht nur unter das amerikanische. Kurze Zeit nach der Erstausstrahlung des zweifelhaften Exklusiv-Materials war die Message des Killers auf zahlreichen Seiten und Plattformen im Netz abrufbar, und sie ist es noch heute. Was für die Angehörigen der Opfer ein ständiger Stachel im Fleisch ist, bedeutet für andere einen Quell der Inspiration. Das Bekenner-Paket des Blacksburger Amokläufers wurde als mediale Zeitbombe bezeichnet – eine Zeitbombe, die offenbar immer wieder gezündet werden kann. Die Wiener Gerichtspsychiaterin Sigrun Rossmanith ist nur eine von vielen Expertinnen, die in der Veröffentlichung des Materials ein Problem sehen: »Bluttaten wie Amokläufe sind stets auch eine szenische Selbstdarstellung«, sagt sie. »Der Gedanke daran, wie die anderen staunen werden und was sie über mich sagen werden, ist schon Teil der Planung.« Außerdem lasse die Berichterstattung sehr oft Nachahmungstäter auf den Plan treten, ist die Psychiaterin überzeugt und verweist auf das Beispiel der Hinrichtung Saddam Husseins. Tatsächlich sind mehrere Burschen daran gestorben, als sie offenbar versuchten, die Hinrichtung des ehemaligen irakischen Diktators nachzuspielen: »Sie wollten einfach nur den spektakulären Knoten nachmachen.«

Stichwort Nachahmung: Im Herbst 2007 nahm die norwegische Polizei einen Verdächtigen fest, der mit der Ermordung von Mitschülern und Lehrern gedroht hatte. Die Beamten hatten Hinweise auf ein Video auf YouTube bekommen, in dem konkrete Drohungen gegen eine Schule bei Bergen enthalten waren. Am nächsten Schultag wurden alle Schüler vor dem Betreten der Schule mit Metalldetektoren und Suchhunden nach Waffen oder Sprengstoff durchsucht. In dem Video war ausdrücklich auf ein Massaker in dem finnischen Ort Tuusula verwiesen worden, bei dem zwei Wochen davor ein 18-Jähriger sechs Mitschüler, zwei an der Schule arbeitende Frauen und sich selbst erschossen hatte. Eine Woche später verhinderte die deutsche Polizei einen geplanten Amoklauf am Kölner Georg-Büchner-Gymnasium durch einen 17- und einen 18-Jährigen. Der Jüngere der beiden nahm sich das Leben, der Ältere wurde festgenommen. Nur wenige Tage nach seinem norwegischen Kollegen wollte es ein Schüler in Niederösterreich auch einmal wissen. Wie sein »Vorbild« kündigte er eine »Gewalttat an einer Schule« an, wurde aber bald ausgeforscht. Nach einer Hausdurchsuchung und der Anzeige auf freiem Fuß zeigte sich der junge Österreicher zerknirscht. Es tue ihm sehr leid, er habe nicht damit gerechnet, dass sein Video derartige Auswirkungen haben würde, zitierte ihn ein Sprecher des Österreichischen Bundeskriminalamtes.

Exekutionen und Vergewaltigungen – frei Haus

Andere kalkulieren die Wirkung ihrer Video-»Botschaften« sehr bewusst ein. Mexikanische Drogenkartelle etwa, die sich ganz massiv über YouTube bekriegen. Banden, die sich auf der populären Seite gegenseitig verhöhnen und einschüchtern – mit Beschimpfungen und Gewaltvideos. Ein Film zeigt, wie einem Mann in den Kopf geschossen wird. In einer Fotoserie ist ein Opfer zu sehen, dessen Gesicht bei der Hinrichtung völlig zerfetzt wurde. Um ihre Gegner einzuschüchtern, stellen die Banden immer blutrünstigere Szenen ins Netz. José Luis Manjarrez, der Sprecher der mexikanischen Generalstaatsanwaltschaft, wird wissen, warum er die Bilder, die keinen Zweifel offenlassen, so vorsichtig kommentiert: »Die Botschaften erwecken den Eindruck, dass organisierte Kriminelle beteiligt sind. Wir können nicht ausschließen, aber auch nicht völlig sicher sein, dass das organisierte Verbrechen dies als Kommunikationsweg nutzt.« Aber welchen anderen Schluss sollte jene Nachricht eines YouTube-Mitgliedes zulassen, die 4500 Dollar Belohnung für jeden verspricht, der Angehörige einer gegnerischen Bande tötet? Einzige Bedingung: Der Täter muss den Mord beweisen – »mit einem Foto, Video oder indem er die Leiche liefert«. Da klingen die Beteuerungen von YouTube, »keine Videos von gefährlichen oder illegalen Taten« zu zeigen, mehr zynisch als naiv. Die Nutzer könnten ja Inhalte als ungesetzlich markieren, die das Unternehmen dann lösche, heißt es in einer lapidaren Mitteilung der Google-Tochter.

Am liebsten aus ihrer Erinnerung löschen würde eine 25-jährige britische Mutter von zwei Kindern wohl die schrecklichen

Ereignisse jenes Novemberabends im Jahr 2007, als drei Burschen im Alter von 14 bis 16 Jahren an der Tür ihrer Wohnung im Süden Londons läuteten. Das Trio überredete die junge Frau zu einer Champagnerparty, um kurze Zeit später über sie herzufallen. »Ich bin die ganze Nacht vergewaltigt worden, es war eine Folter«, schilderte die Verzweifelte später die Horrornacht. Doch als sich die Peiniger im Morgengrauen aus dem Staub machten, war der Spuk nicht zu Ende: Die Gang stellte die per Handy gedrehten Videoszenen des Sexualverbrechens ins Internet. Erst nachdem sich das Opfer bei der Polizei gemeldet hatte, wurden sie von YouTube entfernt. »Ich verstehe nicht, wie eine Internetplattform etwas Derartiges zeigen kann. Wie krank muss man dafür sein?«, fragte die traumatiserte Frau später in der britischen »Sun«. Auf den Bildern waren nicht nur die Gesichter der Täter zu erkennen, sondern auch die Schreie der hilflosen Kinder der Vergewaltigten zu hören. Man kann nur hoffen, dass die Dreistigkeit der Täter Scotland Yard hilft, sie auszuforschen. Die Frage der jungen Frau aber wird wohl ewig unbeantwortet bleiben.

Internetvictims: Verlierer im Kampf ums eigene Bild

Was tun, wenn die plötzliche Popularität ungewollt ist und man selber nicht einmal etwas dazu beigetragen hat? Was macht Sie so sicher, dass Sie bei Ihrem letzten FKK-Urlaub nicht heimlich fotografiert oder gefilmt wurden und seither als Masturbationsvorlage auf Voyeurweb oder einer ähnlichen Pornoplattform dienen, versehen mit verschwitzten Kommentaren von Usern aus aller Welt? Oder es geht Ihnen so wie jenem Lehrer in Finnland, der sich plötzlich als grölender Trunkenbold im Internet wiederfand. Einer seiner Schüler hatte ihn beim Karaokesingen auf einer traditionell feuchtfröhlichen Walpurgisparty im ostfinnischen Nurmes gefilmt und das Video unter dem wenig schmeichelhaften Titel »Karaoke of the mental hospital« auf YouTube veröffentlicht – natürlich mit dem vollen Namen des Lehrers.

»Die Veröffentlichung fremder privater Bilder, insbesondere Nacktfotos, ohne Genehmigung des Abgebildeten stellt eine schwerwiegende Verletzung des allgemeinen Persönlichkeitsrechtes im Sinne von § 823 BGB, Artikel 1 Abs. 1, 2 Abs. 1 GG dar und ist eine vorsätzliche sittenwidrige Schädigung, welche den Veröffentlichenden zur Zahlung von Schmerzensgeld sowie zur Unterlassung verpflichtet.« So weit das Gesetzbuch. Und die Realität? Zuerst einmal muss man den Urheber der Bilder ausfindig machen. Gelingt dies nicht, muss man sich selber darum kümmern, dass sie wieder aus dem Netz verschwinden. Und das ist gar nicht so leicht. Thomas Volkmer und Mario C. Singer, die Gründer der Plattform Internetvictims, geben in ihrem Selbsthilfebuch »Tatort Internet« eine Anleitung zur »Löschung von Videos auf YouTube«. Sie erstreckt sich über mehrere Seiten und macht wenig Mut, wenn man nicht selbst mindestens Systemadministrator ist. Ein fremdes Video als »unangebracht« (inappropriate) zu kennzeichnen oder »flaggen«, ist bei weitem nicht so einfach, wie ein eigenes hochzuladen. Hat man es dennoch einmal geschafft, verspricht YouTube, sich innerhalb von 24–48 Stunden des Problems anzunehmen …

In meiner Kindheit und frühen Jugend in den frühen Siebzigern kam man an Nacktfotos noch vergleichsweise schwer heran. Ich erinnere mich noch jenes denkwürdigen Tages in dem kleinen steirischen Dorf, in dem ich einen guten Teil meiner Kindheit verbrachte, als im Krämerladen, der gleichzeitig auch als Trafik fungierte, das einzige Exemplar der »Praline« für alle zur Einsicht auflag. Das Blatt würde heute Zehnjährigen ein müdes Lächeln abringen, war damals aber beinahe als Hardcore-Sexmagazin einzustufen. Maßgeblichen Anteil am Erfolg der deutschen Illustrierten hatte die Tatsache, dass sie nicht nur professionelle Models unverhüllt zeigte, sondern auch sogenannte Mädchen von nebenan. Eine aus unserem Dorf, die freilich schon in jungen Jahren als gefallener Engel galt und deren Spuren sich nach dem

Abtauchen in die Anonymität der Großstadt verloren, hatte es nun mit Nacktbildern in die Illustrierte geschafft und sich so auf die denkbar eindrucksvollste Weise wieder in Erinnerung gerufen! Aus eigenem Antrieb, weil sie es so wollte und weil sie sicher auch die Vorstellung genoss, wie daheim alle die Köpfe über ihren nackten Brüsten zusammensteckten.

Was für ein Unterschied zum Fall jener jungen Frau, die auf der speziell für Verleumdungsopfer im Internet eingerichteten Plattform internetvictims.de verzweifelt Rat sucht, weil sie Opfer unfreiwilliger Veröffentlichungen wurde: »In einem Forum hat mein Ex-Freund Dinge über mich und andere Frauen veröffentlicht, ... auf dreckigste Art und Weise, ein User, den es jetzt natürlich nicht mehr gibt, hat den Link an meinen derzeitigen Freund geschickt!!! ... Ein Mädchen hat er sogar mit der Kamera aufgenommen und es online gestellt!« Schöne neue Welt, in der es sich mit so wenig Aufwand so nachhaltig verleumden lässt.

Spy-Culture und Rosenkrieg im Internet

Im Sommer 2007 beschäftigte ein pikantes Video das Gericht in São Paulo. Ein Paparazzo hatte die Ex-Frau von Fußballstar Ronaldo, das Supermodel Daniella Cicarelli, im libidinösen Infight an einem spanischen Strand gefilmt. Der Profi-Voyeur verkaufte das heiße Material an einen Fernsehsender, kurz nach der Ausstrahlung landete es auf YouTube. Cicarelli wollte wegen Beeinträchtigung ihrer Privatsphäre 87 000 Euro Schadenersatz von den Betreibern des Internetportals, worauf diese das Material von der Seite nahmen. Doch sie hatten nicht mit der Hartnäckigkeit der User gerechnet, die das Video immer wieder hochluden, bis die Richter den Zugriff auf YouTube aus Brasilien sperren ließen. Die Folge waren 80 000 Protestmails an den Arbeitgeber Cicarellis, MTV, und Zehntausende Unterschriften auf einer Petition, in der die Entlassung der Moderatorin gefordert wurde. Dass der Spieß endgültig umgedreht wurde, dafür sorgte der Richter in São Paulo. Er ließ das Supermodel abblitzen – mit der Begründung, dass das Paar an einem öffentlichen Strand kein Recht auf Privatsphäre erwarten könne. Wer dort Sexspielchen treibe, müsse damit rechnen, dass dies Dritte bemerken. Dabei spiele es keine Rolle, ob die Aufnahmen heimlich oder nicht gemacht wurden. Schließlich musste Cicarelli 3800 Euro Schadenersatz an YouTube zahlen, wo das Video nicht mehr zu sehen ist. Dafür kursiert es an anderen Stellen im Internet, zum Beispiel auf der Videoplattform des Mutterunternehmens Google ...

Das brasilianische Urteil hat nicht nur Jubel bei YouTube ausgelöst, sondern einer Kultur Auftrieb verliehen, die kürzlich der »Stern« (16/2008) als »Spy-Culture« bezeichnet hat: »Nie zuvor war es in der Klatschindustrie so, dass die Beweise schon vor den Gerüchten präsentiert werden. Im Sekundentakt ploppen sie heute im Internet hoch und decken Lotter- und Liebesleben von Menschen auf, denen man vorher noch nicht einmal einen verschämten Blick in den ›Playboy‹ zugetraut hätte.« Und »Stern«-Autor Jochen Siemens erinnert an die seligen Zeiten, in denen scharfe journalistische Munition in Form kompromittierender Beweisfotos nur höchst selten zum Einsatz kam: »Michael Graeter, Deutschlands ehemaliger Klatschkönig, sagte einmal auf die Frage, weshalb er etwa die außerehelichen Aktivitäten des Franz Josef Strauß nie öffentlich gemacht habe: ›Ich fand, dass sie bei der Hirndurchblutung eines Vollblutpolitikers wie Strauß halfen und damit indirekt als Bürger Bayerns auch mir.‹« So viel noble Zurückhaltung hätte sich »Kunde Nr. 9« auch gewünscht. Unter dieser geschäftsmäßig nüchternen Bezeichnung wurde der ehemalige Gouverneur von New York, Eliot Spitzer, weltberühmt und mit ihm Ashley Dupré, ein Callgirl, das Spitzer 4000 Dollar wert war und ihn schließlich den Job kostete. Zum Schaden hatte er auch noch den Spott: Auf der Internetseite »The Soking Gun« kann man nicht nur die vom FBI aufgezeichneten Telefonate Spitzers mit einem Callgirlring nachhören, auf YouTube finden sich unter seinem Namen nicht weniger als 1830 Videos, darunter viele, die sich über ihn lustig machen. Auch unter dem Namen Ashley Dupré sind unterdessen mehr als 500 Beiträge gelistet – darunter ein »scharfes« Video der heute 23-Jährigen aus Jugendtagen und mehrere Musikclips. Ihrer jahrelang dahintümpelnden Karriere als Sängerin scheint der Sexskandal nicht geschadet zu haben und der Wikipedia-Eintrag über Dupré ist beinahe so umfangreich wie der über Spitzer. Dessen Gattin hat sich – wie man das von Politikergattinnen in den USA gewohnt ist – trotz allem hinter ihren Mann gestellt.

Die ehemalige Schauspielerin und Bühnenautorin Tricia Walsh-Smith will ihren hingegen partout loswerden, und in diesem Bemühen vertraut sie auch auf die Kraft von YouTube. Dort hat die ehemalige Mimin einen sechsminütigen Clip platziert, in dem sie alle Register ihres schauspielerischen Könnens zieht: Sie weint, flucht und schimpft vor allem über ihren um 25 Jahre älteren Mann, den millionenschweren Präsidenten der Shubert Organization, und sie beklagt ihr – fehlendes – Intimleben. Ihr Mann könne keinen Sex mit ihr haben, erklärt sie einem weltweiten Publikum, weil er an Bluthochdruck leide. Dennoch habe sie Kondome und Viagra-Tabletten bei ihm gefunden. Die prominentesten Scheidungsanwälte New Yorks sind sich noch uneinig, ob dieser Furor in Videoform im bevorstehenden Verfahren eher ein Vor- oder ein Nachteil ist. Einig sind sie sich jedoch in der Einschätzung, dass der klassische Rosenkrieg nun auch im digitalen Zeitalter angekommen ist.

Die neue Macht der Bilder

Am 17. Januar 2008 brachte Diana-Biograf Andrew Morton sein Buch über Tom Cruise und Scientology auf den Markt. Die Enthüllungen sorgten für Aufregung und die internationale Aufmerksamkeit war dem Autor gewiss. Zufall oder nicht: Einen Tag später tauchte gleichsam der Film zum Buch auf – als grobkörniges Amateurvideo bei Gawker.com (laut Eigendefinition spezialiert auf Media Gossip and Pop Culture round the Clock). Es zeigt den Schauspieler als Redner bei einer Scientology-Versammlung, so wie ihn eigentlich nur die Sektenmitglieder hätten sehen sollen – nicht ganz auf der Höhe seines schauspielerischen Könnens und dennoch in der Rolle seines Lebens als messianischer Verbreiter einer kruden Lehre. Dass Scientology verzweifelt versuchte, den Film entfernen zu lassen, machte alles nur noch schlimmer. Spätestens jetzt wurden die klassischen Medien aufmerksam und bescherten L. Ron Hubbards Jüngern einen medialen Super-Gau. Tom Cruise, als Stauffenberg-Darsteller eben noch von den deutschen Medien gefeiert und ausgezeichnet, musste sich vom Chefhistoriker des deutschen Fernsehens, Guido Knopp, mit einer der übelsten Figuren des Naziregimes vergleichen lassen: »Tom Cruise tritt auf wie Goebbels«, sagte Knopp zu »Bild am Sonntag«: »Die Szene, in der er fragt, ob die Scientologen die Welt säubern sollen und alle Ja rufen, erinnert zwangsläufig jeden Deutschen, der sich für Geschichte interessiert, an die berüchtigte Sportpalast-Rede von Goebbels.« In Europa ist Top Toms Image im Keller, in den USA ist Sektierer Cruise seit dem Auftauchen des Videos eine Lachnummer. Aber immerhin hat der Wirbel eine ernsthafte Debatte über Scientology ausgelöst. Bei CNN und anderen Sendern beschäftigten sich Moderatoren (erstmals) ausführlich mit Cruise und seinem Unternehmen, das in den Vereinigten Staaten als Religion anerkannt ist. Damit war dem Video etwas gelungen, was zahlreiche journalistisch ausrecherchierte Dokumentationen und authentische Berichte ausgestiegener Sektenmitglieder davor nicht zustande gebracht hatten.

Womit bald jeder von uns leben wird müssen, darunter leiden Promis schon lange: Ob öffentliche Überwachungs- oder private Handykamera, was immer sie tun und lassen, wird aufgezeichnet und findet irgendwann den Weg ins Internet. Was Dauerüberwachung durch Fans, Angestellte, von Zeitungen angeheuerte Spione und sogar durch eigene Familienmitglieder bedeutet, davon können Kate Moss, die von einem Bekannten in einem Tonstudio heimlich beim Koksen gefilmt wurde, oder Britney Spears ein

Lied singen. Letztere verlor den Sorgerechtsstreit mit ihrem Ex-Mann Kevin Federline nicht zuletzt aufgrund von Fotos, die sie – verwirrt oder von Drogen umnebelt oder einfach »nur« krank? – beim Abtransport ins Hospital zeigen. Danach durfte sie ihre beiden Söhne nicht mehr sehen. Ex-»Baywatch«-Star David Hasselhoff wiederum wurde von seiner eigenen Tochter gefilmt, als er – im Vollrausch auf dem Boden liegend – versucht, einen Burger zu verdrücken. Hasselhoff bekam dennoch das Sorgerecht für seine beiden Töchter zugesprochen. Der Film, der auf Umwegen ins Netz gelangt war, blieb aber bis auf Weiteres sein letzter Auftritt vor einer Kamera.

Bilder sind leichter konsumierbar als jeder Text und oft sagen sie tatsächlich mehr als tausend Worte (wie vor der legendären Kodak-Werbung schon ein chinesisches Sprichwort wusste). Dazu kommt, dass Bildern nicht selten eine Seele zugesprochen wird. Der amerikanische Bildforscher und Kunsthistoriker W.J.T. Mitchell spricht gar von »living pictures«, die geliebt, ja liebkost werden wollen wie die byzantinischen Ikonen, die unter den Berührungen der Gläubigen unkenntlich werden. (Wer die animistische Qualität von Bildern in Frage stellt, dem empfiehlt Mitchell kurzerhand, das Porträt der eigenen Mutter zu zerschneiden!) Bilder bleiben stärker als Zahlen oder Zitate in unserem Gedächtnis haften, sie sind in unserem Gehirn abgespeichert und können jederzeit abgerufen werden. So löste etwa das Wort »Flocke« bis zum 8. Januar 2008 in den Köpfen der meisten von uns Bilder vom Himmel fallender Eiskristalle aus. Seither sind es die Bilder eines drolligen kleinen Eisbären im Maul seiner Mutter. Zuerst wollte der Nürnberger Zoo das Bärenbaby verhungern lassen, weil es von seiner Mutter nicht gesäugt wurde. Nach der Veröffentlichung der ersten Bilder war das undenkbar: Mit einem Schlag hatten die Menschen das Eisbärenjunge weit über Deutschland hinaus ins Herz geschlossen und ihm das Leben gerettet. Die täglich verhungernden Kinder in den Ländern der Dritten Welt haben dieses Glück nicht.

Bilder haben aber auch ein Eigenleben. Niemand weiß das

besser als die heute arbeitslose 26-jährige Lynndie England, die mit ihrem dreijährigen Sohn in West Virginia in einer Wohnwagensiedlung lebt. Bekannt wurde die unscheinbare Frau im Mai 2004. Damals tauchten ekelerregende Bilder aus dem berühmtberüchtigten Abu Ghreib-Gefängnis im Irak auf. Sie zeigten, wie irakische Gefangene gefoltert und gedemütigt wurden, und sie zeigten immer wieder die einfache Soldatin Lynndie England – lächelnd, eine Zigarette lässig im Mundwinkel, während ihre Hände wie ein Gewehr auf die Geschlechtsteile eines nackten, mit einer Kapuze bedeckten Mannes zeigen, oder Lynndie England mit einer Hundeleine in der Hand und einem nackten, am Boden liegenden Mann am anderen Ende der Leine. England hat dem Folterskandal, von dem bis dahin angeblich niemand etwas geahnt hatte, ein Bild gegeben. Die Aufregung bei den Verbündeten der USA war groß und der Image-Schaden für Militär und Regierung gewaltig. Was im Irak-Krieg den Beginn einer Wende markierte, endete für England mit der unehrenhaften Entlassung aus der Armee und drei Jahren Haft. In einem Interview mit dem »Stern« zeigte sie nach ihrer Entlassung freilich wenig Reue, aber viel Verbitterung. Sie habe sich die ganze Zeit »nicht richtig schuldig gefühlt, weil ich Befehlen folgte. Weil ich tat, was ich tun musste.« Dennoch war sie sich offenbar schon zum Zeitpunkt ihres Entstehens über die schockierende Wirkung der Bilder bewusst. »Ich dachte, hoffentlich kommen die Fotos nie raus! Die Menschen werden einen anderen Blick auf den Krieg und Amerika kriegen. Und so ist es dann auch passiert. ... Ich gebe zu, vielleicht habe ich tausende Menschen getötet, aber nicht direkt. Es war ein Resultat der Fotos. Nachdem das publik wurde, griffen Iraker die Amerikaner und Briten an, und die schlugen zurück, und irgendwann töteten sie sich gegenseitig.« Die Macht der Bilder bekommt England heute auch noch auf ganz andere Art zu spüren: »Ich kann nirgendwo hingehen, weil mich alle erkennen. Jeder erkennt mein Gesicht und meine Stimme. Ich habe mein Haar gefärbt, aber trotzdem hat mich jeder erkannt. Mich erkennen sie sogar, wenn ich Hut und Sonnenbrille trage.«

Auf Saddam Hussein traf das zu seinen Lebzeiten ebenfalls zu. Als er ein Jahr, nachdem die US-Armee im Irak einmarschiert war, gefangen genommen wurde, waren unmittelbar danach Bilder auf dem Markt, die den einstigen Gewaltherrscher bei einer Art zahnärztlicher Kontrolle zeigten. Jeder konnte von zu Hause aus in die vom Scheinwerferlicht einer Kamera ausgeleuchtete Mundhöhle des Ex-Diktators blicken. Der Mann, der als das personifizierte Böse galt und mit Hitler verglichen wurde, war plötzlich erniedrigt und des letzten Restes seiner Würde beraubt. Was vor allem in der arabischen Welt als bewusster Akt der Demütigung durch das US-Militär verstanden wurde, stellte sich später als ein sehr banaler Vorgang heraus: Man wollte eine DNA-Probe nehmen, um sicherzugehen, nicht einen (der angeblich zahlreichen Saddam-Doppelgänger) gefangen genommen zu haben. Aber da war es schon zu spät. Selbst unter Saddam-Gegnern im Irak begann die Stimmung zu kippen. Aus den amerikanischen Befreiern wurden Besatzer, die es ihrerseits zu bekämpfen galt.

Als Saddam im Morgengrauen des 30. Dezember 2006 gehenkt wurde, weigerten sich viele TV-Sender, Bilder von der Hinrichtung zu zeigen. Aber ein mit einer Handy-Kamera hergestelltes Video kursierte nicht nur kurze Zeit später in den Straßen Bagdads, auch George Bush konnte sich Stunden später in Washington zunächst via YouTube vom unrühmlichen Ende seines einstigen Gegners überzeugen. Die »wahnsinnig schnelle Vervielfältigung der Plattformen und die Geschwindigkeit, mit der die Bilder aufeinander folgen«, machen für den Direktor des Deutschen Digital Institutes in Berlin, den Medienpsychologen Jo Groebel, die gewachsene Macht der Bilder aus. »Wenn heute auf der Welt etwas geschieht, gibt es meistens fast zeitgleich Fotos oder TV-Bilder. So wird der Betrachter zum Augenzeugen. Bilder von Webcams und Handys geben uns das Gefühl, überall live dabei zu sein.« Der Medienexperte sieht natürlich die beiden Seiten der Medaille: Die Zensur hat keine Chance mehr, brisante Bilder zu unterdrücken, ist über einen längeren Zeitraum hinweg so gut wie unmöglich, auf der anderen Seite ist die Bilderflut nicht mehr kontrollierbar und

»an die Stelle der Zensur tritt die Möglichkeit, mit immer drastischeren Bildern etwas zu erreichen, Meinung zu machen, sie zu manipulieren«, wie Groebel im Interview mit »VIEW«, dem Schwestermagazin des »Stern« sagt. »Nehmen wir nur die Filme, die fanatische Terroristen von den Hinrichtungen ihrer Geiseln ins Netz gestellt haben. Damit wird direkt Terror auf die Menschen ausgeübt – ohne Umweg über die klassischen Medien.«

Und immer öfter ist es freilich der individuelle Terror Einzelner, die sich damit – und sei es nur für kurze Zeit – ein klein wenig Aufmerksamkeit sichern wollen und dafür viel riskieren. So wie jene beiden 15-jährigen Mädchen aus der Steiermark, die einen Werklehrer an ihrer Schule für ein geplantes YouTube-Video bewusst provozierten, ihn mit Farbe bespritzten und eine leere Plastikflasche an den Kopf warfen. Die Mädchen filmten alles mit, auch die Flucht des Lehrers in ein leeres Zimmer der Schule wo er sich einsperrte und per Handy Hilfe herbeiholte. Der Sprecher des Landesschulrates sprach nach dem Vorfall von einem »richtigen Hype«, Lehrer und Professoren in möglichst blöde Situationen zu bringen, die Auszucker dann aufs Handy zu bannen und anschließend das Ganze auf YouTube zu stellen. Es gebe einen richtigen Wettlauf um die besten Lehrer- und Professorenfilme. Die beiden Mädchen wurden natürlich der Schule verwiesen. Dafür sind sie jetzt berühmt.

Digitaler Sondermüll

Wie »schnell« YouTube auf Videos mit zweifelhaftem oder zweifellos verbotenem Inhalt reagiert, zeigt sich nicht zuletzt an der Klage des Zentralrates der Juden in Deutschland, der plant, gegen Google vor Gericht zu ziehen. »Wir werfen Google vor, dass sie sich mit ihrer Tochter, der Videoplattform YouTube, zu Mittätern an Rassenhass und Diskriminierung machen«, zitiert die Deutsche Presse Agentur den Generalsekretär des Zentralrates, Stephan Kramer. Der endgültige Stein des Anstoßes: Ein Video, auf dem ein Bild des ehemaligen Zentralratspräsidenten Paul Spiegel verbrannt wird, war monatelang auf der Videoplattform abrufbar. Um keine Zweifel über die Gesinnung der Urheber aufkommen zu lassen, waren im Bildhintergrund Hakenkreuze zu sehen. Die Klage des Zentralrates geht über den konkreten Anlassfall aber weit hinaus: »Die rechte Szene nutzt YouTube massiv als Plattform«, warnt Generalsekretär Kramer und fügt resignierend hinzu: »Leider ist nicht zu erkennen, dass die Betreiber wirksam dagegen vorgehen.« Dabei hat die »Frankfurter Rundschau« schon beim Start der deutschen Domain youtube.de im November 2007 über Videos etwa der verbotenen Nazi-Band »Landser« und Hetzfilme über eine angebliche jüdische Weltverschwörung berichtet. Google-Kommunikationschef Kay Oberbeck beteuert: »Wir sind uns unserer Verantwortung bewusst.« Google arbeite seit mehr als drei Jahren mit der Freiwilligen Selbstkontrolle Multimedia (FSM) zusammen, um jugendgefährdendes Material von den Internetseiten fernzuhalten. Außerdem könnten Nutzer Videos mit brisanten Inhalten melden. Rechtlich habe man wenig Handhabe, ärgert sich etwa auch Thomas Günter, der Justiziar der Initiative jugendschutz.net: »Die deutsche Domain ist lediglich ein Unterbereich von youtube.com. Der Anbieter aber sitzt weiterhin in den USA.«

Die Queen und Kurt Beck tun es

Freilich haben inzwischen nicht nur obskure oder gar verbotene Gruppierungen die Möglichkeiten, die das neue Medium offeriert, erkannt. Die Politik insgesamt, Parteien und einzelne Kandidaten, Interessenvertretungen und Kirchen, sie alle zeigen zunehmend digitale Präsenz. 2007 etwa verkündete die 81-jährige Queen Elizabeth II. erstmals ihre traditionelle Weihnachtsbotschaft auch über YouTube. Man wolle es Menschen im Ausland leichter machen, die Botschaft zu verfolgen, aber auf diesem Weg auch mehr junge Menschen erreichen, machte der Pressesprecher des Buckingham Palastes die dahintersteckende Medienstrategie klar. Es ist offenbar dieselbe, auf die auch der Erzbischof von Canterbury setzte, als er mit seiner Neujahrsbotschaft ebenfalls auf YouTube online ging: »In einer Gesellschaft, in der wir alles als Wegwerfware betrachten, wo wir ständig die technische Spielerei vom vergangenen Jahr mit dem Modell aus diesem Jahr ersetzen wollen – halten wir da nicht am Ende auch Menschen und Beziehungen für wegwerfbar?«, fragt Rowan Williams und warnt: »Eine Kultur mit riesigem materiellem Abfall und emotionaler Kurzfristigkeit ist sehr viel zerbrechlicher, als sie weiß.« Für diese Botschaft schien er sich zumindest das richtige Medium ausgesucht zu haben. Und weil die Konkurrenz bekanntlich nicht schläft, hat er auch bereits Nachfolger gefunden. Etwa den Mailänder Erzbischof Dionigi Tattamanzi, der ebenfalls auf YouTube setzt, um den Kontakt zu den Gläubigen zu pflegen. Der italienische Purpurträger, der schon bei der letzten Papstwahl als möglicher Anwärter für den Chefposten in der katholischen Kirche galt, ist gar jeden Freitag ab 13.00 Uhr auf YouTube zu hören und zu sehen. Er antwortet auf Fragen, die ihm Gläubige per Mail schicken. Über 16 000 Surfer haben Tettamanzi verfolgt, als er im Februar 2008 online auf Fragen über die Fastenzeit antwortete. Wer solcherart auf den Geschmack gekommen ist, kann gleich auf das vor kurzem erneuerte Internetportal des Vatikans gehen. Dort hat man die Möglichkeit, über fünf Webcams das (freilich eher beschauliche) Geschehen in den Vatikanischen Gärten verfolgen. Die Chance, den Papst beim Spazierengehen zu sehen, ist zwar gering, aber sie besteht. Man braucht, wie soft im Internet, nur viel Zeit und Geduld.

Jetzt einmal ehrlich, wissen Sie, wie der derzeitige Regierungschef Japans heißt? Seinen Vorvorgänger mit der jugendlich-sportlichen Erscheinung und der wilden graumelierten Mähne, Junichiro Koizumi, den haben wir alle in Erinnerung, aber den Neuen? Yasuo Fukuda (er folgte im September 2007 Shinzo Abe nach) hat dieses Defizit erkannt und wollte seinen internationalen Bekanntheitsgrad 2008 gleich mit einer auf YouTube platzierten

Neujahrsbotschaft steigern. Das hätte er besser bleiben lassen, denn das Interesse an seinen Ausführungen war enden wollend, obwohl Fukuda Englisch sprach: Einen Tag, nachdem der Multimedia-Beauftragte der Liberaldemokratischen Partei, Taro Kono, das Video hochgeladen hatte, war es nur fünfhundertmal (weltweit!) heruntergeladen worden – eine Schmach.

»Casse-toi alors, pauvre con!« Schleich dich doch, armer Depp! Nicolas Sarkozy waren die Nerven durchgegangen. Nicht zum ersten Mal, gewiss – aber diesmal so richtig. Der Möchtegern-Napoleon des digitalen Zeitalters wollte auf der Landwirtschaftsschau in Paris, der größten Messe des Landes, zwischen Ständen mit Ziegenkäse und Rotwein Nähe zum Wähler demonstrieren. Der Herr aus dem Elysée-Palast hätte etwas positive Publicity notwendig gehabt. Seit seiner Heirat mit der glamourösen Sängerin Carla Bruni, millionenschwer und gut zehn Zentimeter größer als ihr Gatte, kämpft der Präsident mit einem Umfragetief, von dem er sich liebend gerne erholen würde. Aber jener ältere Herr, dem der präsidentielle Zornesausbruch auf der Agrarmesse galt, wollte da nicht mitspielen: »Rühr mich nicht an!«, wies er Sarkozy an und dessen ausgestreckte Hand forsch zurück. Der Rest ist inzwischen Geschichte – auch Mediengeschichte. Denn es dauerte nur wenige Stunden, und der Fauxpas, den am Ort des Geschehens selbst außer den Akteuren und deren unmittelbaren Begleitern, vor allem also der Entourage des Präsidenten, kaum jemand wahrgenommen hat, war plötzlich weltweit zu bestaunen. Die Zeitung »Le Parisien« hatte das Pöbel-Video noch am Abend auf ihre Internetseite gestellt. Kurze Zeit später war es auf YouTube und Millionen Menschen machten sich ein Bild von »Dirty Sarko«. Natürlich musste das Fernsehen reagieren. Die schlechte Bildqualität des Videos änderte nichts daran, dass an jenem Samstagabend im Februar 2007 kaum eine Nachrichtensendung ohne diese Sequenz auskommen wollte – europaweit!

Nicolas Sarkozy war auf der Videoplattform YouTube schon davor ein oft und gerne Gesehener: Etwa mit jenen Aufnahmen, die ihn beim G8-Gipfel im Ostseebad Heiligendamm angeblich betrunken zeigen, oder wie er während eines Interviews – angesprochen auf seine Ex-Frau Cecilia – seinen Sprecher einen »Vollidioten« nennt. Alle diese »Sarkozy-Tapes« sind ständig abrufbar. Zum Zeitpunkt der Abfassung dieses Kapitels etwa sind es sage und schreibe 16 900 Treffer, die die Abfrage »Sarkozy« auf YouTube ergibt. Das »Alkozy«-Video mit dem Titel »Visiblement un peu éméché« übrigens rangiert auf Platz zwei, ist knackige neunundvierzig Sekunden lang und wurde bisher weit öfter als sechs Millionen Mal angeklickt! Was früher gut in den Bild- und Filmarchiven der Zeitungen und Fernsehstationen (und manchmal auch als eine Art publizistische Lebensversicherung im Tresor) lagerte und meist erst im Falle eines politischen Nachrufs beim Abgang wieder »ausgegraben« wurde, ist jetzt präsent – und zwar nicht nur für eine qualifizierte Minderheit, die sich wirklich für Politik interessiert, sondern für jedermann. Einmal YouTube-Held, immer YouTube-Held! Im größten Videoarchiv der Welt kann man sich vielleicht verirren, aber man geht nicht verloren. Niemals.

Gläserne Kandidaten und Dirty Campaigning

Als einer der ersten Politiker hat die neue Macht des Internets US-Senator George Allen zu spüren bekommen. Der Republikaner aus dem Bundesstaat Virginia vergriff sich bei einem Wahlkampfauftritt im August 2006 im Ton und bezeichnete einen indischstämmigen Studenten, der als Wahlkampfhelfer für die Demokraten seinen Auftritt filmte, als »Makake«, was nicht nur in den politisch korrekten USA eine ziemlich üble rassistische Verunglimpfung ist. Wenig später fand sich ein Videomitschnitt der Verbalentgleisung auf YouTube, danach auf der Titelseite der politisch extrem einflussreichen »Washington Post« und schließlich in den amerikanischen Fernsehnachrichten und Talkshows. Das war der Anfang vom Ende der Politkarriere Allens. Bei den

Kongresswahlen unterlag er dem Demokraten Jim Webb, seither arbeitet er nur noch im politik*nahen* Bereich für irgendeine Reagan-Stiftung. Die renommierte »Los Angeles Times« nahm nicht zuletzt den Fall Allen zum Anlass, von den Kongresswahlen 2006 als der ersten »YouTube-Wahl« zu sprechen.

Der USA-Kenner und Korrespondent der Deutschen Presse Agentur, Hans Dahne, bezeichnet das Portal »für den Wahlkampf wie geschaffen«. Nicht zuletzt deshalb, weil Wahlspots auf der freien Webseite kein Geld kosten und dadurch auch relativ unbekannte Kandidaten mit kleinem Wahlkampfbudget eine politische Plattform bekommen. Aber er sieht auch die Kehrseite der Medaille: »Während Wahlspots im Fernsehen den Regulierungen der Bundeswahlkommision unterliegen, herrscht bei YouTube eine Art Wild-West-Stimmung. Niemand muss sagen, wer für den Inhalt des Spots verantwortlich ist. Anders als im Fernsehen muss der betreffende Kandidat den Wahlspot auch nicht persönlich genehmigen. Außerdem scheint bei YouTube fast alles erlaubt – auch Schläge weit unter die Gürtellinie. In einem Videoclip wird US-Präsident George W. Bush beispielsweise in einen Topf mit Diktatoren vom Schlage Adolf Hitlers oder des irakischen Ex-Machthabers Saddam Hussein geworfen.« Und das war selbst den eingefleischtesten Demokraten zu viel.

Auch das Duell Hillary Clinton gegen Barack Obama bei den Demokraten wurde über weite Strecken im Internet geführt. Die ehemalige First Lady selbst sorgte bereits am Beginn dieses Wahlkampfes für eine Premiere. Als erste Politikerin erklärte sie 2007 ihre Kandidatur entgegen den bisherigen Gepflogenheiten auch in den USA nicht auf einer Pressekonferenz, sondern im Internet. Damit war die Web-Schlacht eröffnet. Schon bald tauchte auf YouTube ein Clip mit dem Titel »Vote different« auf. Jemand hatte Ausschnitte aus Clintons Ankündigung in einen alten Apple-Spot montiert, der wiederum im Original – produziert 1984 von einem der renommiertesten und einflussreichsten Regisseure unserer Zeit, dem Briten Ridley Scott – als Attacke gegen den Software-Monopolisten Microsoft gedacht war. In der neuen »Bearbeitung« durch Internetpiraten gemahnte plötzlich eine übergroße Hillary Clinton an Orwells Big Brother. Die Stoßrichtung war klar (und sie blieb es bis auf den heutigen Tag): Die Frau des ehemaligen Präsidenten ist die Kandidatin des politischen Establishments und daher für alle unwählbar, die wirklich einen Wechsel wollen. Hillary Clinton jedenfalls war um eine schmerzhafte Erfahrung reicher, die vor ihr schon Tausende Privatpersonen machen mussten: In dem Moment, in dem man sein Bild dem Netz überlässt, gibt man die Kontrolle über sein Image auf – »es wird vervielfältigt, verzerrt, verzehrt«, wie Tobias Moorstedt in der »Süddeutschen Zeitung« (57/2008) zum Thema »Wahl 2.0« schreibt: »Das Internet gilt als virtuelles Kaufhaus oder Bahnhofsviertel, manche Menschen aber sehen es als digitales Gemeindezentrum, als einen Pixel-Baum, unter dem die Menschen zusammenkommen und über die beste Politik diskutieren. Im Vergleich zum Jahr 2004 hat sich die Zahl derer, die sich im Internet über die Wahlen informieren, mehr als verdoppelt. Bei Amerikanern unter 30 Jahren hat das Web den Fernsehapparat als wichtigste Nachrichtenquelle abgelöst.«

So weit so gut. Wenn man aber bedenkt, dass (nach Angaben der Bundeswahlkommission) die Republikaner 91 Prozent und die Demokraten 81 Prozent ihrer Wahlwerbung für sogenannte Negativ-Kampagnen (dirty campaigning) ausgeben, sieht die Welt schon anders aus. Natürlich geht es dabei einzig und allein darum, mit einer nachhaltigen Rufschädigung den politischen Gegner aus dem Rennen zu bugsieren. »Im Auftrag der Parteizentralen machen Hobbyfilmer regelrecht Jagd auf Ausrutscher und Fehltritte von Kandidaten der anderen Partei. Für die Politiker wird der Wahlkampf damit zu einer nie enden wollenden Bewährungsprobe. Vom Tag eins an müssen sie perfekt und immer kamerabereit sein. Jeder Tag Wahlkampf wird so zum Reality-TV«, formuliert USA-Korrespondent Dahne und resümiert: »Mit YouTube steuert der Wahlkampf in den USA in eine neue Richtung. Bisher sammelten die Kandidaten mit Hilfe des Internets Spenden oder organisierten eine Basis von Gleichgesinnten in Online-Gemeinschaften. ... YouTube schafft jetzt den gläsernen Kandidaten.«

Aber das funktioniert nur, weil es genügend Leute wie Mayhill Fowler gibt. Die 60-jährige ehemalige Lehrerin aus Oakland ist eine von Tausenden freiwilligen Mitarbeiterinnen von Off the Bus. OTB ist das Internetprojekt der Bloggerin Ariana Huffington und des New Yorker Journalistik-Professors Jay Rosen, das sich zum Ziel gesetzt hat, eine Wahlkampf-Berichterstattung von Leuten, die nicht Mitglied in einem der Clubs sind, zu liefern. Von Leuten wie Mayhill Fowler eben, die im April 2008 einen Coup landete. Als OTB-Reporterin war sie bei einem kleinen Fundraising-Dinner von Barack Obama in San Francisco und hatte als Einzige das Aufnahmegerät laufen, als Obama seine berühmten Sätze über die »verbitterte weiße Mittelschicht, die sich an Gewehre und Kirchen klammert« über die Lippen kamen. Fowlers Bericht, der in der aufgeheizten Stimmung rasend schnell Verbreitung fand, bestimmte ab sofort die politische Debatte vor der wichtigen Vorwahl in Pennsylvania.

In der »intellektuellen Komfortzone«

Wer Genaueres über die Netzperformance der Kandidaten im Rennen ums Weiße Haus wissen will, geht auf techPresident. Diese Webseite beschäftigt sich ausschließlich damit, wie die Präsidentschaftskandidaten das Internet nutzen, und umgekehrt, wie Internetnutzer den Wahlkampf beeinflussen. Die Seite bietet Blogs und jede Menge Statistiken zu den Auftritten auf YouTube und in den sozialen Netzwerken MySpace und Facebook. An der Prophezeiungsbörse inTrade schließlich, wo unter anderem mit Kandidatenaktien gehandelt wird, kann man mit den Wahlen sogar Geld gewinnen (oder verlieren). Während noch im Januar Clintons Wertpapiere hoch im Kurs standen, zeigte sich zwei Monate später ein völlig verändertes Bild: Die Obama-Aktie lag bei 80 (und damit die Chance, dass Obama als Präsidentschaftskandidat der Demokraten ins Rennen um das Weiße Haus geht, bei 80 Prozent), das Hillary-Papier stürzte auf knapp 20 ab und erholte sich danach nicht mehr wirklich. Das Internet als Ersatz für professionelle Meinungsumfragen also.

Wie relevant ein Kandidat wirklich ist, lässt sich schon aus den Zugriffsstatistiken ablesen – vorausgesetzt man legt keinen Wert auf ein repräsentatives Sample und akzeptiert jene »Unschärfen«, die sich aus der Melange an Manipulationen ergeben können, denen im Internet Tür und Tor offenstehen. All jene, die dem Glauben an die Statistik huldigen (und in politischen Kreisen gibt es diesbezüglich keine Ungläubigen), haben in »Alexa« ihre Kirche gefunden. Alexa ist ein Serverdienst, der Daten über Webseitenzugriffe sammelt und darstellt. Er zeigt die Anzahl der Unique User chronologisch an, das heißt die Zahl jener Internetnutzer, welche eine bestimmte Seite angesurft haben, wobei jede Person nur einmal gezählt wird. Und hier zeigt sich etwa, dass schon im Januar 2008 eindeutig mehr Menschen im Netz Interesse an der Webseite von Barack Obama hatten als an der von Hillary Clinton. Ein in den USA lebender Bekannter hat sich am Beginn des demokratischen Duells bei my.barackobama registriert und danach sein digitales Wunder erlebt: Er bekam täglich mehr als 30 Mails mit Betreffzeilen wie »Hillary klaut unsere Plakate!«

Wohin auch immer die Reise geht – und man kann davon ausgehen, dass in vier Jahren, wenn in den USA wieder Präsidentenwahlen sind, die Evolution der E-mocracy wieder um einen beträchtlichen Schritt weiter ist –, eines kann man jetzt schon sagen: Die Zeiten der Wahlkämpfe als Einbahnstraßen, in denen die Internetauftritte das waren, was man im angelsächsischen Sprachraum *brochure ware* (digitale Versionen von Broschüren) nennt, sind ein für allemal vorbei. Nun erhebt sich die Frage, ob die älteste Demokratie der Welt besser geworden ist, nur weil Amateure im Wahlkampf Webseiten programmieren, Videos fabrizieren und selbständig Parteitreffen organisieren. Inzwischen sind es immer öfter die Zauberlehrlinge in den Parteizentralen selbst, die den herbeigerufenen Geistern Einhalt gebieten wollen. Graswurzelarbeit an der Basis schön und gut, aber: »Manchmal denken die Leute, sie können alles machen«, klagt etwa Justine Lam, E-Campaign-Leiterin bei den Republikanern. Ihre Online-Aktivisten hatten sich in den Kopf gesetzt, mit Spendengeldern einen knallroten Zeppelin mit dem Logo des Kandidaten zu mieten. »Wir waren nicht so begeistert«, ringt sich Lam ein Lächeln ab und gesteht: »Man muss versuchen, die Botschaft zu kontrollieren, ohne die Konversation mit den Wählern zu diktieren.«

Auf ein wesentlich grundsätzlicheres Problem macht Jonathan Taplin, Professor an der Universität von Südkalifornien, aufmerksam. »Anders als TV-Nachrichten, die uns oft mit Fakten und Werten konfrontieren, die uns nicht gefallen, können wir jetzt zu Blogs und Webseiten surfen, die uns sagen: Du hast recht! Du gehörst zu den Guten.«, sagt der Spezialist für Internationales Kommunikationsmanagement. Auf die Ära des Broadcastings, das versucht habe, die Menschen zu überreden, folge die Ära des Narrowcastings, das die Nutzer in den jeweils eigenen Ansichten bestätige. Taplin spricht von der »intellektuellen Komfortzone«, die nun endgültig niemand mehr verlassen müsse. Durch die Zersplitterung der Medien brauche sich niemand mehr mit Informationen auseinanderzusetzen, die kognitive Dissonanzen erzeugen. »Ich glaube nicht, dass das gut ist für die Demokratie«, zitiert die »Süddeutsche Zeitung« Taplin. Die Menschen gehen offenbar auch im Netz den Weg des geringsten Widerstands und landen schnell dort, wo sie sich auskennen, wohlfühlen und in ihren Ansichten (und Vorurteilen) bestärkt werden, und sie bleiben dann auch dort, weil es bequemer ist und ein Gefühl von Geborgenheit vermittelt.

Wie das Kaninchen vor der Schlange?

Als Google YouTube übernahm, vervielfachte sich nicht nur die Speicherkapazität mit einem Schlag, auch die Kriegskasse war plötzlich prall gefüllt: 250 Millionen Dollar sollen für mögliche Urheberrechtsprozesse beiseite gelegt worden sein, weil bei YouTube tonnenweise TV-Mitschnitte und anderes »Fremdmaterial« eingestellt werden. Chad Hurley bestätigt die Summe zwar nicht, Fakt ist aber, dass YouTube immer wieder geklagt wurde und wird. Im Sommer 2006 etwa vom amerikanischen Journalisten Robert Tur auf die ansehnliche Summe von 150 000 Dollar. Tur hatte vor 14 Jahren die Unruhen in Los Angeles von einem Hubschrauber aus gefilmt und dokumentiert, wie ein LKW-Fahrer geschlagen wurde. Ohne seine Zustimmung gelangte das Video auf YouTube. Wenige Monate später forderte ein Konsortium der japanischen Unterhaltungsindustrie die Betreiber des Videoportals auf, Bildmaterial von der Seite zu nehmen, das durch japanisches Copyright geschützt ist. Im Mai 2007 schließlich brachte der MTV-Mutterkonzern Viacom Klage gegen Google ein. Der Vorwurf auch hier: Verletzung von Urheberrechten. Viacom will eine Milliarde Dollar Schadenersatz – die Gerichte arbeiten ... Inzwischen haben sich weitere Unternehmen und Einzelpersonen der Klage angeschlossen, darunter so unterschiedliche wie die größte Musikhändlervereinigung in den USA, die finnische Fußballliga oder der US-amerikanische Autor Daniel Quinn (Autor des Buches »Ismael«, das die Idee zum Film »Instinct« mit Anthony Hopkins lieferte). Kläger Viacom, der Unterhaltungskonzern Walt Disney und der Software- und Internetriese Microsoft haben neuerdings eine Vereinbarung getroffen, die technische Lösungen vorsieht, um zu verhindern, dass Internetnutzer urheberrechtlich geschützte Inhalte ohne Erlaubnis veröffentlichen können. Wer hat sich der Vereinbarung (vorerst) nicht angeschlossen? Erraten: YouTube-Mutter Google, die vorerst auf ihre eigene Software zur Erkennung illegaler Inhalte setzt, die im Probebetrieb läuft. Dennoch erklärt Viacom-Chef Philippe Dauman im Oktober 2007, er könne sich trotz der laufenden Klage eine Zusammenarbeit mit Google vorstellen. Das nennt man wohl die normative Kraft des Faktischen.

Unterdessen gehen die meisten etablierten Fernsehanstalten ohnedies einen anderen Weg getreu dem alten Motto »If you can't beat them join them«. »Oft profitieren die Fernsehsender von uns«, sagt Chad Hurley nicht ohne Stolz, »weil sie mit den kurzen Ausschnitten bei uns für ihr Programm werben können. Das erhöht die Quoten.« Tatsächlich ging die oft als »alte Tante« verspottete BBC als eine der Ersten eine Kooperation mit YouTube ein, wo die schräge Comedyserie »The Mighty Boosh« prompt zum Hit wurde. Unterdessen schließt Google jedes Quartal mehr als 200 strategische Partnerschaften mit kleinen Medienunternehmen für seinen Online-Videodienst YouTube ab. Wie die »New York Times« recherchiert hat, werden die meisten derartigen Lizenzabkommen ohne laute Begleitmusik ausgehandelt und abgeschlossen. Demnach gibt es bisher schon mehr als Tausend solche Partnerschaften. Der Grund liegt auf der Hand: Dieses Vorgehen ist auch für Google einfacher, als sich mit Rechtsabteilungen herumzuschlagen und aufreibende Endlosprozesse mit Heerscharen von Anwälten auf beiden Seiten der Front zu führen. Hier regiert der diskrete Charme der digitalen Aristokratie. Oder sollte man besser sagen: Oligarchie?

Gegenstrategien

Der Kineograf – YouTube für die Hosentasche

Über John Barnes Linnet weiß man heute kaum noch etwas. Und das ist schade, denn der englische Drucker hinterließ der Welt eine Erfindung, die er selbst im Jahr 1868 unter der Bezeichnung Kineograf zum Patent anmeldete und die später unter dem einfacheren Namen »Daumenkino« bekannt wurde. Ein Daumenkino ist ein Abblätterbuch, das sich, wie das Kino, die Nachbildwirkung zu Nutze macht und es dem Betrachter ermöglicht, eine Sequenz von Einzelbildern als fortlaufende Bildfolge zu betrachten. Das Daumenkino kann daher zu Recht als Vorläufer der kinematografischen Projektion angesehen werden. Noch 1894 konnte der deutsche Filmpionier Max Skladanowsky seine ersten Probeaufnahmen zunächst nur als Daumenkino betrachten, da es für das von ihm mit seiner selbst konstruierten Filmkamera belichtete Filmmaterial noch keinen Projektor gab. Ab 1897 vermarktete der englische Filmtechniker Henry William Short unter dem Namen Filoscope ein Daumenkino in einem Metallhalter, bei dem ein kurzer Hebel das Abblättern erleichtern sollte. So aufwändig muss es gar nicht sein, um Spaß zu machen. Bastelanleitungen gibt es genügend – natürlich auch im Internet. Wer sich's ganz einfach machen will, verwendet einfach einen Post-it-Block. Da muss man dann nur noch selber zeichnen und beachten, dass das jeweilige Bild sich nur geringfügig vom vorhergehenden unterscheidet – sonst ruckelt's. Thematisch sind einem beim Hosentaschen-YouTube keine Grenzen gesetzt und man muss mit seinem Daumenkino auch nicht alleine bleiben. Man kann nicht nur Freunde und Bekannte über die Schulter schauen lassen, sondern damit auch zum Internationalen Daumenkinofestival in Stuttgart fahren, das 2004 auf Initiative der Künstlergruppe Böller und Brot zum ersten Mal stattfand. Seit 2005 gibt es unabhängig davon ein österreichisches Daumenkinofestival in Linz und im März 2006 fand in Hannover ein ebensolches statt. Sie sehen, das wird noch ein echter Boom.

Erweisen Sie Heinrich Hermann die Ehre

Es begann im Jahr 1906 mit einer kleinen Druckerei in Stuttgart. Mit ihr legte Heinrich Hermann den Grundstein für ein kleines Imperium, das heute noch besteht. Den Durchbruch brachte 1926 die Erfindung der Fotoecke, die über Jahrzehnte der Hauptumsatzträger des Unternehmens war und noch heute unter dem 1931 eingeführten Produktnamen Transparol angeboten wird. Sie kennen sie bestimmt auch, diese kleinen, auf der Oberseite durchsichtigen Plastikecken mit klebefähiger Rückseite, die man zum Einfügen von Fotos in Fotoalben verwendet. Der Vorteil: Das Foto kann befestigt werden, ohne dass es auf der Rückseite durch den Klebstoff beschädigt wird. Solcherart mit viel Fingerspitzengefühl liebevoll gestaltete Fotoalben sind nicht nur ein stets zugängliches Archiv der privaten Erinnerungen, sondern überhaupt ein Quell ständig verfügbarer Freude. Fotoalben wecken Emotionen, sind oft auf generationenübergreifende Weise gemeinschaftsstiftend und immer von hohem Unterhaltungswert. Das ist leider überhaupt nicht vergleichbar mit digitalen Fotos, die, egal ob sie auf DVD oder auf der Festplatte gespeichert sind, noch dazu ständig von Datenverlust bedroht sind. Und im Internet haben private Fotos ohnedies nichts zu suchen, finde ich. Kürzlich hat mir ein Bekannter voller Stolz sein Internet-Familienalbum präsentiert. Von der Schwangerschaft seiner Frau über die ersten Stunden nach der Geburt, die Taufe, den ersten Geburtstag etc. ist da alles dokumentiert. Auf meine Frage, warum die ganze Welt das sehen soll, reagierte er noch ein wenig verschnupft, aber der Hinweis darauf, dass seine Tochter ihn spätestens in der Pubertät dafür hassen wird, hat ihn doch nachdenklich gemacht. Mit dem Thema Pädophile im Netz wollte ich ihn dann nicht mehr quälen.

Muten Sie Ihren Freunden ruhig einen Dia-Abend zu

Ich habe die Erfahrung gemacht, dass vermeintlich überkommene Technologien nach einer gewissen Zeit wieder etwas von ihrer ursprünglichen Faszination zurückbekommen, ja oft sogar noch an Faszination gewinnen. Dazu gehören etwa Plattenspieler und dazugehörige Datenträger aus Vinyl, die zu Recht eine Renaissance erleben. Dazu gehört aber auch die Analogfotografie. Vor kurzem habe ich ein Interview mit dem großen österreichischen Fotografen und »Magnum«-Mitglied Erich Lessing gelesen. Der 85-Jährige, der für die Magazine »Life« und »Paris Match« fotografierte und während des Ungarn-Aufstandes 1956 in Budapest legendäre Reportagen schuf, philosophierte darin über die digitale Fotografie, vor allem über den Aspekt des Löschens: »›Delete‹ ist das große Schlagwort. Aufgehoben wird nur das, was ich heute brauche. Morgen wird's vielleicht schon gelöscht, weil ich´s nicht mehr brauche. ... Da sind wir mittendrin im Paparazzo. Nicht denken, nur schnell schießen. Wir haben dasselbe gehabt bei der Ungarischen Revolution, wo ein Fotograf für einige Tote verantwortlich war. Der hat geblitzt, die Ungarn dachten, man schießt auf sie und haben zurückgeschossen.« Einer solchen Gefahr setzt sich heute niemand von uns aus, aber dem Luxus, oft minutenlang über ein Bild und den richtigen Ausschnitt, die perfekt Perspektive und die ideale Tiefenschärfe nachzudenken, auch nicht. Das hat natürlich auch damit zu tun, dass das Material nichts kostet. Daher empfehle ich die Rückkehr zum Diafilm. Sollten Sie keine Analogkamera mehr haben, schlagen Sie jetzt zu. Vor Jahren noch recht teure Spiegelreflexkameras sind jetzt absolut erschwinglich und ihren digitalen Schwestern teilweise noch immer überlegen. Und dann knipsen Sie in Ihrem nächsten Urlaub mit Bedacht und laden Ihre Freunde zu einer Diashow ein – mit Bier und Chips (nur essbare sind erlaubt) und dem Charme eines außergewöhnlich individuellen Abends.

Wahlkampf hautnah

Natürlich eröffnet das Internet den Parteien und einzelnen Kandidaten ungeahnte Möglichkeiten. Mit ihrem ausgeprägten Bottom-up-Ansatz war etwa die Kampagne des demokratischen Präsidentschaftskandidaten Howard Dean in den Vorwahlen 2003/04 wegweisend. Ähnlich wie bei einer Graswurzelbewegung wurde die Dean-Kampagne von der politischen Basis inhaltlich mitgestaltet, gesteuert und finanziert. Internetwahlkampf kann im Kommunikationsmix einer Wahlkampagne bestimmte Aufgaben besser leisten als andere. Sollten Sie männlich, gebildet und jünger als 50 Jahre sein, ein vergleichsweise hohes Einkommen haben, internetaffin sein und überdurchschnittliches Interesse an Politik haben, dann gehören Sie mit großer Sicherheit auch zu den Benützern von Politikwebsites und zur erklärten Zielgruppe der Wahlkämpfer im Netz. Aus eigener Erfahrung möchte ich Ihnen trotzdem sagen: Nirgends kriegt man so viel mit von Parteien und Kandidaten wie bei traditionellen Wahlkampfveranstaltungen. Ich habe als Reporter Wahlen auf Landes- und Bundesebene »geschlagen« und ich kann sagen: Programme kann man im Internet nachlesen, aber ein Gefühl dafür, ob jemand, der sich für ein hohes Amt bewirbt, authentisch, glaubwürdig, kompetent oder volksnah ist, kann man nur »live« bekommen. Nützen Sie die Chance, solange Politiker noch durch die Lande touren. Wenn Sie einmal nur noch von den Websites ihrer Parteien lachen oder ihre Mitarbeiter Spots auf YouTube posten, ist es zu spät.

Die Klick-klick-Gesellschaft

Der Mensch ist abhängig; er bleibt dem Tode, dem Alter, der Krankheit unterworfen (...). Aber es ist eine Sache, die eigene Abhängigkeit und seine Grenzen anzuerkennen, und es ist etwas völlig anderes, sich dieser Abhängigkeit hinzugeben und jene Mächte anzubeten, von denen man abhängt (...). Das eine bedeutet Demut, das andere Selbstdemütigung.
Erich Fromm, Psychoanalyse und Religion

Der Computer ist die logische Weiterentwicklung des Menschen: Intelligenz ohne Moral.
John Osborne

Bildung heute erfordert vor allem eine intelligente Abwehr unnötiger Informationen.
Bernd Schmid, deutscher Berater für Organisationsentwicklung

Wo nehme ich nur all die Zeit her, in der ich kein Buch lese?
Erich Kästner

In der Mausefalle

Werden Sie auch das Gefühl nicht los, dass unsere Kinder uns weniger respektieren, als wir seinerzeit unsere Eltern respektiert, um nicht zu sagen verehrt haben? Ich habe aus eigener Betroffenheit lange über die Gründe dieses schleichenden Autoritätsverfalls nachgedacht und bin inzwischen davon überzeugt, dass er zumindest teilweise daher rührt, dass unsere Kinder uns als weit unvollkommener erleben, als wir damals unsere Eltern wahrgenommen haben. Mein Vater beispielsweise war ein einfacher Arbeiter mit minimaler Schulbildung, aber als Kind lebte ich in der Überzeugung, dass er alles kann und fast alles weiß. Er konnte souverän mit dem Taschenmesser umgehen, er mähte das Gras auf den steilsten Böschungen mit einer Sense, er schlachtete Tiere mit eigener Hand, er erkannte alle Vogelstimmen, konnte im Wald jeden Baum benennen und kannte auch jeden Menschen im Umkreis von zehn Kilometern. Und größer war meine Welt damals nicht. Ich kann mich nicht erinnern, dass mein Vater einmal zu mir gekommen wäre, damit ich ihm erkläre, wie etwas funktioniert – eine Säge beispielsweise oder eine Bohrmaschine oder ein Dengelstock ... Was früher ausgeschlossen war, ist heute selbstverständlich. Natürlich verfüge nicht ich über die Administratorrechte für den »Familien-PC«, sondern mein Sohn. Schließlich kennt er sich am besten damit aus, und wenn Probleme auftauchen, bitte ich ihn um Hilfe. Wenn es gilt, einen neuen Drucker anzuschließen, die neue Digitalkamera mit dem PC zu vernetzen, Viren abzuwehren, E-Mail-Konten zu eröffnen und vieles andere mehr, müssen heute fast überall die Kinder ran. Im Gegensatz zu uns haben sie nie ein Handbuch gelesen, sondern machen offensichtlich instinktiv das Richtige. So wie sie nie lernen mussten, mit einer Computermaus umzugehen, sondern es einfach konnten.

Wie mussten hingegen wir, die wir in digitalen Belangen ewig unter der Ungnade der frühen Geburt leiden werden, uns damit abmühen! Können Sie sich noch an Ihre ersten Gleitversuche mit dem neuen Wunderding erinnern? An die verzweifelten Bemühungen, einen auf dem vertikalen Bildschirm anvisierten Punkt durch horizontale Handbewegungen auf dem Schreibtisch punktgenau zu treffen. Gewiss haben Sie anfangs auch ständig die Richtungen verwechselt, wenn Sie mit der Eleganz eines Scheibenwischers von einer Monitorecke in die andere unterwegs waren, und wahrscheinlich haben Sie auch Tage, wenn nicht Wochen gebraucht, bis sich Ihnen der Zusammenhang zwischen der Geschwindigkeit der Bewegungen mit der Maus auf dem Tisch und denen des Mauszeigers auf dem Schirm erschlossen hat. Ich kenne nicht wenige, die bei ihren ersten Manövern mit der Maus beide Hände zu Hilfe nahmen, offenbar in der Annahme, mit mehr Kraftaufwand ließe sich das Ding besser kontrollieren.

Umso erstaunter war ich, als ich im Zuge meiner Recherchen für dieses Buch feststellte, dass zumindest die evolutionären Vorstufen der heutigen Computermaus so alt sind wie ich selbst. In den Jahren 1963 und 1964 experimentierte bereits ein Team um den damals 40-jährigen Computerpionier Douglas Engelbart am Stanford Research Institute mit vergleichsweise primitiven Zeigergeräten und 1968 wurde die erste Computermaus aus Holz bei einer Messe in San Francisco erstmals dem Fachpublikum präsentiert – übrigens noch unter der zweifellos korrekten, aber auch reichlich sperrigen Bezeichnung »X-Y-Positionsanzeiger für ein Bildschirmsystem«. Vielleicht lag es sogar an diesem wenig attraktiven Namen, dass sich das Interesse an der vermutlich als Spielerei empfundenen Entwicklung vorerst in Grenzen hielt. Aber Engelbart gab nicht auf und am 17. November 1970 bekam er für das auf zwei rechtwinkelig zueinander stehenden Rädern basierende Prinzip das Patent US3541541. Obwohl das Gerät danach ständig verbessert wurde und in der Plastikausführung durchaus massentauglich war, trat es den Siegeszug erst im Verbund mit dem Apple Macintosh im Jahr 1984 an, der mit seiner grafischen Benutzeroberfläche ein gewaltiger Erfolg und gleichsam die ideale Spielwiese für die Mutter aller Peripheriegeräte war. Schon Engelbart hat seine Erfindung liebevoll »Maus« genannt, und möglicherweise war die niedliche Bezeichnung für den Erfolg mindestens ebenso verantwortlich wie die perfekte ergonomische Anpassung, sodass sie letztendlich zur wichtigsten der sogenannten Mensch-Maschine-Schnittstellen werden konnte.

Eine Funktion, die in ihrer nicht-technischen Dimension übrigens erstaunlich unterbelichtet ist. Zwar gibt es jede Menge medizinischer Untersuchungen, die vor den Auswirkungen des andauernden Umgangs mit Maus und Maustasten (von Sehnenscheidenentzündung über Karpaltunnelsyndrom bis zum schmerzenden »Mausfinger«) warnen, aber kaum jemand hat sich offenbar ernsthaft Gedanken darüber gemacht, wie die Maus unsere Art zu kommunizieren und zu konsumieren verändert hat. Egal ob wir elektronisch Geld überweisen, eine E-Mail versenden, ein Video starten, in letzter Sekunde ein Gebot bei eBay abgeben, eine Suchaktion bei Google starten, ein Buch bei amazon kaufen – es ist immer die Maus, die die entscheidenden Befehle ausführt. Natürlich nur, wenn wir das wollen. Aber wir wollen fast immer, weil es so einfach ist. Weil wir im Gegensatz zu früher (erinnert sich überhaupt noch jemand an MS Dos?) keine umständlichen Befehle mehr eingeben müssen, um eine einmal getroffene Entscheidung in eine Aktion umzusetzen. Weil wir damit aber auch den Weg zwischen der Aufnahme eines optischen Reizes bis zur Ausführung einer durch eben diesen Reiz motivierten Aktion dramatisch verkürzen, indem wir uns einfach den Umweg über das Gehirn ersparen. Weil auf einen optischen Impuls einfach automatisch eine manuelle Aktion folgt. Oder – um es noch einfacher zu sagen – weil wir sehen und klicken. Neil Postman, der getrieben war von einer fast schon irrationalen Ablehnung des Fernsehens und der visuellen Medien insgesamt, hat die Menschen der zweiten Hälfte des 20. Jahrhunderts als Opfer einer unaufhaltbaren Trivialisierung und zusehends verdummende Angehörige der »Guck-Guck-Gesellschaft« gesehen. Er selbst schrieb alle seine Bücher mit der Füllfeder und bekam erst drei Jahre vor seinem Tod im Jahr 2003 den ersten Computer seines Lebens (weil ihn die Verwaltung der

New York University, an der er die Abteilung für »Medienökonomie« leitete, einfach in sein Zimmer gestellt hatte). Wenn man von seiner allgemeinen Warnung vor der Macht der Technologien und dem bedingungslosen Glauben an die Maschinen (in seinem 1991 erschienen Buch »Das Technopol«) einmal absieht, hat er sich mit den Auswirkungen des Computers auf das Leben und Zusammenleben der Menschen nicht wirklich beschäftigt. Und hätte ihm seine Fernsehobsession nicht den Blick auf den Siegeszug der digitalen Medien verstellt, hätte er möglicherweise am Beginn des 21. Jahrhunderts und am Ende seiner Karriere die »Klick-klick-Gesellschaft« postuliert, die mit der Computermaus zum ersten Mal seit langem in der Menschheitsgeschichte wieder ein Universalwerkzeug in Händen hält. Anders gesagt: Was dem *Neander*taler der Faustkeil war, ist dem *Digi*taler die Computermaus – immer bei der Hand, immer einsatzbereit, gleichermaßen da, geführt zu werden wie selbst zu (ver)führen. Immer ist der nächste Schritt nur einen Klick entfernt, und der kann uns – pathetisch gesprochen – in höhere Sphären führen oder ins Verderben stürzen. Es ist nur ein Klick, der über Erfüllung und Enttäuschung entscheidet.

Love 2.0

Wo liegen Erfüllung und Enttäuschung näher beieinander als in der Liebe? Verena (Name geändert) kann ein Lied davon singen. Die studierte Biologin ist 36 Jahre alt, Pharmavertreterin, kinderlos und geschieden. Seit drei Jahren ist sie Mitglied bei Parship, der virtuelle Heiratsmarkt war lange Zeit ihr zweites Zuhause. Sie erzählt, wie sie sich abends nur noch selten mit Freundinnen und Kollegen traf und stattdessen nach Büroschluss oder aufreibenden Besuchen in Arztordinationen und Krankenhäusern in ihre leere Altbauwohnung in einer Kleinstadt bei Wien eilte, um es sich samt Laptop auf dem Sofa bequem zu machen. An Interessenten für die zierliche Brünette mit sportlichem Ehrgeiz und kulturellem Faible hat es von Anfang an nie gemangelt, obwohl ihre Vorstellungen sehr präzise waren: Groß, schlank und dunkelhaarig sollte er sein, kein Couch-Potato, dafür allem Neuen gegenüber aufgeschlossen, mit Sinn für Romantik. Es gab erstaunlich viele, die von sich selbst glaubten, diesem »Anforderungsprofil« gerecht zu werden: Akademiker, Arbeiter, Angestellte – anfangs wurde Verena von Möchtegern-Traumprinzen richtiggehend bombardiert. Bis zum ersten Treffen mit einem von ihnen wollte sie sich freilich Zeit lassen. Erstens, um noch ein paar Kilo abzunehmen, wie sie den vor Neugierde platzenden Freundinnen sagte, und zweitens genoss sie es inzwischen, einfach nur E-Mails auszutauschen, dem jeweiligen Favoriten schriftlich näherzukommen, nach und nach mehr und mehr von sich preiszugeben und vom Gegenüber mehr zu erfahren, ganz einfach das Prickeln eines allmählich vertrauter werdenden Schriftverkehrs auszukosten. Und sie genoss auch die anfangs zaghaften und aufgeregten Telefonate und überhaupt alle Details bis zum ersten Treffen. Die Premiere hieß Peter, und da war es noch wirkliche Enttäuschung, die sie mit nach Hause nahm. Nicht dass der Mittvierziger mit falschen Karten gespielt hätte. »Aber irgendwie sah er anders aus als auf dem Foto, er war in Wirklichkeit kleiner und rundlicher als der Mann, dessen Bild ich in meinem Kopf hatte, und seine Art zu reden hatte nichts von der Entschlossenheit, die aus seinen E-Mails sprach«, versucht sie ihre damalige Irritation zu erklären. Peter dürfte es ähnlich ergangen sein, und so brauchte der virtuelle Traum in der realen Welt genau eine Stunde, bis er zerplatzt war. Danach kamen noch Gregor (der ihr am Tag nach dem Treffen, bei dem er ihr ausschließlich über sich selbst und seine zahllosen gescheiterten Beziehungen erzählt hatte, via E-Mail beschied: »Du bist doch nicht mein Typ. Dir fehlt das Besondere, das ich suche.«) und Rainer (der nett, aber – »hab' ich Dir das wirklich nie geschrieben?« – noch verheiratet war) und Gerhard (der Anlageberater, dessen Körpergeruch Verena von der ersten Sekunde an abstieß), aber da waren Verenas Erwartungen ohnedies schon auf ein Minimum heruntergeschraubt und ihr

Engagement irgendwie zum Erliegen gekommen. Ihren Account behielt sie trotzdem. Sie checkte die Einträge regelmäßig und flirtete mit hoffnungsvollen Anwärtern unverbindlich. Die drei Jahre Partnersuche haben sie 750 Euro gekostet – bei ihrem Gehalt kein wirkliches finanzielles Opfer und weniger als sie ausgegeben hätte, wenn sie den Mann fürs Leben »in freier Wildbahn« gesucht hätte, wie sie sagt. Seit einigen Monaten ist Verena übrigens »ziemlich glücklich verliebt«. In Stefan, einen Mediziner, den sie bei einem Kongress in Innsbruck kennengelernt hat. Er ist schlank und immerhin ein paar Zentimeter größer als Verena und was von Stefans Kopfhaar übrig ist, kann man als dunkel durchgehen lassen. Er spielt passabel Cello und ein Tag ohne flotte Runde auf dem Mountainbike ist für ihn ein verlorener Tag. »Wir haben sogar zur gleichen Zeit bei Parship gesucht, aber ich habe ihn weggeklickt, weil er ein Kind hatte und ich keine Patchworkfamilie heiraten wollte«, lacht Verena. Mit dem zwölfjährigen Florian, der vorwiegend bei seiner Mutter lebt, versteht sie sich inzwischen gut. Und irgendwann soll Florian auch einen Halbbruder oder eine Halbschwester bekommen.

Im deutschsprachigen Raum stehen Kontaktsuchenden heute mehr als zehn große Single- und Partnerbörsen zur Verfügung – von be2 bis ProDue –, dabei dürfte hier die Zahl der registrierten Nutzer inzwischen deutlich jenseits der 25-Millionen-Grenze liegen, davon suchen allein in Deutschland sieben Millionen Singles ernsthaft nach einer neuen Beziehung. Der durchschnittliche Singlebörsen-Nutzer ist 30 Jahre alt und auf der Suche nach einem Flirt. Wer sich einer Partnerbörse anvertraut, ist im Schnitt sechs Jahre älter und auf der Suche nach dem Traumpartner. Den größeren Umsatz erzielten 2007 die Singlebörsen mit 66,5 Millionen Euro, die Online-Partneragenturen setzten aber immerhin auch noch 47,7 Millionen um, Erotikkontakt- und Seitensprungvermittler kamen auf 16,6 Millionen Euro. Kein Wunder, allein die Deutschen ließen sich ihre virtuell angebahnten Rendezvous im Jahr 2007 mehr als 138 Millionen Euro kosten. Bis 2010, prognostizieren Experten, wird sich in Europa das Marktvolumen der

Online-Kuppler vervierfachen. Das Potenzial ist groß. Immerhin ist jeder vierte Österreicher Single, wie die Online-Partneragentur Parship bei einer Marktanalyse im Sommer 2007 herausgefunden hat. Der nunmehrige Marktführer hat im September 2002 mit bescheidenen 6000 Mitgliedern in der Alpenrepublik begonnen, heute sind es mehr als 200 000. Europaweit hoffen heute mehr als drei Millionen einsame Herzen, mithilfe des Premium-Dienstes der Online-Agentur aus ihrem dauerhaften Monadendasein erlöst zu werden. Parship gehört der Verlagsgruppe Holtzbrinck, die neben Publikumsverlagen (S. Fischer, Rowohlt u. a.), Wissenschaftsmagazinen (»Spektrum der Wissenschaft«, »Nature« u. a.), regionalen und überregionalen Zeitungen (»Die Zeit«, »Der Tagesspiegel« u. a.) auch wichtige Internet-portale besitzt. Der letzte spektakuläre Deal war der Kauf der Internetplattform StudiVZ um kolportierte hundert Millionen Euro. Mit Parship hat der Konzern einen wichtigen Fuß in der Tür der Zielgruppe der über Vierzigjährigen und mit den Daten eines nicht unbeträchtlichen Teils dieser Bevölkerungsgruppe einen Goldschatz im Konzern.

Seriöse Daten über die Erfolgsquoten der digitalen Glücksstifter im Zeichen der Liebe sind schwer zu bekommen. Aus Umfragen geht hervor, dass schon jeder sechste Internetnutzer ebendort einen Partner gefunden hat, aber diese Zahl bezieht sich nicht ausschließlich auf Partnerbörsen und sagt nichts aus über die Dauerhaftigkeit der neuen Beziehungen. Recherchierende Journalisten werden gerne an Vorzeigepärchen verwiesen, die von den jeweiligen Marketing- und Presseabteilungen gehegt und gepflegt werden. Natürlich gibt es sie, die Erfolgsgeschichten aus dem Internet. Aber für den virtuellen Heiratsmarkt gilt: Wo ein wenig Licht ist, ist vor allem viel Schatten. Auf dem großen Heiratsmarkt tummeln sich auch jede Menge große und kleine »Heiratsschwindler«. Und damit sind nur im seltensten Fall die Betreiber selbst gemeint, die fast immer aus dem Schneider sind. Sie behaupten zwar, die Angaben und Fotos der Nutzer zu überprüfen (Dating Café etwa besteht sogar auf einer Kopie des Personalausweises), aber es versteht sich von selbst, dass da – selbst guter Wille vorausgesetzt – die Grenzen des Möglichen schnell erreicht sind. »Pimp yourself« ist bei der Selbstdarstellung im Netz die Devise, und das gilt natürlich ganz besonders bei Liebesdingen und Heiratssachen.

Übrig bleiben in vielen Fällen Enttäuschung, finanzielle Verluste und leere Kilometer. Und manchmal kann das schnelle Geschäft mit dem dauerhaften Glück auch bizarre Folgen haben, wie ein Fall zeigt, der im Herbst 2006 den Gazetten in Österreich Berichte wert war. Eine Deutsche hatte sich in einer Internet-Partnerbörse als Mann ausgegeben und nicht hinnehmen wollen, dass ihre Wiener Freundin nichts mehr von ihr wissen wollte, nachdem sie das Geheimnis gelüftet hatte. Die 22-jährige Deutsche reiste kurzerhand nach Wien und quartierte sich zunächst in einem Hotel ein. Offenbar in der Zuversicht, dass ihre Chat-Partnerin sie letztendlich auch als Frau akzeptieren würde, versuchte sie mehrfach, die Wienerin zu kontaktieren und kündigte ihren Besuch an. Der 28-Jährigen war das so unangenehm, dass sie bei ihrer Schwester nächtigte. Als sie Tage später abends in ihre Erdgeschosswohnung in Meidling zurückkehrte, wartete ihre Verehrerin bereits. Sie habe mit der 28-Jährigen nur reden wollen, erklärte die Deutsche später bei der Einvernahme. Zu diesem Zweck fesselte sie die Wienerin allerdings mit Spielzeughandschellen ans Bett und legte zwei Messer bereit. Die 28-Jährige konnte sich befreien, lief ins Bad und verständigte per Handy ihre Schwester, die die Polizei alarmierte. Die Deutsche wurde noch in der Wohnung festgenommen. »Eigentlich ein tragischer Fall«, kommentierte ein Beamter. Wie recht er doch hat.

Schwänze, Schlampen, Spermaschlucker

Im August 2007 vertraute der damals 59-jährige Musicalkomponist Andrew Lloyd Webber dem britischen Boulevardblatt »The Mirror« an, weder Mobiltelefon noch Computer zu benützen. »Ich habe kein Handy und schicke keine E-Mails«, sagte der Oscar-, Tony- und Grammy-Preisträger und lieferte die Begründung gleich mit: Er halte diese Erfindungen für »gefährlich und unzuverlässig« und habe Angst, dass Fremde seine Geräte knacken und Zugriff auf seine Daten bekommen könnten. »Ein Privatdetektiv kann sich deine Handy-Verbindungen der letzten fünf Jahre besorgen«, warnte der Erfolgskomponist von Musicals wie »Jesus Christ Superstar« und »Phantom der Oper«, der selbst konsequenterweise nur dem Festnetz vertraut und mit der Hand schreibt. Das Internet habe er nur ein einziges Mal ausprobiert – auf der Suche nach Informationen zu einem der wenigen Musicals, die nicht aus seiner Feder stammen: »Ich habe ›Bombay Dreams‹ eingegeben und erhielt neun Pornoseiten. Abscheulich«, beschrieb Webber seine Webpremiere.

Was den »König des Musicals« abstößt, zieht viele seiner gemeinen Landsleute an, vor allem seine Geschlechtsgenossen. Wie eine 2007 durchgeführte Studie im Auftrag einer Internetfirma ergab, vergeuden britische Internetkunden ganze Tage im weltweiten Datennetz. Zwei Drittel der Befragten gestanden ein, dass sie sich gelegentlich beim sogenannten »wilfing« (abgeleitet von der Frage »what was I looking for?«) ertappen, dem sinnlosen Surfen im Internet, das so gut wie keine Spuren im Gedächtnis hinterlässt. Diese Zeit summiert sich auf durchschnittlich zwei Tage im Monat. Befragt wurden 2400 erwachsene Briten, und jeder Vierte von ihnen gab an, ein Drittel oder mehr der gesamten Surfzeit ohne jeden benennbaren Erkenntnisgewinn zu verbringen – vorwiegend Männer. Der Leiter der vom Institut YouGov erstellten Studie beschreibt den klassischen Verlauf einer Internet-»Recherche« so: »Unsere Studie zeigt, dass die Leute sich mit einem bestimmten Ziel ins Netz einklinken, angesichts der vielfachen Ablenkungen aber völlig vergessen, wonach sie eigentlich suchten und stundenlang mit ›wilfing‹ beschäftigt sind.« Ein Drittel der befragten Männer gestand ein, dass dadurch ihre Partnerschaft beeinträchtigt wird – nicht zuletzt wohl auch deswegen, weil sich ein Fünftel von Sex- und Porno-Websites berieseln lässt.

Vielleicht ist also Polens Ex-Premier und Chef der rechtskonservativen Partei Recht und Gerechtigkeit, Jaroslaw Kaczynski, gar nicht so realitätsfern, wie ihm Kritiker in seiner eigenen Partei vorgeworfen haben, nachdem er sich ablehnend zum Thema Stimmabgabe im Internet geäußert hatte: »Ich bin nicht positiv dazu eingestellt, dass ein junger Mensch, der vor einem Computer sitzt, sich Filme und Pornografie anschaut sowie Bier trinkt, abstimmt, wenn er vielleicht Lust dazu hat«, sagte der Politiker und handelte sich damit postwendend den Vorwurf ein, im 19. Jahrhundert stehen geblieben zu sein. Ein polnischer Experte für Politmarketing richtete ihm via Zeitung aus, Menschen, die zwar wüssten, wer Cicero war, aber nicht, was Google ist, würden zwangsläufig verlieren.

Google selbst muss sich allerdings Kritik von ganz anderer Seite gefallen lassen. Ausgerechnet der kalifornische Porno-Baron Steven Hirsch, Mitbegründer von Vivid, einer der größten Pornofilmproduktionen weltweit, forderte die mächtigsten Suchmaschinen, Google und Yahoo, heraus, indem er ihnen vorwarf, zu wenig für den Jugendschutz zu tun und noch immer keine erkennbaren Schritte unternommen zu haben, um Minderjährigen den Zugang zu pornografischem Material zu versperren. »Verantwortungsbewusste Unternehmen wie wir haben große Anstrengungen unternommen, Minderjährige daran zu hindern, auf diese Seiten zu gelangen«, erfuhr die staunende Öffentlichkeit am Valentinstag 2008. »Vivid möchte mit allen zusammenarbeiten, die bereit sind, es Kindern zu erschweren, auch unabsichtlich mit Material konfrontiert zu werden, das für Erwachsene bestimmt ist.« Hinter der Presseaussendung des Pornogiganten, die so edel und uneigennützig daherkam, steckte mehr als ein PR-Gag. Es war in Wirklichkeit der verzweifelte Hilferuf des Marktführers einer Branche, der nach dem Verlust der Feigenblätter nun auch die Felle davonschwimmen. Und das ist erstaunlich genug. Bisher wurden noch alle Medien, kaum waren sie einmal verfügbar, immer auch für den Transport pornografischer Inhalte genutzt. Das gilt für die Darstellungen auf antiken griechischen Vasen und die Wandbilder im alten Rom ebenso wie für die Keramik der Mochica im antiken Peru. In der Renaissancezeit und im 18. Jahrhundert wurden griechische Götter beim Beischlaf in Kupfer gestochen, ehe der Buchdruck und schließlich die Erfindung der Fotografie Voyeurismus und Exhibitionismus gleichermaßen neue Dimensionen eröffneten. Und kaum hatten die Bilder einmal laufen gelernt, wurde laufend vor privaten und professionellen Kameras kopuliert. Die Pornografie als Wirtschaftszweig verstand es immer glänzend, sich die jeweils aktuellen Trägermedien zur Verbreitung der eigenen schlüpfrigen Inhalte nutzbar zu machen: Magazine, Videos, DVDs und – zumindest am Anfang – das Internet. Nur angesichts des Web 2.0 scheint die lange Zeit so potente Pornoindustrie schlapp zu machen. In den USA, dem größten Pornomarkt der Welt, brach der DVD-Markt 2006 um über 600 Millionen Dollar ein. Auch bei der börsennotierten deutschen Beate Uhse AG, Marktführer im erotischen »Zubehörhandel«, ist die Stimmung am Boden, seit der Erotikkonzern im Geschäftsjahr 2007 rote Zahlen schrieb. Das Konzernergebnis nach Steuern lag bei minus 13,2 Mio. Euro. Daran waren nicht zuletzt die schwindenden DVD-Verkäufe schuld, die der Verkauf von Sex-Tools und Toys nicht wettmachen konnte.

Die Betreiber von YouPorn hingegen haben keinen Grund zum Klagen. Die Internetplattform zum kostenfreien Austausch pornografischer Videos ist zwar erst seit August 2006 online, dennoch liegt sie bereits auf Platz 35 der am häufigsten abgerufenen Websites der Welt, in Deutschland bereits auf Platz 15. Und das ist wohl noch nicht das Ende der Fahnenstange. Bei YouPorn kann man – ganz nach dem Vorbild YouTube – ohne Registrierung Videos hochladen und natürlich abrufen. So unterschiedlich die technische Qualität der einzelnen Streifen ist, »inhaltlich« geht es immer nur um das Eine: Sex in all seinen Erscheinungsformen. Professionelle Pornoanbieter nutzen die Plattform längst, um mit kurzen Trailern Lust auf längere Filme zu machen, für die man dann freilich zahlen müsste. Die Masse der Beiträge stammt freilich von stinknormalen Paaren, die sich selber beim Beischlaf filmen und das Ergebnis für so gelungen halten, dass sie es, versehen mit saftigen Titeln wie »Sylvia needs a real cock« oder »Sex with Sam on table«, der Welt nicht länger vorenthalten wollen. Geschätzte 10 000 solcher Videos, die meist nur wenige Minuten lang sind, kann man bei YouPorn abrufen. Wozu viel Geld für Darsteller ausgeben, wenn der Exhibitionismus der Massen Amateurakteure in Massen garantiert? Selten ist der von Alvin Toffler bereits 1980 in seinem Buch »The Third Wave« geprägte Begriff des Prosumenten, des Konsumenten, der gleichzeitig produziert, so zutreffend gewesen und als Geschäftsmodell so perfekt umgesetzt worden. Dennoch lässt sich bis heute nicht mit Sicherheit sagen, wer hinter der Seite eigentlich steckt. Im Oktober 2007 berichtete Steven Hirsch von Vivid Entertainment, dass ein 27-jähriger Betriebswirt namens Steven Paul Jones bei ihm vorstellig geworden sei, der behauptete, gemeinsam mit dem in Australien lebenden Malaysier Zach Hong YouPorn zu besitzen. Jones selbst habe seine Anteile für 20 Millionen Dollar verkaufen wollen. Später allerdings nahm Jones seine Behauptung zurück und sagte Claire Hoffmann, einer Reporterin der Zeitschrift »Neon«, im Frühjahr 2008, dass YouPorn von einem Deutschen gegründet worden sei und geführt werde. Er selbst benütze das Pseudonym Jones nur, weil er eigentlich Hedgefondsmanager sei, Milliardengeschäfte tätige und sein Chef nichts von seiner »Nebentätigkeit« wissen dürfe. Hoffmann gab sich damit nicht zufrieden, suchte weiter und fand den mutmaßlich echten Steven Paul Jones im kalifornischen Lake Tahoe, wo der 40-jährige »blonde, stämmige Mann« mit Frau und Kindern in einem dreistöckigen Haus mit riesigem Hinterhof lebt. Zu einem Interview erklärt er sich nur widerwillig bereit, selbst banalsten Fragen nach der Zukunft von YouPorn weicht er aus. »In der einen Minute klingt er stolz auf die Seite, in der nächsten besorgt um den Ruf der Familie. Schließlich, so sagt er, habe er fünf Kinder. Es scheint ihm Sorgen zu machen, plötzlich im Sexgeschäft zu stecken, noch dazu als Mastermind hinter der populärsten Pornoseite der Welt«, resümiert die ratlose Reporterin. Da ist »PornoTube« im Vergleich dazu ein

Hort der Transparenz. Die Headquarters befinden sich ausgerechnet in Charlotte in North Carolina, in den bigotten Südstaaten also. Dort, in einem Gewerbegebiet am Rande der Stadt, werden Besucher offenherzig empfangen, damit sie sich etwa davon überzeugen können, wie verdächtige Inhalte händisch selektiert werden, nachdem sie von anderen Usern gemeldet wurden. Die Community kontrolliere sich selbst, diesen Stehsatz bekommt man auch hier immer wieder zu hören. Und die »Community« ist spätestens seit dem PR-Coup mit einem angeblichen Sexvideo von Britney Spears mit ihrem damaligen Partner Kevin Federline, das natürlich eine weltweite Berichterstattung in den Massenmedien nach sich zog, beachtlich groß. Ein fantastisches 1200-prozentiges Wachstum konnte die Seite 2006 für sich verbuchen. Das Lifestyle-Magazin »Max« weiß, dass PornoTube täglich 14 Millionen Mal angeklickt wird, und jeder 50. Besucher tut dies demnach an einem PC, der in Deutschland steht.

So beeindruckend sich diese Zahlen ausnehmen, über eines können sie nicht hinwegtäuschen: dass Porno 2.0 kein Geschäft ist. Steve Hirsch, der den Braten in dieser Branche immer noch wie kein Zweiter gerochen hat, ist absolut glaubwürdig, wenn er für seine Ablehnung des Kaufangebotes für YouPorn nicht nur die mysteriösen Eigentümerverhältnisse geltend macht. Er habe auch nach langem Nachdenken einfach keine Möglichkeit gesehen, damit Geld zu verdienen. Free Porn von allen für alle hat zwar das traditionelle Geschäft mit dem Sex nachhaltig geschädigt, sich selbst aber nicht als Goldgrube entpuppt. Das mag die Manager von Beate Uhse und Co. kaum trösten, aber vermittelt es nicht doch das Gefühl, dass es noch ein wenig Gerechtigkeit gibt?

Geile neue Welt

Egal wonach man sucht (oder nicht sucht), von britischen Büroschlampen über russische Schulmädchen, japanische Lesben und ständig paarungsbereite Nymphomaninnen bis hin zu behaarten Hausfrauen und schwulen Schwarzen, es gibt keine Vorliebe, die nicht befriedigt würde. Das Netz offeriert gratis Analsex mit Schwangeren, Riesenschwänze, die Lolitas züchtigen, geile Großmütter, die ihre Enkelinnen in der Kunst des perfekten Blowjobs unterweisen, Sex mit Tieren und Maschinen oder sonstige Spielarten des Fetischismus vom vergleichsweise harmlosen Fußsex bis zu beinharten Fesselspielen, von Pissorgien bis zu Gesichtsbesamungen. Geschätzte 42 Millionen Sexseiten gibt es derzeit im Netz, und für Abertausende von ihnen braucht man weder Kreditkarten noch Mitgliedschaften, es gibt keine Alters- oder Zugangskontrollen (von der lächerlichen Bestätigung, dass man älter als 18 ist, einmal abgesehen), und man muss sich nicht registrieren lassen, sondern allenfalls schreiben können und zum Beispiel das – zugegeben nicht ganz einfache – Wort »Spermaschlucker« richtig bei Google eintippen können, um auf einen Klick 7360 einschlägige Angebote zu bekommen. Ich schreibe das so explizit, weil ich mich oft wundere, dass sogar jene Glucken-Eltern, die beim Fernsehkonsum ihrer Kinder strengste Maßstäbe anlegen, ihren Nachwuchs arglos und unbeaufsichtigt am Computer, wie sie sagen, »spielen« lassen. Natürlich gilt vor allem für die eigenen Kinder immer die Unschuldsvermutung, aber fällt Ihnen eine Begründung dafür ein, warum ausgerechnet Ihre Sprösslinge nicht herzhaft zuklicken sollten, wenn es so einfach ist?

Valide Untersuchungen zum Pornokonsum Jugendlicher (und Erwachsener) gibt es erstaunlich wenige. 2007 veröffentlichte die Universität New Hampshire in Durham in der Fachzeitschrift »Pediatrics« das Ergebnis einer Studie, basierend auf einer Befragung von 1500 Jugendlichen im Jahr 2005, wonach mehr als 40 Prozent der Zehn- bis 17-Jährigen in den USA mindestens einmal auf pornografischen Internetseiten gesurft haben. Zwei Drittel von ihnen seien nur zufällig auf die Websites gelangt, sie hätten zumeist eine falsche Internetadresse eingegeben oder auf Werbe-Popups oder Spam-Mails geklickt. Das restliche Drittel gab an, im Internet auch mit Fremden über Sex (in Foren und Chats) zu sprechen und pornografische Bilder herunterzuladen, um sie mit Freunden zu tauschen. Die Studie warnt: Gerade Kinder und Jugendliche, die nur zufällig auf Pornoseiten stießen, seien oftmals »psychologisch und von ihrer Entwicklung noch unvorbereitet«. Dazu komme, dass die Bilder im Internet meist extremer als andere pornografische Darstellungen sind. Als Folgen eines solchen Pornotraumas halten die Studienautoren einen Einfluss auf Werthaltungen und Sexualverhalten für wahrscheinlich: Sowohl sexuelle Freizügigkeit als auch zwanghaftes Verhalten sind demnach zumindest mögliche Folgeerscheinungen. Eine neuere Studie aus Island, durchgeführt unter älteren Jugendlichen von 14 bis 18 Jahren, lässt bei den Jugendpsychologen und Sexualtherapeuten die Alarmglocken schrillen. Sie ergab nämlich, dass inzwischen 96 Prozent der Burschen in dieser Altersgruppe Pornos im Internet anschauen, bei den Mädchen waren es immerhin schon 89 Prozent!

Diskret, gratis und ständig verfügbar – ein Traum für die Triebe. Wer sich sein Halbwissen über sexuelle Angelegenheiten noch mühsam aus den Aufklärungsseiten von »Bravo« und ähnlichen Magazinen zusammenstoppeln musste oder an der Kinokasse schwindelte, um eine Karte für »Schulmädchenreport« oder »Eis am Stiel« zu ergattern, könnte die Jugend von heute vielleicht sogar beneiden um die »geile neue Welt«. Angebrachter wäre aber, sich Sorgen machen. Denn unsere Kinder bekommen frei Haus, was gar nicht für sie bestimmt ist, und dazu gehören mit Sicherheit alle Formen von Gewaltpornografie. Andreas Hill vom Institut für Sexualforschung und Forensische Psychologie am Universitätsklinikum Hamburg-Eppendorf ist gewiss kein moralinsaurer Sittenwächter, und dennoch sieht er eine nicht zu unterschätzende Gefahr darin, dass sich Heranwachsende an all das gewöhnen könnten und denken, das sei normale Sexualität: »Man weiß aus der Medienforschung insgesamt, dass die Dinge, die man häufig sieht, zur Normalität werden«, sagt der renommierte Psychiater und verweist auf die logischen Folgen: »Das Ungewöhnliche wird mit der Zeit normal, und die Reize müssen immer stärker werden, um noch erregend zu sein.« Als Beweis für seine These kann Hill auf traurige Fälle aus der eigenen Praxis zurückgreifen: junge pädophile Patienten, die es vor zehn Jahren noch nicht gegeben hat, einfach weil sie Kinderpornografie gar nicht kannten. Hill sagt, ein Viertel aller Männer werde durch Bilder von entsprechend inszenierten Kindern sexuell stimuliert, ohne dass sie sich freiwillig jemals solche Bilder angesehen hätten. Im Netz kommen hingegen schon Jugendliche mit Kinderpornografie in Kontakt und manche können sich nicht mehr davon lösen.

Ein anderes Beispiel ist Gang Bang. Wenn sie mit dieser Spielart der Sexualität nicht vertraut sind, müssen Sie sich noch lange keine Sorgen machen, ein verklemmter Spießer zu sein. Man versteht darunter Gruppensex, bei dem möglichst viele Männer nacheinander mit einer einzigen Frau kopulieren. Erst durch das Internet wurde Gang Bang bei den Jugendlichen so populär, dass manche nicht mehr zwischen Porno und Wirklichkeit unterscheiden können. In Deutschland berichten Sozialhelfer und Jugendarbeiter seit einigen Jahren regelmäßig von Fällen junger Frauen, die ungewollt schwanger wurden und bei der Frage nach der Unterhaltszahlung nicht angeben konnten, wer von vier oder fünf Männern der Vater ist. In diesem Zusammenhang fällt mir ein, was der österreichische Publizist und Historiker Peter Huemer in seinen Vorlesungen zur Poetik des Journalismus im Jahr 2002 in Wien zum Thema »Die Konstruktion von Wirklichkeit in den Medien« ausgeführt hat, ausgehend von einer Umfrage der Universität Bielefeld aus dem Jahr 1993, wonach 44 Prozent der befragten Männer als ihre Lieblingsstellung beim Sex »Frau oben« ankreuzten, gefolgt von »Von hinten« mit 28 Prozent und erst auf Platz drei »Mann oben« mit 18 Prozent. Für Huemer ist das insofern erstaunlich, als die »traditionelle Position des Mannes im abendländischen Patriarchat ... die oben« sei. Schließlich hätten die Missionare vom 16. bis ins 19. Jahrhundert das auch die Heiden so gelehrt. Dass das 1993 (plötzlich) anders war, dafür ist für Huemer die Pornofilmindustrie verantwortlich, für die die Missionarsstellung aus bildtechnischen und dramaturgischen

Gründen ziemlich unergiebig und daher unbefriedigend war. Man(n) will die Frau in Aktion, ihren wippenden Busen und ihr Gesicht im Moment der höchsten Verzückung, auch wenn diese gespielt ist, möglichst frontal und in Großaufnahme sehen. Das haben selbst Regisseure drittklassiger Streifen erkannt und beherzigt. Die Schlussfolgerung, die Huemer daraus zieht: »Männer konsumieren bekanntlich mehr Pornografie als Frauen, jedenfalls diese Art von filmischer Trivialpornografie, von der ich spreche. ... Und diese Pornografie schafft ebenso wie der Spielfilm durch Jahrzehnte ein wiederkehrendes Bild: dass die Frau beim Geschlechtsverkehr meistens oben ist. So wird das Bild zum Vorbild, und einem Vorbild eifern Menschen bekanntlich nach.« Wenn also das jeweils ton- oder besser bildangebende Medium das Sexualverhalten der Konsumenten zu beeinflussen imstande ist, darf man in Zeiten der Internetpornografie nicht nur von einer beträchtlichen Erweiterung der Palette ausgehen (woran grundsätzlich ja auch gar nichts auszusetzen wäre), sondern auch von einer Verschiebung der Grenzen im sexuellen Zusammenleben. Anders oder sehr konkret gesagt: »Französisch mit Vollendung«, wie das in einschlägigen Zeitungsinseraten früher verklausuliert hieß (im globalen Sexbusiness im Web ist von »Blowjobs« und »Facials« die Rede), gehört demnach ebenso zu diesem Standardrepertoire wie »Natur-Griechisch« (Analverkehr ohne Kondom, wofür es im Internet viele Suchbegriffe gibt, vom beinahe medizinisch nüchternen »Anal« bis zum jegliche Nebenkonotation ausschließenden »Butt fuck«). Wie zutreffend diese Schlussfolgerung ist, können Ärzte und Therapeuten bestätigen, die immer öfter von Mädchen und Frauen berichten, die mit einschlägigen Verletzungen körperlicher, aber auch seelischer Natur in die Ordinationen und Sprechstunden kommen. Frauen als Sexobjekte, heranwachsende Mädchen, die frühzeitig lernen, dass, wer Aufmerksamkeit und Bestätigung will, sexy und verführerisch sein muss, der Rückfall in längst überkommen geglaubte Geschlechtsstereotypien – auch das ist eine Folge der grenzenlosen Pornooffensive im Netz.

In der Masturbationsgesellschaft

Sarah und Richard leben mit ihrer kleinen Tochter Lucy in einem großzügigen Haus in einem Vorort von Boston, der – wie man auf den ersten Blick sieht – der gehobenen Mittelklasse vorbehalten ist. Sarah ist Akademikerin, aber nun auf ihre Rolle als Hausfrau und Mutter reduziert, Richard, der bereits zum zweiten Mal verheiratet ist, arbeitet für ein Beratungsunternehmen. Ihre Ehe ist an jenem toten Punkt angelangt, an dem beide Partner für alles Neue offen sind wie Scheunentore. In Sarahs Fall ist das Brad, ein verbummelter Student, der mit einer ehrgeizigen Dokumentarfilmerin verheiratet ist, die Rolle des Hausmannes übernommen hat und – so wie Sarah – samt Nachwuchs regelmäßig den örtlichen Spielplatz frequentiert. In Richards Fall ist das Kay oder – um genau zu sein – Slutty Kay, auf die er bei Recherchen für seine Firma im Internet zufällig gestoßen ist. Seither ist er Slutty Kay, die bei ihren erotischen Inszenierungen eine Vorliebe für Küchengeräte und Luftballons erkennen lässt, hoffnungslos verfallen. Das Problem: Es gibt sie nur in der digitalen Welt. Ein Manko, das Richard zumindest teilweise kompensiert, indem er sich von ihr getragene Unterwäsche schicken lässt. Eines Tages – Richard hat sich unter dem Vorwand, »noch etwas fürs Büro erledigen« zu müssen, in sein Arbeitszimmer zurückgezogen – überrascht ihn die ungeduldig wartende Sarah beim Onanieren vor dem Bildschirm. Vor sich hat Richard die Bilder von Slutty Kay drapiert, ihren Slip hat er sich über das Gesicht gezogen. Für Sarah ist das der Zeitpunkt, an dem sie beschließt, ihren Gefühlen für Brad freien Lauf zu lassen und sich in eine wilde Affäre mit ihm zu stürzen. Die Szene entstammt dem Film »Little Children« (Regie: Todd Field) mit Kate Winslet und Patrick Wilson in den Hauptrollen zweifellos einem der besten Filme der vergangenen Jahre.

Schwer zu sagen, ob Oswalt Kolle diesen Streifen gesehen hat. Jedenfalls würde er Richard für einen typischen Vertreter jener Welt halten, die er »Masturbationsgesellschaft« nennt. »Schauen

Sie sich doch mal das Internet an! Dort gibt es Pornografie in allen Spielarten«, konstatiert der populärste Aufklärer der Deutschen in einem Interview mit Spiegel Online bereits im Jahr 2002. »Der 30-jährige Single – von Beziehungen frustriert – sitzt mit offener Hose vor dem PC und holt sich dort seine Befriedigung. Wir steuern auf eine Masturbationsgesellschaft zu. Das ist ein echtes Problem. Gleichzeitig sprechen die Menschen offener über ihre sexuellen Probleme, über Beziehungslosigkeit, Erektionsstörungen, Orgasmusschwierigkeiten und so weiter. Das alles summiert sich zu dem Eindruck, wir hätten mit unserem Intimleben mehr Last als Lust.« Drei Jahre später setzt Kolle, der mit seinen legendären Aufklärungsfilmen in den Sechziger- und Siebzigerjahren trotz heftiger Kritik 140 Millionen Zuschauer in aller Welt erreichte und mit seiner »Liebesschule« sogar eine Aufklärungsserie im Fernsehen laufen hatte, noch eins drauf: »Viele Männer verlieren das Interesse daran, rauszugehen und zu verführen oder verführt zu werden. Warum sollten sie auch, wenn sie schon befriedigt sind?«, fragte er in der Zeitschrift »Woman«. Forscher der Universität Bonn haben in einer groß angelegten Studie herausgefunden, dass sich 90 Prozent der Männer und 86 Prozent der Frauen regelmäßig selbst befriedigen. So weit so gut, könnte man sagen. Schließlich haben Kolle und seinesgleichen auch einen Beitrag dazu geleistet, das Thema zu enttabuisieren. Was aber nachdenklich stimmt, ist eine andere Untersuchung der Universität Hamburg, die in den vergangenen 30 Jahren bei Männern einen Anstieg von 22 Prozent, bei Frauen sogar um 50 Prozent festgestellt hat. Paar- und Sexualtherapeuten wie der Gründer des Institutes für Sexualtherapie Aachen/Heidelberg, Ulrich Clement, sagen, es sei illusorisch, sich in die Vorstellung zu retten, ungezügelte Web-Pornografie habe keinen Einfluss auf eine Beziehung. »Das Internet kann zu einem Fluchtbereich für Männer werden. Sie schaffen sich eine Welt jenseits der Partnerschaft«, warnt Clement. Man mag das für überzeichnet halten, aber in Verbindung mit dem Faktum, dass 33 Prozent aller deutschen Männer regelmäßig Internet-Sexsites ansteuern und (vorsichtig) geschätzte 30 000 Deutsche süchtig nach Webpornos sind, sollten dann doch die Alarmglocken läuten.

Wenn ich nur aufhören könnt'

Sieben Tage – das war zu viel für einen 26-jährigen Chinesen, der im Februar 2007 vor seinem Computer zusammenbrach und nicht mehr zu sich kam. Der übergewichtige Mann aus der Stadt Jinzhou im Nordosten des Landes hatte eine Woche lang, die gesamten Neujahrsferien, die in China in etwa das sind, was bei uns Weihnachten ist, mit Online-Spielen zugebracht. Sein Schicksal war den staatlichen Medien Meldungen wert, wohl auch zur Abschreckung, denn in China hat die Zahl der Internetabhängigen unter Jugendlichen und jungen Erwachsenen in den vergangenen Jahren drastisch zugenommen. Rund 2,6 Millionen oder 13 Prozent der 20 Millionen chinesischen Internetnutzer unter 18 Jahren galten zu Jahresbeginn 2007 als abhängig von der virtuellen Welt. Das ist keine westliche Schätzung, sondern das Ergebnis einer Studie, der von der staatlichen Zeitung »China Daily« viel Platz eingeräumt wurde. Vor allem »brave Kinder, die ihre Eltern und Lehrer beeindruckten«, seien anfällig für die Verlockungen des Internets, und verglichen mit westlichen Ländern seien die Süchtigen um bis zu zehn Jahre jünger, zitierte die Zeitung Gao Wenbin, einen Psychologen an der Chinesischen Akademie der Wissenschaften. Als Ursachen sieht er zu wenig Abwechslung – an den Schulen ebenso wie daheim. »Natürlich wenden sie sich der virtuellen Welt zu, wenn sie kein Ventil für ihre Energie zu Hause oder in der Schule finden.«

Südkorea ist mit knapp 50 Millionen Einwohnern zwar im Vergleich zu China ein Zwerg, aber immer noch bevölkerungsreicher als etwa Spanien. Die Regierung in Seoul geht von 210 000 heranwachsenden Koreanern aus, die als internetsüchtig gelten. Warum die Behörden so alarmiert sind, hat aber einen anderen Grund: Zehn Menschen sind bereits an Blutgerinnseln gestorben, die sie nach endlosen Stunden im Internetcafé bekommen hatten.

Alles sehr weit weg, denken Sie jetzt wahrscheinlich, und vermutlich ein Problem der dortigen Gesellschaften. Eine Einschätzung, über die Christoph Hirte aus dem bayerischen Gräfelfing nur den Kopf schütteln könnte. Er hat fürs Erste den Kampf um seinen 23-jährigen Sohn verloren. »Wir haben seit einem Jahr keinen Kontakt mehr zu ihm«, erzählt der verzweifelte Vater. Er und seine Frau haben ihren Sohn, einen Informatikstudenten, an das Spiel »World of Warcraft« verloren. »Es ist nicht zu glauben, wie viel Leid diese Spiele in die Familien bringen«, klagt Hirte, der inzwischen eine Elterninitiative gegründet hat, um wenigsten anderen rechtzeitig helfen zu können: »Die Betroffenen müssen erkennen, dass sie kein Hobby ausüben, sondern krank sind«, beschreibt er seinen ganz persönlichen Informationsauftrag als indirekt Betroffener. Als Spieletester sei sein Sohn mit dem komplexen Rollenspiel, das mit über zehn Millionen Accounts und mehr als einer Milliarde Dollar Umsatz jährlich der erfolgreichste Vertreter eines ganzen Genres ist, in Kontakt gekommen und offenbar immer mehr in den Bann der virtuellen Realität gezogen worden. Der junge Mann, der an einer nordrhein-westfälischen Hochschule studierte, habe sich immer mehr zurückgezogen, sei für die Eltern telefonisch nicht mehr erreichbar gewesen, habe schließlich sein Studium aufgegeben und Sozialhilfe beantragt. Als Christoph Hirte und seine Frau Christine schließlich die Zeichen zu deuten wussten und einzugreifen versuchten, war es bereits zu spät. Bislang hat sich ihr Sohn allen Hilfsangeboten verweigert und entzogen.

Gewiss ein besonders schwerer Fall, aber man darf davon ausgehen, dass er bei Gott nicht der Einzige ist unter den schätzungsweise 1,5 bis 2 Millionen Menschen in Deutschland, die inzwischen an Computer(spiel)sucht leiden. In einer Untersuchung, die die Berliner Charité durchführte, zeigte beinahe jeder Zehnte der mehr als 300 befragten Berliner Schüler der sechsten Klassen exzessives Spielverhalten. Das Kriminologische Forschungsinstitut Niedersachsen wiederum hat gar 16 000 Neuntklässler nach ihren Spielgewohnheiten befragt. Das Ergebnis war niederschmetternd: Zehn Prozent von ihnen verbrachten sieben Stunden täglich am Rechner. Jung, männlich und gefangen in der virtuellen Realität komplexer Rollenspiele im Internet – das ist der Kurzsteckbrief, der fast auf alle von ihnen zutrifft. Und obwohl die Erforschung dieser Sucht noch in den Kinderschuhen steckt, warnen Psychologen schon jetzt vor Folgen, die denen bei Alkohol- oder Drogensucht zumindest ähnlich sind: Die Betroffenen quält das ständige Verlangen zu spielen und die Spielzeiten werden immer länger. Wird der Betroffene vom Computer ferngehalten, treten typische Entzugserscheinungen wie Aggressivität, Nervosität und Unruhe auf. Weil eine Hand ständig auf der Maus liegt, ernähren sich viele nur noch – im wahrsten Sinn des Wortes – einseitig, hauptsächlich mit Snacks, die man bequem mit einer Hand essen kann. Dazu kommt die zunehmende Vernachlässigung der Hygiene, was ebenso wie die Mangelernährung nicht selten gesundheitliche Schäden nach sich zieht.

Aber nicht alle entsprechen diesem Prototyp. Manche tarnen sich nahezu perfekt. So wie der heute knapp zwanzigjährige Klemens, der mit seinen Eltern in einer österreichischen Kleinstadt lange in perfekter Mimikry lebte. Sein Vater, Jurist in Landesdiensten, die Mutter Medizinerin im öffentlichen Krankenhaus der Stadt. Klemens verbrachte viel Zeit hinter dem Computer in seinem Zimmer, das schon, aber er hatte immer eine gute Begründung dafür: lernen für die Schule. So was hören Eltern gerne und geben sich zufrieden. Zum Beweis präsentierte er auf Nachfrage beflissen Powerpoint-Präsentationen, die er zuvor aus dem Internet geholt hatte, oder seitenlange Referatstexte, die mittels Copy-and-Paste-Verfahren aus Wikipedia zusammengestoppelt waren. Morgens verließ er noch vor seinen Eltern das Haus, aber immer öfter kam er zurück, sobald diese weg waren. Der Grund für sein Verhalten: Der Ruf der Gilde ereilte ihn, und der war stärker als jedes Glockenläuten in der Schule. Klemens war der »World of Warcraft« (WoW) verfallen, jenem Spiel, das beinahe

80 Prozent aller Online-Spieler zu ihrem Favoriten erklärt haben. Es ist eine Fantasywelt, die von Druiden, Hexenmeistern, Jägern, Kriegern, Magiern, Priestern und Schurken bevölkert wird. Als das Spiel am 11. Februar 2005 in Europa auf den Markt kam, wurden allein an diesem Tag 290 000 Exemplare verkauft und viele, die sich vor den Geschäften angestellt hatten, mussten mit leeren Händen wieder nach Hause gehen. Allein in Deutschland gingen innerhalb von fünf Wochen 200 000 Startersets über die Ladentische. Als Klemens kurze Zeit später in die magische Welt der Trolle einstieg, mit 17 Jahren eineinhalb Jahre jünger als der Durchschnitt der Newbies, aber so wie beinahe 90 Prozent aller Spieler war er schon bald in einer Gilde organisiert. Darunter versteht man Gruppen von mindestens zehn Spielern, die untereinander virtuelle Gegenstände, Waffen etwa, austauschen, einander in ihren Funktionen ergänzen und über eigene Chatkanäle miteinander kommunizieren können. Den Spielern steht sogar ein Postsystem mit Briefkästen vor Gasthäusern oder Banken zur Verfügung, die man mit Nachrichten, aber auch mit Gold und Waren befüllen kann. Direkte Kommunikation mit Spielern der gegnerischen Fraktion ist übrigens nicht möglich. Direkt Geschriebenes wird von der Software sofort in unverständliches Kauderwelsch übersetzt, ein System von sogenannten Emotes stellt aber immerhin ein kleines Repertoire an Gesten und einfachen nonverbalen Ausdrucksmöglichkeiten zur Verfügung: Man kann damit winken, pfeifen, tanzen oder sich verbeugen. Wie richtige Unternehmen arbeiten Gilden mit Belohnungs- und Bestrafungssystemen. Wer pünktlich zu einer gemeinsamen Schlacht erscheint, bekommt Bonuspunkte, wer fernbleibt, wird diskriminiert. Klemens wollte nicht fernbleiben, daher musste er es in der Schule tun. Bis sich so viele Fehlstunden angesammelt hatten, dass ein positiver Abschluss des Schuljahres nicht mehr möglich schien. Erst da ging den Eltern ein Licht auf. Erst jetzt verstanden sie, warum sich Klemens, statt wie früher Tennis zu spielen oder in der Halle unermüdlich Wände hochzuklettern, hinter dem Computer verbarrikadierte und schließlich sogar mit

seiner Freundin Schluss machte. Das einzig Gute: In seinem Fall war es noch nicht zu spät. Gemeinsam mit einem Kinder- und Jugendpsychologen, einem Bekannten der Familie, entwickelte die Familie ein Ausstiegsszenario, das schließlich funktionierte, nicht zuletzt deshalb, weil Klemens selbst das wollte. Die Tatsache, dass er Level 70 und damit das Maximum bereits erreicht hatte, dürfte seine Bereitschaft erhöht haben.

Die Leute von Blizzard Entertainment mit Sitz im kalifornischen Irvine scheinen nicht nur exzellente Spieleentwickler und perfekte Architekten dreidimensionaler animierter Welten zu sein, sondern intuitiv auch verstanden zu haben, worum es den jungen Nutzern über Entertain- und Excitement hinaus wirklich geht: um Erfolgserlebnisse. Daher stellen sie ihnen Aufgaben, mit denen die Spieler über sich hinauswachsen können. »Das Zwischenhirn schüttet Dopamin aus«, weiß Klemens heute, »und dieser Botenstoff sorgt wiederum dafür, dass körpereigene Opiate dem Spieler ein Glücksgefühl vermitteln.« Damit aber beginnt ein teuflischer Kreislauf, denn Dopamin sorgt auch dafür, dass bestimmte Schaltungen von Nervenzellen im Gehirn immer stärker werden und daher mit der Zeit richtige »Glücksautobahnen« im Kopf entstehen. Ein physischer Luxus, der freilich teuer erkauft wird. Gerötete oder trockene Augen und Verspannungen sind noch das geringste Problem. Um die Wirkung der »Droge« aufrechtzuerhalten, muss die Dosis, das heißt der Konsum, ständig gesteigert werden. Untersuchungen der Hirnströme ergaben, dass Betroffene auf Reize aus dem Umfeld der Computerspiele ähnlich reagieren wie Alkoholiker auf die Flasche. An der Medizinischen Hochschule in Hannover wurden 30 Netzabhängige genauestens untersucht – mit dem Ergebnis, dass durch die Bank alle Symptome die Eigenschaften bekannter psychischer Erkrankungen aufwiesen. Daher tobt nun zwischen den Experten ein Streit darüber, ob man die Internetabhängigkeit überhaupt als eigenständige Krankheit deklarieren soll. Der amerikanische Psychiater Jerald Block will das unbedingt tun. In einem Editorial für das »American Journal of Psychiatry« forderte er unlängst die

Aufnahme der Netzsucht und Computerabhängigkeit in die offiziellen Fachbücher seiner Zunft. Sein deutscher Fachkollege Bert de Wildt von der Medizinischen Hochschule Hannover unterstützt derartige Bemühungen aus einem, wie er sagt, »ganz pragmatischen Grund«. Es gebe Menschen, die ganz stark unter Internetabhängigkeit oder Computerspielsucht leiden und die sich der dahintersteckenden psychischen Erkrankung nicht bewusst seien. Erst wenn man eine spezifische Behandlung für Internetabhängige anbiete, hätten diese Menschen die Möglichkeit, erst einmal Hilfe zu bekommen.

Aber Angebote für »spezifische Behandlungen« sind dünn gesät. Lange Zeit war überhaupt das Smith&Jones-Zentrum für Abhängige in Amsterdam die einzige Anlaufstelle. Seit dem Frühjahr 2008 gibt es mit der Ambulanz für Spielsucht am Mainzer Universitätsklinikum erstmals auch im deutschen Sprachraum ein Refugium für verlorene Seelen aus Azeroth. Nach Einschätzung des Psychologen Klaus Wölfling, der die Mainzer Computerambulanz leitet, ist für das neue Massenphänomen vor allem das Aufkommen immer realitätsnäher angelegter Spielwelten im Internet verantwortlich. Je heimischer man in dieser Welt mit all ihren sozialen Pseudobindungen und Pflichten geworden ist, desto geringer wird freilich die Bereitschaft, sich mit den Problemen der wirklichen Umgebung auseinanderzusetzen, erklärt Wölfling: »Die reale Welt verliert im Verlauf der Abhängigkeitsentwicklung mehr und mehr an Attraktivität gegenüber dem virtuellen Universum.« Als besonderen Suchtfaktor haben er und seine Kollegen den Umstand, dass Rollenspiele wie »World of Warcraft«, »Everquest« oder »Ultima Online« kein Spielende kennen, ausgemacht. Fortschritte im Spiel seien nur durch hohen zeitlichen Einsatz zu erzielen, sodass einer exzessiven Nutzung automatisch Vorschub geleistet werde. In der neuen Ambulanz wollen die Psychologen die Betroffenen kombiniert in Gruppen- und Einzelgesprächen therapieren. Da nur rund 150 Patienten pro Jahr behandelt werden können, darf man davon ausgehen, dass sie immer gut ausgelastet sein wird. Als Außenstehender und Laie könnte man das Therapieziel fast für bescheiden halten: Die Wissenschaftler wollen die Betroffenen dazu bringen, die Nutzung von Computer und Internet wieder auf ein Normalmaß zu reduzieren, sagt Wölfling, denn: »Eine komplette Abstinenz wäre undenkbar in unserer heutigen Zeit.«

Mit Sicherheit hätten die Mainzer Experten auch dem 15-jährigen Oliver Jacobs helfen können, der nach einem »kalten Entzug« – sein Vater hatte von einem Tag auf den anderen die DSL-Leitung gekappt – einen Selbstmordversuch mit einer Flasche Wodka und hundert Herztabletten seines Vaters plante. Seinen Fall bezeichnete selbst der »Stern« (9/2008) in seiner Reportageserie über »Sucht« als »außergewöhnlich«. Er war nämlich keineswegs süchtig nach Inhalten, sondern erschuf sie sich selbst. Aber was mit ersten kleinen Programmierübungen und einer selbst gestalteten Fan-Website zu einem Microsoft-Spiel begann, wurde schließlich zu einer Obsession, die Oliver zunehmend in die Isolation trieb. Für mehrere Hundert Euro, die er dem Vater unter fadenscheinigen Vorwänden abluchste, mietete er Platz auf Servern und kaufte Foren-Software. Im Laufe von drei Jahren mietete er nicht weniger als 200 Domains. Die Rechnungen, die sich bald häuften, ließ er zunächst vom Konto seines Vaters abbuchen, der für die »Investitionen« anfangs sogar Verständnis hatte, später fälschte er Unterschriften, »verkaufte« Waren auf eBay, die er nicht liefern konnte, und musste sich mit Anzeigen vergraulter Kunden ebenso herumschlagen wie mit den Lehrern in der Schule, wo der zum Kettenraucher gewordene Jugendliche total versagte. Nach dem vom Vater erzwungenen Brachialentzug fiel Oliver vollends in ein tiefes schwarzes Loch. »Ich war fast drei Jahre nur im Internet. Das ist, als hätte ich im Koma gelegen.« Das Erwachen in der Realität war dem Heranwachsenden zu viel. Dann schon lieber sterben. Mit Schlafsack, Wodka und Herztabletten ging er in den Wald, um seinem Leben ein Ende zu setzen. Da klingelte das Handy, ein Freund war am Apparat und überredete ihn, nach Hause zu gehen. Nach drei Monaten in der Jugendpsychiatrie war er bereit, wieder durchzustarten. Diesmal in der realen Welt. Den Hauptschulabschluss hat er schon. Jetzt ist er dabei, ein Berufskolleg zu absolvieren. Vor dem Informatikunterricht allerdings hat er Panik: »Was passiert mit uns Süchtigen, wenn das Internet in Zukunft immer wichtiger wird?«, fragt der um sich und seinesgleichen ernsthaft besorgte junge Mann. Ehemalige Alkoholiker müssen nicht ins Wirtshaus gehen, könnte man sagen. Aber ehemalige Internetsüchtige sind selbst im Büro ihrer Schicksalsdroge ausgesetzt – auf Gedeih oder Verderb.

1:0 für Jesus

Eines der beliebtesten Genres der Radiounterhaltung ist seit einigen Jahren tot: das Telefonquiz. Vorbei die Zeiten, in denen man mit der richtigen Antwort auf die Frage »Was ist Dendrophilie?« Geld verdienen konnte. Heute funktionieren Shows, in denen Wissen abgetestet wird, nur noch im Fernsehen, weil die Kandidaten in Studios in Köln oder Eindhoven gesperrt werden, ohne Kontakt zur Außenwelt und vor allem ohne Computeranschluss. Denn der Untergang des Radioquiz kam mit den Suchmaschinen im Internet. So wenig Zeit konnte man dem Kandidaten gar nicht geben, dass er – oder ein flinker Assistent aus dem Familienkreis – es nicht geschafft hätte, selbst so schwierige Wörter wie Dendrophilie bei Google einzugeben und Sekunden später dem Moderator mit unverhohlenem Stolz in der Stimme die richtige Antwort zu präsentieren: »Unter Dendrophilie versteht man die Liebe zu Bäumen, eine Spielart der Objektsexualität.« Noch vor zwanzig Jahren hätte man dafür Altgriechisch können oder ein Speziallexikon konsultieren müssen.

Was wäre das Internet ohne Suchmaschinen, wenn nicht ein nutzloser Datenhaufen? »Google, Yahoo!search, MSNsearch oder Ask schaffen Ordnung, lassen finden, wonach man sucht, noch nicht sucht oder nie suchen wollte. Allein suchmaschinen-online.de liefert 600 Stück; darunter Versandhauskataloge, regionale Suchmaschinen oder etwa ein ›Fetischfinder‹«, schreibt Burkhard

Strassmann in seinem Beitrag für das »Internet Spezial« der »Zeit« (04/2008). So beeindruckend das Angebot ist, neunzig Prozent der User finden inzwischen mit Google das Auslangen und nur die wenigsten ihrer Suchabfragen können in punkto Originalität mit dem Begriff »Dendrophilie« mithalten. Alle Jahre wieder veröffentlichen Microsoft, Yahoo und Google die meistgesuchten Wörter bei ihren Suchmaschinen, 2007 war der bestplatzierte Begriff des Jahres – sowohl bei Google als auch bei Yahoo – »Routenplaner«. Auf den weiteren Plätzen bei Google geht es staubtrocken weiter: »Telefonbuch«, »Wetter«, »Wikipedia« und »Leo«. Bei LiveSearch landete wenigstens Paris Hilton auf Platz eins der häufigsten Abfragen. Allerdings muss man bedenken, dass alle Anbieter in ihrer Aufstellung den zweifellos meistgesuchten Begriff im Internet, »Sex«, von vornherein ignorieren.

Wann immer wir uns im Internet bewegen, suchen wir; und wann immer wir etwas gefunden haben, suchen wir weiter, weil die Antwort neue Fragen aufwirft und unsere Neugier anstachelt. Der Zwang, immer weiterzuklicken, hat aus uns allen lebende Suchmaschinen gemacht. In Abwandlung des populären Werbeslogans eines großen Baumarktes könnte man sagen »Es gibt immer was zu suchen.« Wer etwa Bauchweh grundsätzlich als beginnendes Magengeschwür, Kribbeln in den Fingern für den Ausbruch von Multipler Sklerose und eine Bronchitis für Lungenkrebs im Endstadium hält, wer also zur Spezies der Hypochonder gehört, hat im Internet sein virtuelles Schwerpunktkrankenhaus gefunden. Forscher der Columbia University in New York sehen die Cyberchondrie ganz klar als moderne Form der Hypochondrie. Betroffene surfen oft stundenlang im Internet, suchen auf Ärzteplattformen nach möglichen Krankheiten für ihre Symptome und geraten dabei erst recht in einen Teufelskreis: Die Angst vor einer Krankheit kann die Symptome tatsächlich verschlimmern, sodass Hypochonder durch ihre Angst nicht selten tatsächlich krank werden. Man geht davon aus, dass in Deutschland 7 % der Bevölkerung von Hypo- bzw. Cyberchondrie betroffen sind. Gute Besserung!

Es geht aber auch weniger neurotisch, sozusagen aus Spaß an der Freude. Unlängst saßen wir abends mit Freunden bei einer guten Flasche Wein im Garten, als wir Besuch von unserem Igel bekamen. Wir haben seit Jahren tatsächlich einen »Hausigel«, der sich im Sommer täglich zur selben Zeit zu den Futterresten der Katze trollt, die er dann unbeeindruckt von etwaigen Zuschauern laut schmatzend verzehrt. Vielleicht auch unter dem Einfluss des Weins kam die Sprache auf das Liebesleben der Igel und die in diesem Zusammenhang unvermeidliche Frage: Wie haben Igel eigentlich Sex? Die Spekulationen und Vorstellungen darüber können erstaunlich ergiebig sein, aber irgendwann wollten wir es dann wirklich wissen. Also blieb mir nichts anderes übrig, als den Computer anzuwerfen und lexxe.com aufzurufen. Diese Suchmaschine, die eigentlich Antwortmaschine heißen müsste, erlaubt die Eingabe von vollständigen Fragen. Mithilfe des Internetwörterbuchs Leo (wer weiß schon aus dem Stand, was Igel auf Englisch heißt?) formulierte ich die Frage »How do hedgehogs manage to have sex?« und zwanzig Sekunden später hatte ich eine Reihe von durchaus seriösen und weniger spektakulären Antworten, als von der fröhlichen Gartenrunde erwartet, auf dem Schirm: »Well once the male finds a female hedgehog, he will ›sing‹ to her. It is usually a high squeaky noise. The female will spike and huff at him, basically to scare him off and to play hard to get. If the male keeps on singing, the female will eventually give up and push her behind out, with her quills flat and tail pointing down. Then the male will mount the female, and there you go.« (»Nun, hat der Igel einmal ein Weibchen gefunden, ›besingt‹ er es mit einem hohen Quietschton. Das Weibchen reagiert darauf mit wütender Abwehr, um ihn abzuschrecken. Singt das Männchen weiter, gibt das Weibchen seinen Widerstand eventuell auf und streckt ihm sein Hinterteil entgegen, die Stacheln flach angelegt und das Rumpfende gesenkt. Dann besteigt das Männchen das Weibchen, und los geht's.«)

Und so sind Suchmaschinen längst nicht mehr auf ihre ureigenste Funktion reduziert, sondern zu einem Unterhaltungsmedium geworden. Philipp Lenssen hat immerhin »55 Ways to Have Fun With Google« ausfindig gemacht und sie anachronistischerweise in einem gedruckten Buch beschrieben. Spaß mit Google Maps oder einem Google Schlangenspiel, mit Google kämpfen, reimen, hacken und bombardieren ... Einer der Favoriten unter den Zeitfressern der neuen Art ist googlefight.com. Hier kann man zwei Begriffe oder Namen gegeneinander antreten lassen und die Auswertung vergleichen. Obama gegen Clinton bringt etwa (im Sommer 2008) das Ergebnis 129 000 000 zu 171 000 000 Einträge, das Match Jesus gegen Mohammed entscheidet eindeutig Jesus mit 221 000 000 zu 27 000 000 für sich, während es Osama bin Laden mit 14 300 000 auf zweimal so viel Einträge bringt wie Benedikt XVI. Möglicherweise beschäftigt der Vatikan schlechte oder gar keine Suchmaschinenoptimierer. Die Vertreter dieses logischerweise relativ jungen Berufszweiges sorgen schlicht und einfach dafür, dass Websites in den Rankings von Suchmaschinen auf höheren Plätzen erscheinen. Dazu müssen sie zunächst dahinterkommen, wie die Webcrawler verschiedener Suchmaschinen Webseiten überhaupt suchen, deren Inhalte lesen und verarbeiten, nach welchen Kriterien sie bewertet und wie Suchergebnisse zusammengestellt und schließlich sortiert werden. Was ihre Arbeit erschwert, ist der Umstand, dass die Arbeitsweise der Sortieralgorithmen von den Betreibern der Suchmaschinen geheim gehalten und häufig geändert wird. Einer der führenden Vertreter der boomenden Branche ist Markus Hövener, Geschäftsführer der Online-Marketing-Agentur Bloofusion. Aus der Sicht des Suchmaschinenexperten der ersten Stunde sind Google und Co. für die meisten Menschen das Tor zum Internet. »Wer online Informationen oder Produkte sucht, kommt an ihnen nicht vorbei. Die Platzierung entscheidet über den Erfolg vieler Unternehmen, da die Nutzer meist nur die ersten zehn Treffer wahrnehmen.« Gibt man etwa »Feuerlöscher« ein, bekommt man nicht automatisch den größten Produzenten an der Spitzenposition, »weil die Firma, die auf der ersten Stelle steht, gute Optimierer beschäftigt. Und der Marktführer eben nicht«, wie Markus Hövener vermutet. Bei der traditionellen Suchmaschinenoptimierung wird üblicherweise eine Seite für ein oder zwei Such- oder Schlüsselwörter optimiert, wobei oft schon kleine Veränderungen genügen, um sich in Suchmaschinen auf einer weit besseren Platzierung wiederzufinden. Schwierig wird es bei rein grafisch orientierten, vorwiegend mit Bildern und Filmen gestalteten Seiten, weil sie für Suchmaschinen zu wenig Futter, sprich verwertbaren Textcode, bieten. Daher raten Suchmaschinenoptimierer von einer solchen Gestaltung ab – oder helfen ein wenig nach. Indem sie etwa weißen Text auf weißem Grund »verstecken«, sodass er für den Konsumenten nicht lesbar ist, für die Suchmaschine aber sehr wohl. Oder indem sie etwa Brückenseiten einbauen, das heißt automatisierte »Umleitungen« konstruieren, die speziell für Suchmaschinen erstellte Textseiten enthalten, in denen sich dann auch die entscheidenden Keywords finden lassen. Eine Vorgangsweise, die freilich den Richtlinien einer ethisch sauberen Optimierung (white hat search engine optimization) der meisten Suchmaschinen widerspricht und von den Betreibern auch geahndet wird. So wurde Anfang 2006 etwa BMW als Geisterfahrer auf der Datenautobahn geoutet und musste akzeptieren, dass das gesamte Internetangebot des Automobilkonzerns aus Google entfernt wurde, weil die BMW-Webmaster eine Reihe von automatisch weiterleitenden Brückenseiten erstellt hatten. Erst nachdem BMW die beanstandeten Seiten entfernt und Abbitte geleistet hatte, wurde bmw.de wieder in den Google-Index aufgenommen. Einige sind freilich auf derartige Tricksereien gar nicht erst angewiesen: eBay, Amazon und vor allem Wikipedia. Das Online-Lexikon ist mit Millionen Seiten verlinkt, und das steigert die Bedeutung. Einmal mehr nehmen wir zur Kenntnis: Quantität und Intensität der Vernetzung schaffen Relevanz.

Wir Wikinger

Vor kurzem hatte ich das Vergnügen, die deutsche Unternehmensberaterin und Bestsellerautorin Gertrud Höhler kennenzulernen. Bei einer Veranstaltung in Salzburg, die ich moderierte, leitete ich mit ein paar einführenden Worten zu ihrem Vortrag über. Bei derart bekannten Personen verbietet es die Höflichkeit, einen Lebenslauf herunterzubeten, daher habe ich mich auf Anekdotisches konzentriert und dabei auch auf das Online-Lexikon Wikipedia zurückgegriffen: »Höhler studierte Literaturwissenschaften und Kunstgeschichte in Bonn, Berlin, Zürich und Mannheim. In dieser Zeit gehörte sie dem links-subkulturellen Milieu an.« Beim Publikum, Vertreter des mittleren und höheren Managements eines österreichischen Konzerns, löste das Zitat die erwartete Heiterkeit aus, bei Gertrud Höhler hingegen Irritation, die die seinerzeitige Beraterin Helmut Kohls zwar mit gewohnter Professionalität überspielte, die aber dennoch deutlich spürbar war. Nach der Veranstaltung hatten wir kurz Gelegenheit zu plaudern und es stellte sich heraus, dass sie den Artikel bis dato nicht gekannt hatte. Das brachte mich auf die Idee, einmal »in eigener Sache« nachzuschauen, und siehe da, ich stellte fest, dass es bereits seit 24. Juni 2007 einen Wikipedia-Artikel über mich gibt. Ein Blick in die Versionsgeschichte zeigte mir, dass er um exakt 13 Uhr 14 vom anonymen User 62.47.13.111 angelegt und bereits eine Minute später von »Dr. Colossus« geändert worden war. Dieses (der Zeichentrickserie »Simpsons« entlehnte) Pseudonym gehört dem 21-jährigen Andreas Thum aus Roßtal in Deutschland, der von sich sagt, einen weißen VW Jetta zu fahren, der fast so alt ist wie er selbst, Schüler der Städtischen Fachoberschule in Nürnberg zu sein, Friedrich Dürrenmatt, Heinrich Böll und Thomas Mann ebenso zu mögen wie Bob Dylan, The Smiths und The White Stripes und sich für Film, Musik, Kunst, Geschichte und Politik zu interessieren. Seine Wikipedia-Geschichte begann im März 2004 nach der Lektüre eines einschlägigen »Spiegel«-Artikels. Danach legte er mit einem Artikel über die deutsche

Radio- und Fernsehmoderatorin Christine Westermann los, ehe er Einträge über Matt Damon, Edward Kennedy, Mickey Rooney, Jay Leno, Robert Lembke und viele andere startete. Dann folgte eine zweijährige Wikipedia-Abstinenz – »warum, weiß ich selbst nicht mehr genau«, aber »seit Anfang 2007 bin ich wieder voll dabei und kümmere mich seitdem bevorzugt um Filme, das Ausbessern kleinerer Form- und Tippfehler und die Anpassung von Filmografien«. In meinem Fall erschöpfte sich Dr. Colossus' Interesse offenbar auf das Ausbessern kleinerer Formfehler, denn inhaltliche Mängel blieben bestehen: So wurde ich laut Ur-Version »1990 zum Leiter« einer Redaktion »befördert«, was tatsächlich erst einige Jahre später der Fall war. Dieser Fehler zieht sich durch alle folgenden Versionen und wurde von User Ricky59 am 17. März 2008 noch durch einen zusätzlichen ergänzt, der mir als Moderationspartnerin in der »Zeit im Bild« Barbara Rett an die Seite stellte. Zumindest das wurde am 3. April von einem anonymen User korrigiert. Am 2. Juni übernahm schließlich der Wikipedia-Autor mit dem Pseudonym »Allenamensindschonweg« das Heft und überarbeitete den ganzen Artikel. Seither ist er fast fehlerfrei. Drei Tage später (erstaunlicherweise um 00 Uhr 34!) fügte er sogar noch den Satz hinzu: »Im Oktober 2008 soll im Ueberreuter-Verlag sein Buch ›Wir kommunzieren uns zu Tode. Überleben im digitalen Dschungel‹ erscheinen.« Jetzt warte ich darauf, dass sich jemand findet, der das fehlende »i« in »kommunzieren« auch noch einsetzt – vielleicht Dr. Colossus?

»Wiki« – das bedeutet »schnell« und ist inzwischen das bekannteste Vokabel aus dem Hawaiianischen. In Kombination mit dem englischen »encyclopedia« ergibt es den Namen des universellen Lexikons der Neuzeit, ja des größten Wissensprojekts aller Zeiten. Mehr als vier Milliarden Mal am Tag wird auf die Server zugegriffen, in mehr als 250 Sprachen (darunter Cherokee und Esperanto) gibt es die Online-Enzyklopädie bereits. Die englische Version hat derzeit knapp zweieinhalb Millionen Artikel, die deutschsprachige als zweitgrößte Version knapp 770 000 (mehr als zweimal so viel wie der gedruckte große »Brockhaus«).

Verfasst, erweitert und korrigiert wurden und werden sie von Fachleuten und Amateuren, von Gelehrten und Autodidakten, von Sonderlingen und Angepassten, von Hinz und Kunz. Geld gibt es dafür keines, nur Titel wie editor (Redakteur) oder administrator. »Das Hauptding ist, dass Wikipedia Spaß macht und süchtig macht«, sagt Jimmy »Jimbo« Wales, der charismatische Ex-Börsenhändler, Internetbusinessman und Millionär aus Huntsville im US-Bundesstaat Alabama, der ursprünglich von einem konventionellen Internetlexikon mit einer normalen Redaktion geträumt hatte. Die Tatsache, dass nach mehr als einem Jahr noch nicht einmal hundert Artikel fertig waren, ließ ihn dankbar die revolutionäre Idee seines Mitarbeiters Larry Sanger aufgreifen: Jeder Internetsurfer sollte mitschreiben dürfen. Zwei Jahre später hatte man zumindest in Sachen Quantität die »Encyclopaedia Britannica« überholt. Im deutschen Sprachraum ging Wikipedia am 12. Mai 2001 online – und zwar mit einem Artikel zum Thema »Polymerase-Kettenreaktion«, für den der Kölner Biologe Markus Manske verantwortlich zeichnete. Manske fand ein Heer von Nachfolgern, darunter freilich nicht nur Spezialisten aus dem akademischen Milieu. Der »Stern« (50/2007) hat für eine Reportage zum Thema eine Reihe von freiwilligen Wissensvermittlern vor den Vorhang gebeten – mit einigen gelungenen Überraschungen. Darunter ist etwa der 18-jährige Schüler Jean-Cornelius Kibelka aus Berlin, der von sich sagt, täglich drei bis vier Stunden und in den Ferien noch mehr in sein Hobby zu investieren: »Klarer Fall, ich bin süchtig«, sagt der »Spezialist« für Portugal, wo er ein knappes Jahr als Austauschschüler verbrachte, und für U-Bahnen. 70 bis 80 komplette Artikel über die Unterirdischen in aller Welt dürfte »Jcornelius« nach eigenen Schätzungen bereits verfasst haben. Sein Wissen bezieht er aus einer einschlägigen Bibliothek, die bereits ein ganzes Regal in seinem Zimmer umfasst. Zur Recherche verbringt er aber schon auch einmal ein ganzes Wochenende in Wien oder Budapest, um sich die jeweiligen Städte »von unten« anzusehen. Der 28-jährige Christian Hummert, Informatik-Doktorand aus Jena, wiederum schreibt unter dem Pseudonym Ixitixel vorwiegend über »Lilien, Unken und Wahnsinn« und gesteht, erst über Wikipedia seine Liebe zu Blumen entdeckt zu haben. Seine Liebe verdankt auch der 38-jährige IT-Projektmanager Michael Jungwierek (Benutzername: Michail, Spezialthemen: Mittelalter und Dreißigjähriger Krieg) dem Online-Lexikon: »Ich habe meine Freundin auf einer Wikipedia-Party kennengelernt.«

Auf zwischenmenschliche Kontakte ist die 31-jährige nunmehrige Filmproduktionsleitern Juliana da Costa José aus Berlin nicht aus. Als ehemalige Prostituierte in einem Bordell und bei einem Escort-Service hat sie damit genug Erfahrungen gesammelt – so viel, dass sie einige davon nun weitergeben wollte, nachdem sie den ihrer Meinung nach völlig unzureichenden Artikel zum Thema Prostitution gelesen hatte: »Da standen so viele Klischees drin«, erinnert sich da Costa. Weil sie gerade Zeit hatte, begann sie, den Beitrag zu verbessern. Inzwischen hat sie ihr Repertoire wesentlich erweitert und schreibt auch über Film- und Fernsehthemen, U-Boote und Abortfetischismus (die Bevorzugung der Toilette als Ort sexueller Handlungen). Vielleicht war es dieser Artikel, durch den sich der ehemalige Chefredakteur der weltberühmten »Encyclopaedia Britannica«, Robert McHenry, zu einer nicht sehr britischen Herabwürdigung der unliebsamen Online-Konkurrenz hinreißen ließ: Er verglich Wikipedia kurzerhand mit einer öffentlichen Toilette. In beiden Fällen habe der Nutzer keine Ahnung, wer zuvor dort war und welchen Dreck er hinterlassen hat. Dieses Urteil mag übertrieben anmuten, aber tatsächlich sind die bewusst oder unbewusst falschen Wikipedia-Einträge inzwischen Legion und haben dem ehrgeizigen Web-2.0-Projekt schon lange den Spottnamen »Wiki-fehlia« eingetragen. Ein typisches Beispiel aus der Frühzeit von Wikipedia war etwa der Fall John Seigenthalers, einer journalistischen Ikone der USA. Der Ursprungsartikel über Seigenthaler brachte ihn absurderweise in Verbindung mit den Attentaten auf John und Bobby Kennedy. Ein fürchterlicher Fehler, der aber vier Monate lang stehen blieb und von da ausgehend auf andere Seiten im Internet übertragen wurde. Sich hinter falschen Namen und Identitäten zu verstecken, diese Erbsünde des Internets, hat natürlich auch Wikipedia von Anfang an nicht verschont. Im Gegenteil: Wikiscanner hin oder her, nirgends ist es so leicht, sich die intellektuelle Autorität eines Emeritus anzueignen, nachdem man im realen Leben gerade an der Matura gescheitert ist. Legendär ist der Fall des 24-jährigen Ryan Jordan, der im Internet als Professor für Theologie firmierte. Er benutzte das Pseudonym Essjay und weckte den Verdacht aufmerksamer Benützer, die sich darüber wunderten, dass ein Theologe permanent den Artikel über Justin Timberlake überarbeitete. Bis dahin hatte Jordan freilich Hunderte Artikel ins Netz gestellt oder zumindest ergänzt und es solcherart sogar zu einem mit besonderen Rechten ausgestatteten Administrator gebracht. Wikipedia-Gründer Jimmy Wales wurde übrigens selbst dabei erwischt, wie er Details seiner Biografie im Artikel über seine Person zurechtbog, um den Anteil seines früheren Partners an der Entwicklung von Wikipedia zu verschleiern. Heute kann man in dem Artikel immerhin auch nachlesen, dass Wales einen Teil seines Geldes mit einer Erotik-Suchmaschine namens Bomis gemacht hat. In diesem Fall dürften die viel beschworenen Selbstreinigungskräfte der Community funktioniert haben. Manche Stichwörter sind freilich so umkämpft, dass der Menüpunkt »Seite bearbeiten« gesperrt werden musste. Das gilt für »Astrologie« ebenso wie für »globale Erwärmung«, für »Kosovo« oder »Islam«, »Homöopathie« und »Hitler«. In solchen Fällen kann man nur noch Diskussionsbeiträge beisteuern und am Ende entscheidet der Administrator, ob er die Änderung zulässt oder nicht. Dann kann man nur noch hoffen, dass er David Irving von Ian Kershaw unterscheiden kann.

Für manche ist Wikipedia längst zu einer Form von Entertainment geworden, zu einem Spiel wie WoW, und anstatt in Azeroth Trolle zu verprügeln, verstümmeln sie Einträge im Online-Lexikon, entstellen sie bis zur Unkenntlichkeit oder ersetzen die durchaus ernst gemeinte Arbeit seriöser Wissenschaftler durch Banalitäten oder Pöbeleien. Der umfangreiche zoologisch korrekte

Artikel über das Erdferkel wurde etwa am 11. Januar 2008 ersetzt durch die eindeutig subjektiv gefärbte Definition »ein hässliches Tier«. Die Manipulation wurde schnell rückgängig gemacht, aber im Februar wurden die Erdferkel-Hasser wieder aktiv. Diesmal beschrieben sie das bemitleidenswerte Tier gar als »mittelgroße aufblasbare Banane« ... Bereits 2006 erreichte der Wiki-Vandalismus einen ersten Höhepunkt, nachdem in den USA der Fernsehkomödiant Stephen Colbert dazu aufgerufen hatte, erfundene Fakten über afrikanische Elefanten zu posten. Die Folge war eine Blödelparty globalen Ausmaßes, die letztlich dazu führte, dass der Artikel vorübergehend gesperrt werden musste. Das galt auch für den Wikipedia-Eintrag zu Kasachstan, wo Fans des Komikers Borat permanent ihre Spuren hinterließen und Borat beharrlich zum kasachischen Staatsoberhaupt ernannten.

»The mitigation of the world tension through the exercise of humor« (Die Besänftigung von Spannungen auf der Welt durch Humor) – vielleicht ist es das, was manche antreibt, wenn sie sich die Zeit mit ausufernden Abhandlungen über Dinge, die gewiss nicht einmal zum erweiterten Wissenskanon der Welt gehören, vertreiben. Der obige Satz ist übrigens das Motto der sogenannten Conch Republic, die 1982 durch Loslösung von Key West und einigen benachbarten Inseln von den USA entstand. Dem einschlägigen Wikipedia-Artikel entnehme ich, dass die Trennung nie ganz ernst gemeint war, ebenso wie die Kriegserklärung der Conch Republic an die USA, der bereits eine Minute später die Kapitulation folgte. Wenn Sie ein Faible für nicht wirklich existierende Länder haben, können Sie sich in Wikipedia auch über Molwanien oder Absurdistan informieren. Desgleichen, wann und warum der Towel-Day (Handtuch-Tag) gefeiert wird, was eine Utah-Tasse ist, wie man Heavy-Metal-Umlaute ausspricht und was es mit dem Fliegenden Spaghettimonster auf sich hat. Umfassend informieren kann man sich in Wikipedia auch über das Wesen der »Allwissenden Müllhalde«. Damit ist nicht etwa ein bisher unbekanntes Orakel von Neapel gemeint, sondern jenes in der Puppentrickserie »Die Fraggles« von Muppets-Schöpfer Jim Henson namens Marjorie. Als mir kürzlich eine der selten gewordenen Schallplatten der 1931 in Prag geborenen und 2005 in New York verstorbenen US-amerikanischen Pianistin Lillian Kallir durch glückliche Fügung in die Hände fiel, konsultierte ich das Internet auf der Suche nach Informationen über diese Musikerin. Aber siehe da, Wikipedia konnte mit keinem Eintrag über die begnadete Interpretin Mozarts, Schuberts, Brahms und Chopins aufwarten, die Musikerkollegen für ihr ebenso poetisches wie reifes Spiel über den grünen Klee lobten. Ich gebe zu, an diesem Punkt habe ich kurz überlegt, ob es nicht an der Zeit wäre, meine Wikipedia betreffende Enthaltsamkeit aufzugeben und Lilian Kallir ein Denkmal zu setzen. Der Gedanke an die Heerscharen von Besserwissern, selbst ernannten Experten und halbgebildeten Wichtigtuern da draußen hat mich schließlich davon abgehalten. Stattdessen habe ich in Ruhe die Platte mit Mazurken und Nocturnes von Chopin gehört.

So zurückhaltend sind PR-Berater und politische Spin-Doktoren natürlich nicht. Sie haben Wikipedia längst als Instrument der Meinungsbildung und -steuerung erkannt und für die israelische Regierung ebenso wie für den Softwarekonzern Microsoft oder Einzelpersonen in die Tasten gegriffen. Da lassen Pharmakonzerne bestimmte Medikamente verherrlichen, dort greifen Scientologen in kritische Darstellungen ihrer obskuren Lehren ein, einmal wird das US-Militär bei Änderungen am Artikel »Guantánamo« ertappt, dann wieder die Parteien beim »Schönen« von Politikerbiografien. So sollte etwa der Satz »Auch in den auf die Nationalratswahl 2002 folgenden Jahren konnte Gusenbauer nur bedingt positiv auffallen« über den österreichischen Bundeskanzler unbedingt weg. Ein User mit der der SPÖ zuzuordnenden Adresse 193.80.191.131 versuchte das auch stets, scheiterte aber mehrmals. Schließlich änderte er die Strategie und fügte einen neuen Satz hinzu: »Seit der Nationalratswahl 2002 befindet sich die SPÖ im permanenten Aufwind, hat alle Wahlen gewonnen und liegt konstant in allen Umfragen vor der ÖVP.« Von derselben IP-Adresse aus wurden auch noch andere Porträts sozialdemokratischer Politiker und bereits verstorbener Parteigranden von Otto Bauer bis Bruno Kreisky bearbeitet. Doch auch die ÖVP nutzt das Internetlexikon für ihre Zwecke, wie eine Durchforstung des Wikipedia-Scanners durch die Austria Presse Agentur im Sommer 2007 ergab. Als im Präsidentschaftswahlkampf 2004 im Porträt der ÖVP-Kandidatin Benita Ferrero-Waldner Links zu kritischen und satirischen Homepages auftauchten, wurden diese von einer auf die ÖVP-Tochterfirma Alpha Medien Service registrierten Adresse aus geändert. Im Gegenzug wurde im Eintrag über den SPÖ-Kandidaten Heinz Fischer ein Link zu einer Homepage, die ihn als »roten Heinzi« persiflierte, hinzugefügt. Das Alpha Medien Service war aber auch in eigener Sache äußerst aktiv und sorgte für reichlich Botox in den Lebensläufen von ÖVP-Politikern.

Zur Ehrenrettung von Wikipedia muss man sagen, dass es beim bisher einzigen halbwegs seriösen Vergleichstest erstaunlich gut abgeschnitten hat. Im Auftrag des »Stern« verglich der Wissenschaftliche Informationsdienst Köln Wikipedia mit der kostenpflichtigen Online-Ausgabe des 15-bändigen Brockhaus im Hinblick auf Richtigkeit, Aktualität und Verständlichkeit anhand von 50 Einträgen aus zehn Themengebieten. Bei insgesamt 43 Artikeln wie etwa zu Hartz IV, U2, Penicillin und Moses bekam Wikipedia bessere Noten als die Konkurrenz. Bei sechs Stichwörtern, darunter Mindestlohn, Taliban, Van Gogh und Hip-Hop hatte das Traditionslexikon die Nase vorn. Besonders gut schnitt Wikipedia erwartungsgemäß in der Kategorie Aktualität ab: Während der Tod Luciano Pavarottis etwa noch am gleichen Tag (6. September 2007) vermerkt wurde, reihte ihn Brockhaus selbst Anfang Dezember noch unter die Lebenden. In gewissem Sinne ist Wikipedia das ambivalenteste Web-2.0-Projekt, eine Art Wissenslotterie, die einen reicher machen, aber auch bitter enttäuschen kann. Man kann auf Perlen stoßen, aber auch auf faule Eier. Viel hängt davon ab, welchen Artikel man wann zu Rate zieht. Wenn man Glück hat, war der Autor ein Experte, wenn man Pech hat, ein Spinner oder missionarischer Eiferer. In jedem Fall empfiehlt es sich, auch andere Quellen zu konsultieren, bevor man die eine oder andere gut klingende Weisheit in seine Seminararbeit einbaut oder in die Powerpoint-Präsentation für die nächste Vorstandssitzung oder aber in die Laudatio auf den Firmenchef.

Gegenstrategien

Aus Maus

Sich aus dem ewigen Klicken ausklinken geht leichter, als man glaubt. Raus mit der Maus aus der USB-Schnittstelle, rein mit ihr in die unterste Schublade, und dann legen Sie los. Wenn Sie mit Laptop arbeiten, haben Sie ja noch immer Ihr Touchpad und/oder einen Trackball, mit deren Hilfe man – geschickte Finger vorausgesetzt – den Cursor wirklich überallhin bewegen kann. Zugegeben: das erfordert ein wenig Übung, aber genau das ist der Grund, warum es die persönliche Klickfrequenz dramatisch senkt. Sie werden sehen, es gibt so viel, wofür es sich absolut nicht auszahlt, auf dem viel zu kleinen Tastfeld herumzufummeln, bis der Cursor endlich dort ist, wo er eigentlich gar nie hinsollte. Viel Spaß beim Finger-Curling! Bei einem Stand-PC bleibt während der Zeit des Maus-Entzuges nur die Verwendung der Tastenkombinationen. Damit Sie nicht sagen, damit kennen Sie sich nicht aus – hier sind die wichtigsten:

F10	Die Menüleiste in einem Programm aktivieren
Alt + unterstrichener Buchstabe	Den gewünschten Menübefehl ausführen
Strg + F4	Das aktuelle Fenster in einem MDI-Programm schließen
Alt + F4	Das aktuelle Fenster schließen oder ein Programm beenden

Strg + X	Ausschneiden
Strg + C	Kopieren
Strg + V	Einfügen
Strg + A	Alles markieren
Strg + Z	Aktion rückgängig machen
Entf	Löschen (von links nach rechts)
<-Taste	Löschen (von rechts nach links)
F1	Hilfe anzeigen
Shift + F10	Das Kontextmenü für das ausgewählte Element anzeigen
Strg + Esc	Das Menü Start anzeigen
Tab + Alt	Zwischen den geöffneten Anwendungen hin- und herschalten
F5	Ersetzt den Aktualisieren-Befehl
Strg + Pos 1	In einem Fenster nach ganz oben springen
Strg + Ende	In einem Fenster nach ganz unten springen
Strg + F	Suchen nach

Zelebrieren Sie den Shutdown Day

Maus-Verzicht schön und gut, aber können Sie sich vorstellen, einen ganzen Tag ohne Computer zu verbringen? Wenn Sie ihn beruflich brauchen, informieren Sie sich, wann der nächste Shutdown Day stattfindet (www.shutdownday.org), und nehmen Sie sich gleich frei. Denis Bystrov und Michael Taylor, 28 und 30 Jahre alt, sind die Gründer dieser Initiative. Die beiden Kanadier mit Wohnsitz in Montreal wollen deutlich machen, wie sehr Computer und Internet heute zum Alltag der meisten Menschen gehören. »Das soll ausdrücklich keine Kritik am PC an sich sein«, erklärte Michael Taylor anlässlich des ersten Shutdown Days 2007. »Aber viele Leute verbringen doch deutlich zu viel Zeit am Computer.« 2008 wurde der Tag zum zweiten Mal zelebriert – in verschiedenen Regionen und Städten mit einem alternativen Rahmenprogramm. In Verdun zum Beispiel beteiligten sich 400 Personen an einer Reinigungsaktion. Weltweit schworen übrigens 14 000 Menschen, den Computer und andere digitale Gerätschaften nicht einzuschalten, davon waren 27 Prozent Amerikaner. Das ist noch nicht viel, aber ein ganz guter Anfang.

Einen Orden für Tara Brabazon

Zugegeben, sie hat bereits einige Auszeichnungen, aber demnächst sollte sich auch die Queen einstellen und die gebürtige Australierin Tara Brabazon in den Adelsstand erheben. Die 39-Jährige ist Professorin für Media Studies an der University of Brighton und als solche hat sie sich in den vergangenen Jahren den Ruf einer »digitalen Abweichlerin« erworben. Mit Provokationen wie »Google ist Weißbrot für das Gehirn« oder »Wikipedia und User-generierte Inhalte schaffen eine Ära der Banalität und Mittelmäßigkeit, weil sie vorwiegend übereinstimmende Informationen anbieten und daher jegliche Debatte im Keim ersticken« oder »Studenten müssen lernen, dynamisch und kritisch zu denken und nicht die erste Seite anzusteuern, die bei Google herauskommt«. Brabazon ist fest davon überzeugt, dass der leichte Zugang zu Informationen die Neugierde der Studenten ebenso eindämmt wie er die Fähigkeit, ebendiese Informationen zu bewerten, einzuschätzen und zu interpretieren, verringert. »Researching is being replaced by searching« – Suchen ersetzt Forschen, kritisiert Brabazon und verbietet ihren Studenten daher folgerichtig, zumindest im ersten Studienjahr Google und Wikipedia zu verwenden. Stattdessen werden sie mit gedruckten Texten eingedeckt, anhand derer sie lernen sollen, wie man mit Quellen kritisch umgeht, wodurch sie sich voneinander unterscheiden und warum nicht alle Informationen zu ein und demselben Thema das gleiche Gewicht haben. Eine Website über den amerikanischen Bürgerrechtler und Friedensnobelpreisträger Martin Luther King, der 1968 ermordet wurde, steht beispielsweise unter www.martinlutherking.org im Netz (und bei Google auf Platz 7). Zunächst könnte man glauben, eine rührige Privatinitiative pflege hier Kings Andenken. Nur wenn man sich die Mühe macht, an den unteren Seitenrand der Startseite zu scrollen, kann man klein gedruckt lesen, dass sie von Stormfront betrieben wird, einem Neonaziverein in den USA. Ich bin immer wieder erstaunt, mit welchem Stolz Lehrer auch bei uns auf die Computerausrüstung und -ausbildung in ihren Schulen verweisen. Dabei sind 90 Prozent der Schüler zu Hause besser ausgerüstet und können inzwischen auch besser mit den Geräten umgehen als die sogenannten »EDV-Lehrer«. Das Fach Medienkompetenz hingegen gibt es nicht – und wenn, dann endet es sehr oft bei einer reichlich anachronistisch anmutenden Verteufelung des Fernsehens. Eine Gymnasiallehrerin für Deutsch erzählte mir einmal, wie sie ihrer Klasse den Auftrag erteilte, Heinrich Bölls »Die verlorene Ehre der Katharina Blum« zu Hause zu lesen. Das Buch hat in der gebundenen Version 200 nicht gerade eng bedruckte Seiten und die Klasse hatte einen Monat Zeit für die Lektüre. Beim folgenden Test waren die Fragen bewusst so gewählt, dass sie mit bloßem Wikipedia-Wissen nicht zu beantworten waren. Das Ergebnis: Gut zwei Drittel der Klasse scheiterten kläglich. Aber darf man sich wirklich darüber wundern? Schließlich gibt sich ein Großteil der Lehrer damit zufrieden, dass schon ihre Schüler in der Unterstufe für Referate in welchem Fach und zu welchem Thema auch immer einfach den entsprechenden Wikipedia-Artikel kopieren und wiederkäuen. »College would be impossible without Wikipedia«, lautete das Testimonial einer gewissen Katy Tull im Zuge der Wikipedia-Fund-Raising-Kampagne 2007. Müsste es nicht umgekehrt sein?

Rettet das (alte) Lexikon

Brockhaus, Pierer, Meyer, Herder – Namen, die schon bald niemandem mehr etwas sagen werden, und das ist schade. Mitte Februar 2008 kam die Meldung, die den meisten vermutlich egal war, einigen wenigen aber das Herz bluten ließ: Der Brockhaus Verlag wird der 21. Auflage seiner Enzyklopädie keine weitere mehr folgen lassen. Daran konnte auch eine groß angelegte Werbekampagne mit dem Schauspieler Armin Müller-Stahl nichts mehr ändern. Das in Mannheim gesammelte Wissen wird in Zukunft also nur noch digital abrufbar sein. Wenn zukünftige Generationen einmal wissen wollen, was wir im Jahr 2010 oder 2020 gewusst haben, wird man das nur schwer beurteilen können. Während Studenten der Geisteswissenschaften noch heute die 24 Bände des Meyer in der 6. Auflage aus den Jahren 1808 und 1809 konsultieren, wenn sie wissen wollen, was die großen Geister der Jahrhundertwende von Nietzsche bis Wagner eigentlich wissen konnten oder welchen Irrtümern sie zwangsläufig aufsitzen mussten, wird die sogenannte Wissensarchäologie später einmal im Dunkeln tappen. Kürzlich habe ich antiquarisch die 16. Auflage des Großen Brockhaus in zwölf Bänden erstanden. Das war die erste deutschsprachige Enzyklopädie nach dem Zweiten Weltkrieg, die ab 1957 im Fünfmonatsabstand erschien; bis 1963 folgten dann noch zwei Ergänzungsbände und ein Atlasband. Ein Jahr später wurde ich geboren. Die in 145 000 Stichwörtern, mehr als 30 000 Abbildungen, Karten und Plänen verarbeiteten Informationen repräsentieren den Wissensstand der Welt zur Zeit meiner Kindheit und heute darin zu blättern finde ich faszinierend und aufregend. Ebenso wie die

Entstehungsgeschichte dieses Werkes selbst, das in Konkurrenz zur neunten Auflage des Meyer-Lexikons stand. Brockhaus war schließlich um Jahre voraus und verdankte diesen Vorsprung der Tatsache, dass die wichtigsten Unterlagen (vor allem die Stichwortkartei und Umfangberechnungen) in einem Schornstein des Leipziger Verlagshauses eingemauert waren und daher gerettet werden konnten, während Konkurrent Meyer bei einem Bombenangriff auf Leipzig die fundamentalen Basisdaten seines Lexikons verlor. Habent sua fata libelli ...

Dank

Ich möchte mich an dieser Stelle bei allen bedanken, die zum Entstehen dieses Buches beigetragen haben. Da sind zunächst einmal die Legionen unwilliger Verkäufer in Elektronikmärkten und selbst ernannter Computerspezialisten, die durch ihre herablassende Art, einem in unverständlichem Fachchinesisch den letzten Schrott anzupreisen und einem bei den so gut wie immer auftauchenden Problemen mit der Bemerkung »Das gibt's nicht« weiterzuhelfen, mein Immunsystem gegen digitale Infekte jeder Art gestärkt haben. Ich danke jenen Vorgesetzten, Kolleginnen und Kollegen, mir bekannten und unbekannten PR-Konsulenten und Lobbyisten, die mir seit Jahren ausschließlich E-Mails der Marke »Wichtigkeit ›Hoch‹« zukommen lassen. Ich lese solche Nachrichten zwar grundsätzlich nicht, aber sie beflügeln mein Selbstwertgefühl ungemein. Angelika und Christoph danke ich für ihre (zugegeben oft unfreiwilligen) Beiträge zu diesem Buch (thx&lol). Dass ich sie nicht um ihre ausdrückliche Zustimmung dafür gefragt habe, dass sie an manchen Stellen dieses Buches auftauchen, mögen sie mir verzeihen. Sie fragen mich auch nicht immer (J). Sabine danke ich für ihre Anregungen und ihr Verständnis für Ungemach während des Schreibens. Thomas Zauner vom Verlag Ueberreuter danke ich für die Initialzündung (natürlich hat alles mit einer E-Mail begonnen) und meinem Lektor Wolfgang Straub dafür, dass er auf umsichtige, konsequente Weise einen »information overload« im Manuskript verhindert hat. Gewidmet ist dieses Buch meiner Mutter, die mir vor vierzig Jahren, als man Kinder noch nicht mit Windows abspeisen konnte, ein wichtiges Fenster geöffnet hat: das zur Bildung!

Literatur

Castels, Manuel: Die Internet-Galaxie. Internet, Wirtschaft und Gesellschaft. Wiesbaden 2005.

Cebrián, Juan Luis: Im Netz – die hypnotisierte Gesellschaft. Der neue Bericht an den Club of Rome. Stuttgart 1999.

Dunbar, Robin: Klatsch und Tratsch. Wie der Mensch zur Sprache fand. München 1998.

Eilenberger, Wolfram: Philosophie für alle, die noch etwas vorhaben. Berlin 2005.

Franck, Georg: Ökonomie der Aufmerksamkeit. Ein Entwurf. München/Wien 1998.

Gracián, Baltasar: Handorakel und Kunst der Weltklugheit. Stuttgart 1992.

Günther, Johann: Digital Natives & Digital Immigrants. Innsbruck 2007.

Hartmann, Frank: Globale Medienkultur. Technik, Geschichte, Theorien. Wien 2006.

Hodgkinson, Tom: Die Kunst, frei zu sein. Handbuch für ein schönes Leben. Berlin 2007.

Honoré, Carl: In Praise of Slow. How a Worldwide Movement is Challenging the Cult of Speed. London 2005.

Huemer, Peter: Warum das Fernsehen dümmer ist als das Radio. Reden über das Reden in den Medien. Wien 2003.

Keen, Andrew: The Cult of the Amateur. How Today's Internet is Killing Our Culture and Assaulting Our Economy. London 2007.

Klein, Stefan: Zeit. Der Stoff aus dem das Leben ist. Eine Gebrauchsanleitung. Frankfurt am Main 2006.

Mayer, Claudia: Lob der Lüge – warum wir ohne sie nicht leben können. Berlin 2007.

Meckel, Miriam: Das Glück der Unerreichbarkeit. Wege aus der Kommunikationsfalle. Hamburg 2007.

Postman, Neil: Das Technopol. Die Macht der Technologien und die Entmündigung der Gesellschaft. Frankfurt am Main 1992.

Postman, Neil: Wir amüsieren uns zu Tode. Urteilsbildung im Zeitalter der Unterhaltungsindustrie. Frankfurt am Main 1985.

Postman, Neil: Die zweite Aufklärung. Vom 18. ins 21. Jahrhundert. Berlin 1999.

Rosa, Hartmut: Beschleunigung. Die Veränderung der Zeitstrukturen in der Moderne. Frankfurt am Main 2005.

Röthlein, Brigitte: Anleitung zur Langsamkeit. Ruhiger und glücklicher leben. München 2004.

Rusch, G./Schanze, H./Schwering, G.: Theorien der Neuen Medien. Kino-Radio-Fernsehen-Computer. Paderborn 2007.

Schaar, Peter: Das Ende der Privatsphäre. Der Weg in die Überwachungsgesellschaft. München 2007.

Schrenk, Jakob: Die Kunst der Selbstausbeutung. Wie wir vor lauter Arbeit unser Leben verpassen. Köln 2007.

Siegel, Lee: Against the Machine. Being Human in the Age of the Electronic Mob. New York 2008.

Shipley, David/Schwalbe, Will: The Essential Guide to Email for Office and Home. New York 2007.

Sofsky, Wolfgang: Verteidigung des Privaten. Eine Streitschrift. München 2007.

Tapscott, Don/Williams, Anthony D.: Wikinomics. Die Revolution im Netz. München 2007.

Toffler, Alvin: Der Zukunftsschock. Bern/München/Wien 1970.

Volkmer, Thomas/Singer, Mario C.: Tatort Internet. Das Handbuch gegen Rufschädigung, Beleidigung und Betrug im Internet. München 2008.

Weizenbaum, Josef: Die Macht der Computer und die Ohnmacht der Vernunft. Frankfurt am Main 1977.

Weizenbaum, Josef/Wendt, Gunna: Wo sind sie, die Inseln der Vernunft im Cyberstrom? Auswege aus der programmierten Gesellschaft. Freiburg 2006.

Wilson, Frank R.: Die Hand – Geniestreich der Evolution. Ihr Einfluß auf Gehirn, Sprache und Kultur des Menschen. Stuttgart 2000.

Bernard, Andreas/Heidtmann, Jan/Wichmann, Dominik: Lexikon des frühen 21. Jahrhunderts. München 2005.

Schott, Ben: Schotts Sammelsurium 2008. Berlin 2007.